戰畧經濟

战略与经济研究书系

总主编　陈　波

中国财政发展协同创新中心2014年重大协同创新任务

“应对重大国家安全挑战背景下国防经费与国防经济系列理论与现实问题研究”支持项目

中央财经大学全球经济与可持续发展研究中心战略安全与国家动员能力建设专项

中央财经大学国防经济与管理研究院双一流和特色发展引导专项学科建设项目

中央财经大学“一带一路”与区域发展研究专项项目

战略与经济评估：2017

冷和平

中 央 财 经 大 学 国 防 经 济 与 管 理 研 究 院
中国社会经济系统分析研究会国家安全战略与国防经济研究专业委员会

主　　编 / 陈　波　李桂君
执行主编 / 侯　娜　池志培

社会科学文献出版社
SOCIAL SCIENCES ACADEMIC PRESS (CHINA)

学术委员会

编委会

目　录

图目录

表目录

0. 冷和平

（代序）

陈　波*

战略与经济涉及国家、双边、地区和全球的安全与经济等多重议题。安全与经济密不可分，经济是安全的基础，安全是经济的基本保障，一个冲突的社会，缺乏安全保障的国家难以有可持续的经济发展；相反，没有强大的经济支撑，安全终究也是“无源之水”。

一、铁幕滑落：冷和平升起

2016 年，世界在紧张、焦灼与期待中过去，世界变得越来越熟悉，世界也变得越来越陌生。铁幕滑落，世界既没有出现“历史的终结”，也没有进入人类所期盼的“美丽新世界”，甚至“和平红利”也不如想象的那样多，冲突、战争、矛盾几乎成了世界的常态，鉴于此，我们将本年度《战略与经济评估》的主题定为“冷和平”。

---

* 陈波（1971－　），教育部哲学社会科学研究重大课题攻关项目首席专家，主持国家社会科学基金、中央军民融合委员会办公室、国家发改委、财政部和北京市有关国家、部（省）重要课题和立法研究工作。主持“战略与经济研究书系”“国防经济学系列丛书”出版工作，主编、独著或主译 *Frontiers of Peace Economics and Peace Science*、《国防经济学》《国防经济学前沿专题》《冲突经济学：理论、模型与前沿》《国防预算与财政管理》《战争、城堡与炸弹》《和平经济学》等一系列有影响的书籍。现任教育部军事教学指导委员会副主任委员兼普通高等学校组组长、中国社会经济系统分析研究会国家安全战略与国防经济研究专业委员会秘书长，中央财经大学国防经济与管理研究院院长、教授、博士生导师、博士后合作导师，中央财经大学全球经济与可持续发展研究中心战略安全与国家动员能力建设研究项目首席研究员。

冷和平

顾名思义，“冷和平”是相对冷战而言的，是一种缺乏普遍安全感的和平。苏联解体，原来以美、苏为首的两大集团针锋相对的对峙消失了，世界格局从两极转向多极，但多极化世界格局的形成显然并不如预想的那样顺利。这期间，虽然没有了冷战时期的那种紧张和军事力量的威胁，但世界并未出现全面和平。与冷战时有所掩盖不同，当今世界民族、宗教、领土等各种矛盾和争端浮现，东西方之间、西方大国之间、发展中国家之间为各自利益而竞相争斗，世界仍不太平。然而，与冷战相对应，眼下的世界是一种缓和增多，但矛盾和斗争依然存在的和平，故称之为“冷和平”。如果按在冷和平研究领域较有影响的以色列学者本杰明·米勒把国际社会分为热战、冷战、冷和平、暖和平四种状态的划分，那么冷和平应当是第三种状态。

尽管国际社会对冷和平尚无统一的、广泛接受的认识，但还是有一些基本的共识。按照冷和平研究学者理查德·萨克瓦等人的研究，冷和平至少可被理解为包含以下特征：冷和平是一种不稳定的地缘政治休战状态，发生在大的危机或冲突期间，一方的“胜利”不被认为是应得的，一方的“失败”也不被认为是合法的；冷和平类似冷战，但语境不同。冷战接受国际体系中尤其是某些主要大国之间冲突的逻辑，而冷和平则一方面再现冷战时期的行为模式，另一方面则抑制对这种行为逻辑的接受；伴随冷和平的，一方面是受害者承担的巨大压力，另一方面则是令人痛苦的胜利。受害者的地位为新的冲突提供了温床，“胜利国”也无法“高枕无忧”，这奠定了长期历史僵局的基础；冷和平根植于对特定历史时期特殊性的不同的理解。对某些人，它作为一种胜利被欣赏，这种胜利伴随着关于建设一块“适合于英雄”的国土，或者当胜利者的信仰体系普遍适用于所有人时关于描绘“历史的终结”的讨论。对另一些人，则是一个迷失与困惑的时期，人们对宣称自己为胜利者的不满情绪不断滋生，而使这种所谓的胜利得以巩固的机构则遭到诅咒；冷和平恰似冷战的孪生兄弟，均基于无情的价值论逻辑之上。这并不仅是意识形态二元性和国家制度两极论的再现，而且是一套根深蒂固却又相互对立的价值体系，这两种价值体系根植于自身的地缘政治见解，并诋毁对方是无效的、不合法的。一方的整体普适性受到另一方关于多极化和世界多元体系的批驳，后者认为世界体系应该能够容纳众多不同的社会和政治秩序。①

---

① 理查德·萨克瓦：《冷和平：解读俄罗斯与西方的关系》，载《俄罗斯研究》2010 年第 6 期。

如果说上述特征是冷和平较为普遍的特征的话，那么从可观察的角度，也可看出我们这个时代冷和平还似乎有以下一些因素。一是很难说以意识形态划界的日子就完全结束了。一方面，我们可以看到，与冷战明显不同，不同社会制度的国家的确在和平共处，有些还相当“热络”。另一方面，我们可以看到，冷战的思维并没有完全消失，西方国家动不动就挥舞起这根“隐形”的大棒。二是华约解体了，作为苏联最大遗产的俄罗斯曾经拥抱了西方，但与西方的关系却始终若即若离，2016 年俄罗斯与美国甚至英国的对抗都越来越严重。俄罗斯在冷战结束后经历了重大的地缘政治迷失，在此背景下，任何小小的挑逗都可能激发该国强烈的反应，诸如在波兰和捷克共和国部署第三级导弹防御系统、计划将北约扩展到乌克兰这一历史上俄罗斯国家的心脏地带等，都被俄罗斯看作对其大国抱负的挑战，也是对俄罗斯生存的现实威胁。所以也就不难理解，当乌克兰要加入北约时，为什么受到俄罗斯坚决回击，甚至不惜兵戎相见。三是“尊重不同文明”从理念过渡到实践还有很长的路要走。倡导文明平等、文明互补，无疑是必要的、正确的，但事实上，如今霸权主义行径无不伴随着标榜自身的文明优越性，总认为自己的文明是最优秀的。我们可以从这个角度思考当今中东和非洲地区问题迭起的深层次原因，西方发达大国尤其是美国并不满足于在经济全球化中的主导地位，它们还要谋求以其价值观起支配作用的政治全球化。

在冷和平的语境中，也许以下两个人的警告更具说服力。一个是俄罗斯前总统叶利钦，叶利钦亲手推动了苏联的解体，把俄罗斯带上了资本主义道路，某种意义上可以说他是冷战终结的直接参与者，然而也许让他失望的是冷战虽然结束，但大国竞争（或冲突）的现实却依旧。在 1994 年 12 月于布达佩斯举行的欧安组织首脑会议上，叶利钦曾发出警告：如果西方企图通过不断地威胁重新发动冷战的方式来打压俄罗斯，不让其追求自身“正常”的大国利益，那么这将有直接导致“冷和平”出现的危险。① 的确，无论俄罗斯是在 20 世纪 90 年代叶利钦总统治下还是在 21 世纪普京总统治下，国际社会均未出现一个稳定、包容的冷战后国际体系。叶利钦和普京都试图将俄罗斯融入国际经济体系以及扩大的安全体系中，但冷战被超越的方式却为未来的冲突种下了祸根。时至今日，这种冲突仍在时时挑

---

① Andrei Kozyrev, “Partnership or Cold Peace?”, *Foreign Policy*, No. 99, Summer 1995.

战普京的领导。另一个是中国的伟大领导人邓小平，邓小平曾经说“我希望冷战结束，但现在我感到失望。可能是一个冷战结束了，另外两个冷战又已经开始。一个是针对整个南方、第三世界的，另一个是针对社会主义的”。① 作为中国改革开放的总设计师，邓小平参与了中国社会主义建立和把中国引向改革开放的全过程，他当然有足够的发言权，事态也正如邓小平预言的那样，尽管中国经济这些年取得了巨大的发展，也给国际社会做出了巨大的贡献，但国际社会针对中国的一些不公平论调仍不时出现，从这个意义上不难发现“冷和平”的影子。

冷和平时代最引人注目的特点之一，也许就是原来预计会成为西方甚至是北约天然盟友的俄罗斯，竟然成了它们潜在的对手。这很可能是局部因素的结果，但也可能是结构性因素使然，西方无法将俄罗斯纳入“西方”体系，俄罗斯也不可能甘愿扮演西方一个可有可无的角色，从这个意义上说，2016 年西方与俄罗斯上演的军演与反军演、制裁与反制裁，针锋相对，以牙还牙，乍看起来，似乎有点冷战甚至“热战”的味道，但细究起来，还没有哪场能与柏林危机、古巴导弹危机等冷战时发生的重大事件中所出现的剑拔弩张和“火爆剧烈”的场景可同日而语，显然这不足以构成一场新的冷战。冷战的条件是苏美两大国都在扩张期，争霸不可避免，而目前美俄都处于战略收缩而非扩张期，俄罗斯和西方强国十分清楚，它们都无力再开辟一条无缘无故的新战线。最重要的是，持续冷战已丧失其所必需的基本的结构性先决条件。俄罗斯当然不处于对美国霸权构成系统性挑战的中心，它不仅缺乏进行这种挑战的资源，而且也不具备思想基础和公众基础。另一方面，俄罗斯也远不是美国所要优先考虑的对象，超级大国两极化的时代已不复存在。显然，它们关系中关键的要素依旧至关重要，首先在于管理好自己的核武库并确保相互毁灭的威胁仍然受到条约和冲突制约程序的约束。它们平等地承担防止大规模杀伤性武器扩散以及解决在世界各地冲突的义务，这是美国总统奥巴马于 2009 年年初推出的美俄关系“重启”的基础。②

在这样一个大棋局中，中国的崛起注定将成为一个瞩目的事件。客观

① 《邓小平文选》（第 3 卷），人民出版社 2001 年。

② Jay Tolson and Danila Galperovich, “Kremlin Political Consultant Sees Medvedev as Best Choice for 2012”, RFE/RL, *Russia Report*, 21 January 2010.

地说，中国从来就不想当世界警察，那是个吃力不讨好的苦差事，虽然也许不再韬光养晦，但也只是谋求划定自己的安全边际，但自己无这样的意愿不等于别人就理解或尊重中国这样的意愿，我们已经看到美国乃至西方社会对中国的忌惮，中国和平发展面临的挑战会越来越多。

冷战结束，天下犹不太平，这其中的原因复杂。一是冷战时期遗留下来的许多问题并未得到解决，如裁军谈判、地区热点。二是冷战思维和强权政治不仅依然存在，有时还表现得相当突出。如动辄诉诸武力或以武力相威胁、实行经济制裁、利用意识形态问题干涉别国内部事务。三是极端民族主义、宗教激进主义不时抬头，加之外部霸权主义势力的蛊惑和利用，成为诱发地区冲突的一个重要原因。

我们将本年度主题定为“冷和平”，无疑是对 2016 年的一个观察视角，但也是观照过去乃至未来很长一段时期国际社会的基本观察视角。

二、纷乱的世界：战略与经济

当下国际格局与苏联解体前大不相同：美苏两大阵营对峙不复存在，多极化持续发展，和平、发展、合作成为时代的主潮流。全球化使得美国与中国、俄罗斯有着许多利益交汇，但也产生许多新的矛盾。美国国力相对衰减，但没有国家甘愿走下坡路，美国更不会。在战略与经济这一更广义层面，我们关注战略安全、世界经济等总体情况，关注全球冲突、恐怖主义的动向，关注国际社会为维护和平所采取的努力与现实挑战。

从战略安全看，2016 年欧洲、亚洲地区的紧张形势不断升级，全球战略安全面临前所未有的严峻挑战，历史遗产、文化、文明、经济、社会等问题相互交织，战略稳定受到破坏，新兴安全问题越来越突出。2016 年给人的普遍感觉是世界严重不安全，朝鲜核试验、英国脱欧、美国大选乱象、多国极右翼政党势头强劲……与人们的普遍感觉似乎稍有差异，根据监测数据，如果放在历史的大背景下看，2016 年在总体国际安全中，和平仍扮演着主要角色，冷战结束后，全球体系内武装冲突呈戏剧性减少态势，2015 年全球首次没有爆发新的战争，2016 年总体延续了这一态势，人类和平发展的主流并没有改变。但这一年里，西方与俄罗斯持续对抗、朝核问题持续升温、西亚北非乱局不断，却足以令世界印象深刻。①

① 本部分内容大多取自后面各章的分析，原始出处可在后面各章中找到。

从世界经济看，2016 年是全球金融危机爆发后的第 8 个年头，世界经济整体呈现温和复苏的态势。美国经济回暖趋向明显，欧洲经济尽管复苏之路并不平坦，但仍在温和复苏。新兴和发展中国家经济增长呈现两极分化，中国和印度经济增长全球瞩目。在世界经济复苏乏力、贸易政策不确定性增加的背景下，2016 年国际贸易依然低迷。2016 年全球贸易增长率为 2.5%，贸易在全球 GDP 中的比重为 30.3%，与 2015 年相比变化不大。由于全球经济增长乏力，经济政策的不确定性以及地缘政治风险的加剧，2016 年全球外国直接投资（FDI）流量下降了 2%，降至 1.75 万亿美元。受英国脱欧、美国大选和美联储加息预期增强等因素影响，2016 年国际金融市场一度出现较大幅度的震荡，主要国家 10 年期国债收益率不断降低，全球信贷收缩，外汇市场剧烈波动，新兴市场低迷的增长和激增的负债进一步加大了金融脆弱性。

与 20 世纪的模式迥然不同，如今发展所受到的主要约束或许不是贫困陷阱，而是冲突陷阱。和平国家正在成功摆脱贫困，而贫困现象正在集中于那些被内战、民族冲突及有组织犯罪撕裂的国家。冲突造成的死亡总人数在 2016 年从 2015 年的 119426 人减至 102330 人，国家冲突的数量从 2015 年的 52 起减至 49 起，其中有 12 起达到了战争的标准，非国家冲突的数量在 2016 年也从 73 起减至 60 起。尽管冲突事件和致死人数减少了，2016 年的致死人数依然在 1989 年至 2016 年期间排名第五，冲突致死人数是冷战后最多的年份之一，仅少于 2013 年至 2015 年。在 2016 年活跃的 47 个国家内部冲突中，多达 18 个即有 38% 是属于国际化的，即外部国家在冲突中向其中一方或双方提供部队。2016 年非国家冲突发生了 60 起，相较 2015 年的 73 起大幅减少，尽管如此，2016 年仍是 1989 年至 2016 年期间发生非国家冲突第三多的年份。让国际社会痛心的是，2016 年致死人数最多的单边暴力是由“伊斯兰国”在伊拉克、叙利亚和尼日利亚实施的暴力，共导致了超过 3700 人死亡。

战争、贫穷、不公正的国际秩序，也许还有道德、文化等，导致了恐怖主义越来越成为国际社会的毒瘤。从世界地图上看，过去所说的恐怖主义弧形地带变成了一个从整个北部非洲—中东地区—中亚和南亚—东南亚连成一片的广袤地带。2016 年全球恐怖事件发生次数虽有所减少，但恐怖事件仍是 2002 年的 10 倍，全年共发生大大小小恐怖事件 13488 起，造成死伤人数 59845 人，平均每天都会有近 40 起恐怖事件发生，每天都有近 160

人受难，这个数目不可能不惊人。处在和平状态下的我们，永远可能无法理解恐怖主义的残酷，跨国恐怖主义对包括经合组织成员国在内的国家影响也越来越大。十个经济上受恐怖主义影响最严重的国家都来自中东和北非、撒哈拉以南非洲和南亚等冲突地区，恐怖主义造成了贫困，贫困又加重恐怖主义，一些国家在这种“恐怖—贫穷”的怪圈中徘徊。

国际战略格局变迁所引起的政治与军事形势的持续变化，使世界有些地区，特别是一些国家的稳定性遭到破坏，这导致不仅在解决国内政治问题时，而且在解决国家间问题时，维和越来越成为国际社会的现实选择。国际社会的决心不可谓不大：自 1948 年以来执行的维和行动有 71 个，目前正在进行的维和行动尚有 16 个。迄今共有来自 120 多个国家的近 125000 名维和人员参与了 71 项联合国维和行动，3000 多名维和人员为履行使命献出了宝贵的生命。但与国际社会对维和的普遍认同相比，联合国在维和经费、维和人力等方面却面临着越来越大的挑战，如何解决这一国际公共品难题也考验着国际社会的耐心和智慧。

三、和平何其遥远：防务与经济

安全和对所有社会都是核心价值的繁荣之间的关系同样复杂和相互依赖。不安全、冲突和战争无疑都是经济价值的毁灭者，而安全措施一般都意味着非生产性的经济成本。在较为狭义的层面，从安全预算到军力提供、从防务产业到安全产出、从防务费用到安全能力等方面都有安全与经济的层层交叠……为此，我们在这里关注军力、军费，这反映防务经济投入；关注军工、军贸，反映军事生产与销售；也关注军控，反映国际社会裁军的努力。

虽然从人类大历史的角度看，当今世界处于一个总体和平的年代，但各国依然面临着不同种类不同形式的安全威胁。2016 年世界军力的一个重要特征是地缘政治的紧张和竞争日渐重新回到舞台的中心，新的安全威胁以及传统地缘政治竞争的加剧使诸多国家仍然不愿放松军力发展。世界军队规模总量在 20 世纪 90 年代中期达到顶峰的 3000 余万人后略有下降，但下降并不持续，且不时反转，总体维持在了 2600 万人左右的规模。随着武器技术水平的提高以及社会政治经济结构的变化，各国军队人力也面临着日益巨大的挑战，数量上的要求逐渐转变成为对质量和结构的要求。在一个短暂的裁军进程后，从军力上看，各大国又在磨刀霍霍，致力于更新或制订计划升级其战略武器，包括对核武器以及运载工具的现代化。在常规武器上，美、俄、英、法、日等国都不断致力于新型武器的实验和投入使用，而遭受西方经济制裁以及能源价格下滑双重打击的俄罗斯也从来不甘落后，印度与越南这些发展中国家也致力于其武器装备的现代化，从发达国家中购入并装备了相当的现代装备。

军费是战略与经济形势的风向标。2016 年全球军费总额达 16880 亿美元，持续了 2015 年的增长态势。军费增长趋势既反映了世界许多地区不断升级的冲突和紧张态势，也与经济形势或得益于经济增长带来的资源可获得或者受到油价下跌引起经济下滑的资源约束密切相关。尤其应当注意的是，2016 年全球军费开支前 20 位国家的军费开支总额高达 14279.6 亿美元，占全球军费开支总额的近 85%。排在第一位的美国的军费开支就占到世界总额的 36%，超过了排在其后的 8 个国家军费开支的总和，如此庞大的军费开支，足以令世界上每一个爱好和平的人和国家警觉。

军事工业与政治、经济大背景息息相关。军费支出水平、武器技术发展、防务政策等都影响军事工业的结构调整和全球军火生产的发展状况。受全球经济低迷和国防预算限制的影响，世界军火生产近年来呈下滑态势，但下滑速度在 2015 年有所减缓，并在 2016 年止跌回升。全球军火生产在国家、地区之间的分布极不平衡，美国和西欧国家垄断着全球绝大部分的武器生产，美国企业在全球军火生产中占据着绝对的主导地位。2015、2016 年全球军火生产依旧呈现垄断格局，美国、西欧和俄罗斯提供了全球 90% 以上的武器装备和军事服务。美国作为全球最大的武器和军事服务供给国，拥有全球最多的百强防务企业以及最大规模的军火生产。冷战结束后，随着需求的下降，全球军工出现了大规模的整合，美国、英国、比利时、挪威等国家的许多防务企业进行了合并、重组，甚至是跨国并购，这直接导致了军火生产市场结构不断集中。

国际军火贸易是国家政治、军事、经济活动的对外延伸与扩展，日益成为国际政治、国际关系中的一个重要变量，对国际战略格局与地区形势产生着重要影响。2016 年是全球军火贸易规模连续增长的第八年，贸易总量达 625 亿美元，是近二十年来的最高值。相比于军火贸易总量，军火贸易中的武器类型结构则相对稳定，飞机、舰船、装甲车和导弹是交易量最大的武器类型，舰船、导弹和防空系统交易量在军火贸易总量中的占比于 2016 年均有上升。从国家层面看，美国、俄罗斯、法国、德国等国是全球军火贸易出口的主力国家，美国和俄罗斯就提供了56.5%的武器出口。相比于全球武器出口市场，主要常规武器进口国的武器进口集中度则要低得多。2012－2016年印度、沙特阿拉伯、阿拉伯联合酋长国、阿尔及利亚等是主要的常规武器进口国，沙特阿拉伯是2016年武器进口最多的国家，也是武器进口增长最快的国家，越南、印度尼西亚、伊拉克和埃及等这些年的武器进口也有较大规模的增长。

核武器的出现，是20世纪40年代前后科学技术的重大发展，但也给世界投下了“死亡”的阴影。尽管国际核军控领域做了很多努力，但按斯德哥尔摩国际和平研究所2016年的统计，全球还拥有15395枚核弹头，全球核力量仍处于一个非常恐怖的水平。尽管如此，全球核武器总量仍处于下降的趋势，要知道全球核弹头在20世纪80年代中期曾一度达到非常恐怖的7万枚。2016年国际军控领域没有出现新的突破性进展，仍面临不少的困难和问题，大国核武器仍高位运行，朝鲜、南亚等部分国家核困境愈加难解，核裁军前景暗淡，但国际社会在充满矛盾和分歧中，仍积极寻求各国利益的最大公约数，推动一系列国际军控倡议、活动、条约、决议的达成和深化发展，为建立人类命运共同体而积极努力。

2016年国际社会一个广受瞩目的议题是“难民”问题。政治、宗教、种族、战争和自然灾害等因素造成了难民这一世界性社会问题，近年来世界经历了一场二战以来最大的难民问题引发的人道主义危机，2016年世界难民危机并没有减弱的趋势，难民数量大量增加的态势并没有得到扭转，这场被联合国称为战后最大的人道危机仍在继续。造成难民危机的最主要根源依旧是层出不穷的国内冲突，但是在中东、北非以及其他地区的冲突依然没有减少的迹象。大量增加的难民使联合国难民署不管在人员还是预算上都捉襟见肘，疲于应付，更重要的是难民问题不断在拷问人类的良知、道德乃至耐心：发达国家能隔离“起火的世界”吗，面对汹涌而至的难民问题，难道人类只能束手无策吗？

四、关于本书：初心与愿景

世界正在发生快速的变化，当代中国也正在从边缘走向世界舞台的中央，发生广泛而深刻的变革。作为世界上发展速度最快、变化最活跃的力量之一，一方面，中国政治、经济、军事的一举一动都会引起世界巨大的关注；另一方面，随着中国成为世界上有影响的大国，中国的发展也已离不开世界，世界上的任何风吹草动也都会影响中国，世界需要读懂中国，中国也需要了解世界。基于此，为全面、准确反映国际社会战略、安全与经济这一交叉领域最新发展情况，也为了全面加强我国在此领域的认识和研究，我们从本年度开始逐年组织编发《战略与经济评估》年度报告，并准备每年出一本。报告主要反映我们对全球战略与经济主要领域的看法、分析和判断。鉴于国内在本领域研究的数据贫乏，报告也力争尽可能引用国际权威数据库的数据，并为学术界提供连续性数据支撑。

在年度报告中，每年度我们会选取一个引导性主题，作为序言进行概括性分析。除此之外，整个年度报告重点可分三大部分。第一部分是更广义层面，关注全球战略安全、经济、冲突等总体情况，主要包括以下五个方面的内容：

◇ 战略安全

◇ 世界经济

◇ 全球冲突

◇ 恐怖主义

◇ 维和

第二部分是较狭义层面，重点关注军力、军费、军工、军贸、军控等防务经济内容，主要包括以下五个方面的内容：

◇ 军力

◇ 军费

◇ 军工

◇ 军贸

◇ 军控

第三部分是根据每年国际社会所发生的突出事件、情况，所选取的在战略与经济领域上述十个方面所未能涵盖的当年突出议题，本年度选取的是“难民”，后续年份也会根据当年情况选取其他议题。

附录部分主要提供GDP、冲突、维和等在内文难以容纳的全球整体数据情况。

内容上，《战略与经济评估》重点定位在对全球整体情况的反映，不重点突出中国，里面涉及的中国情况主要是为了比较等原因由国际相关数据库给出的情况，为了完整起见我们没有进行特殊处理，数据不一定与我国统计口径和官方数据一致，也并不代表我们的观点，关于中国的情况是我们在另一个报告中要全面反映的。

时间上，《战略与经济评估》主要定位在对过去一年情况的评估，为方便比较，有的领域延伸到了以前年份，并对未来一年的情况进行趋势性预判。考虑数据的可获得性或权威性，个别章节我们给出的是过去一年前一年的数据，但除非有大的变化，我们以后年度会保持相应的节奏，以有利于数据记录和分析的连续性。

把梦想变成现实不是件容易的事，从最初有这样一个想法到真正开始以行动实现这样的想法已经有了不短的时间，而这第一本从开始做初稿到正式付印也断断续续经历了近两个年头，好在我们相信有了第一本的经验，后面的年份我们会走得更快些。感谢参加我们年度报告编写团队的每一位成员，在这样飞速变化的社会，每一个人似乎都在高速运转，但团队成员都能静下心来，专心完成每个章节，并不厌其烦地进行讨论、修改，而每个人的学缘、学识、智慧和努力也确保了我们能在一个更为客观的角度观察世界、体味中国。我们还要衷心感谢并欢迎您——亲爱的读者，给我们多提宝贵意见，我们相信有您的关心和帮助，我们会将这份报告做得越来越好！

1. 战略安全

刘建伟*

摘　要： 与普遍的感觉不同的是，2016 年在全球总体国际安全中，和平仍扮演着主要角色。全球武装冲突相对减少，并没有发生大的对抗。但世界仍受到美（欧）俄博弈、朝核问题以及中东乱局的强烈冲击。国际战略格局重塑的速度进一步加快，由于美俄关系恶化、“萨德”入韩的影响，全球战略稳定基础遭到一定程度的破坏。网络与太空等新兴领域对国际安全构成日益严峻的挑战，主要大国在新兴领域的合作与竞争同步上升。考虑到国际结构性因素的制约，这些新变化、新特征将延续到新的一年甚至未来更长的时间。

关键词： 战略安全　战略稳定　战略格局

2016 年，欧洲、亚洲地区的紧张形势不断升级，全球战略安全面临前所未有的严峻挑战，历史遗产、文化、文明、经济、社会等问题相互交织，

---

* 刘建伟（1985－　），复旦大学法学（国际关系）博士，现任中央财经大学国防经济与管理研究院副研究员、硕士生导师，兼任《政治学与国际关系智库丛书》学术委员会委员。目前主要从事经济制裁、经济外交、（网络）军民融合等领域的研究。近五年来主持“美欧在对外制裁问题上的战略协作及我国应对策略研究”等国家社科基金、教育部人文社科基金、北京市社科基金等六项课题研究，在《世界经济与政治》《中国军事科学》等中英文重要学术期刊发表论文 20 余篇，主译、主校或参译《和平的无形之手》《国防管理》等著作 5 部，先后赴美国、韩国、加拿大等国多所著名大学和研究机构进行访学研究。

基金项目： 中央财经大学全球经济与可持续发展研究中心战略安全与国家动员能力建设专项。

安全问题日趋复杂，全球战略稳定受到破坏，新兴安全问题越来越突出。

一、安全态势

2016 年给人的普遍感觉是世界严重不安全，朝鲜核试验、英国脱欧、美国大选乱象、多国极右翼政党势头强劲……然而如果放在历史的大背景下看，2016 年在总体国际安全中，和平仍扮演着主要角色。根据独立防务智库系统和平中心发布的《全球报告：2017》统计发现，冷战结束后，全球体系内武装冲突呈戏剧性减少态势。21 世纪初，全球冲突数量比其峰值时减少了 60% 以上。虽然这种趋势在 2005 年左右有回复上升的迹象，但国家间战争数量却明显减少，2015 年全球首次没有爆发新的国家间战争，2016 年总体延续了这一态势（见图 1.1）①。

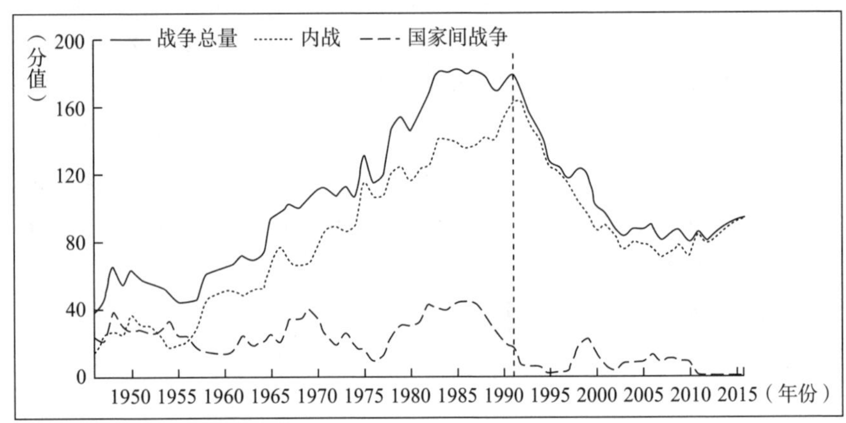

图 1.1　全球武装冲突趋势（1946 – 2016）

资料来源：Monty G. Marshall and Gabrielle Elzinga-Marshall, "Major Episodes of Political Violence, 1946 – 2016", in *Global Report 2017*: *Conflict*, *Governance and State Fragility*, Center for Systemic Peace, 2017.

全球总体呈相对安全态势　按照德国海德堡国际冲突研究所 2017 年发布的《冲突晴雨表》数据，2016 年，全球范围内大规模战争数量从 2015 年的 19 场减少为 18 场，有限战争数量从 24 场减为 20 场，减少 4 场。2016 年全球武装冲突主要发生在中东、非洲以及乌克兰等地；从武装冲突的性质

---

① Monty G. Marshall and Gabrielle Elzinga-Marshall, *Global Report 2017*: *Conflict*, *Governance and State Fragility*, Center for Systemic Peace, 2017.

来看，以打击极端恐怖主义和国家内部矛盾的冲突为主；武装冲突的参与主体包括主权国家、极端组织、反政府武装，其中极端组织的活动范围有所扩大、实力有所增长。综合来看，2016 年全球重大武装冲突发生的国家或地区包括：南亚、东南亚地区，西亚与北非的阿富汗、叙利亚、伊拉克、也门、土耳其等，美洲的哥伦比亚和墨西哥等，撒哈拉以南非洲的布隆迪、乍得、中非、索马里、南苏丹、苏丹共和国、刚果民主共和国、马里、肯尼亚和尼日利亚等，欧洲的乌克兰等。

国家之间的冲突涉及海上或陆上领土主张、资源、意识形态等多种情况，巴基斯坦与印度之间的冲突在 2016 年一度达到有限战争的水平，紧张局势导致至少 83 名士兵和平民死亡；军队之间的对抗也发生在阿富汗与巴基斯坦、亚美尼亚与阿塞拜疆、埃塞俄比亚与厄立特里亚、苏丹与南苏丹等国家间。① 2016 年全球安全中最值得注意的是西方与俄罗斯持续对抗、朝核问题以及西亚北非动荡等几个方面。

西方与俄罗斯持续对抗 在沉寂数年之后，北约再次迈出扩张的步伐，挤压俄罗斯战略空间。2016 年 5 月 19 日，北约成员国外长当天签署了黑山加入北约的协定，黑山加入北约进入批准程序，这也是北约六年来的首次扩张。黑山曾是南斯拉夫联盟共和国的一员，涉及俄罗斯重要战略安全利益。俄罗斯一直强烈反对北约接纳黑山，认为美国批准黑山加入北约是其“欧洲对抗”逻辑的体现，不利于巴尔干地区和整个欧洲的稳定。俄罗斯最开始就表示要“保留采取措施捍卫自身利益和国家安全的权利”。

美国将俄罗斯视为主要敌人，坚持与欧盟一起对俄实施经济制裁。以保护中东欧国家安全为名，扩大北约在俄周边地区的军事存在，加紧部署针对俄的反导系统，频繁举行针对俄的军事演习，2016 年北约单独或与其伙伴国先后联合举行“波罗的海 2016”“蟒蛇 2016”“军刀出击 2016”“微风 2016”“火雷 2016”“铁剑 2016”等一系列陆上或海上演习。作为回应，俄罗斯在 2016 年 7 月举行防御海军陆战队和空降兵抢滩登陆的演习，9 月展开名为“高加索 2016”的年度最大规模战略军事演习，11 月与白俄罗斯、塞尔维亚在塞尔维亚举行“斯拉夫兄弟 2016”联合军演。美国与俄罗斯之间的战略对抗持续升级。

---

① Heidelberg Institute for International Conflict Research, *Conflict Barometer* 2016, German, 2017.

朝核问题持续升温　自2016年伊始，朝核问题持续升温，朝鲜半岛陷入“朝鲜核导试验—美韩军事威逼—朝鲜再次核导试验—美韩再次军事威逼”的恶性循环，半岛局势面临失控危险。2016年1月6日，朝鲜在丰溪里进行了第四次核试验，朝鲜政府宣布已经成功进行首次氢弹试验。9月10日，朝鲜进行第五次核试验，朝鲜核武器研究所发表声明称，这次核试验标志着“朝鲜可任意按需制造小型化轻量化多样化、打击力更大的核弹头，朝鲜核武器兵器化已达到更高水平”。①此外，朝鲜频繁试射陆基中远程弹道导弹、致力发展潜射弹道导弹，并进行了新型洲际弹道导弹火箭大功率发动机地上点火试验，加速核弹头与导弹结合，以实现远程核打击能力。②

面对朝鲜核导试验，美国和韩国强势回应，双方通过加强军演、巩固同盟、推动制裁等措施对朝鲜持续施加压力。美国和韩国开展年度系列军事演习，包括每年二三月份举行的“关键决断”“秃鹫”联合军演和八九月份的“乙支自由卫士”演习，不断扩大参演部队规模，投入越来越多战略武器，演习的进攻性、实战性不断提高。仅在2016年“关键决断”和“秃鹫”两项联合军演中，就有约30万名韩国官兵和1.7万名美军士兵参演，被称为自1976年以来最大规模韩美联合军事演习。美军还出动了“约翰·斯坦尼斯”号核动力航空母舰战斗群、核潜艇等战略装备，并投入B-2隐形轰炸机和F-22隐形战斗机等最先进的武器装备。

西亚北非动荡不断　中东地区恐怖组织依然活跃，伊拉克、叙利亚、利比亚、也门等国动荡的政局为恐怖活动提供了土壤，土耳其、埃及等国多次遭受重大恐怖袭击。在叙利亚，政府军、反政府军与“伊斯兰国”的战斗持续进行，大国干预对叙利亚内战进程产生重要影响。2016年下半年，俄罗斯加大了干预力度，直接支援叙政府军作战，发动阿勒颇战役，在塔尔图斯港部署了S-300防空系统。2016年10月15日，俄罗斯派遣唯一的航母舰队进入地中海叙利亚沿岸，直接参与作战行动。在俄罗斯的军事干预下，叙利亚政府军逐渐站稳脚跟，并且转守为攻。美国多次空袭叙利亚，早在9月17日就“误炸”了代尔祖尔的叙利亚政府军营地，造成上百名政

---

①　郑秉文、黄平主编：《美国研究报告（2017）》，社会科学文献出版社2017年，第253-265页。

②　中国军控与裁军协会主编：《2017国际军备控制与裁军》，世界知识出版社2017年，第23页。

府军士兵伤亡。①

随着“联合全面行动计划”即“伊朗核协议”的达成与实施，伊朗停止核活动，美国解除针对核问题的制裁措施，伊朗同美国的关系改善。然而，伊朗核协议的实施面临不确定性，特朗普一直对该协议持怀疑态度，在竞选期间称之为“有史以来最糟糕的协议”。尽管目前美国维持了该协议，但是随着美伊围绕伊朗导弹开发问题的摩擦增多，如《对伊朗制裁法案》的延期、《以制裁反击美国敌人法案》的通过，伊朗核协议及美伊关系均面临着严峻考验。此外，伊朗与沙特对地区主导权的争夺迅速升级，加剧了中东地区的动荡。沙特在 2016 年初断绝了与伊朗的外交关系，并动员巴林、阿联酋、苏丹、科威特等国谴责和孤立伊朗。伊朗则抓住“后伊核时代”有利时机，进一步提升在伊拉克、叙利亚、也门、黎巴嫩等问题上的影响力。双方在叙利亚、也门等问题上激烈角逐。作为中东地区的“模范生”，土耳其在 2016 年 7 月发生军事政变，企图推翻总统埃尔多安的统治，但以失败告终。政变及土耳其的后续应对加剧了土国内政治经济矛盾。土耳其政府对政变的肃清行动，包括引渡政变策划与参与人员、恢复死刑等，遭到美国和欧盟的指责，土耳其与西方关系大幅恶化。与此相反，土耳其与俄罗斯关系出现戏剧性变化，一改自 2015 年土耳其击落俄罗斯战机以来的紧张关系，俄罗斯取消对土耳其的经济制裁，土耳其则对俄罗斯在叙利亚的军事行动提供配合。以土耳其对外关系调整为代表，中东地区内部以及与域外大国出现“阵营重组”，为原本错综复杂的中东局势增加了更多变数。②

二、战略格局

国际战略格局是主要大国在一定历史时期内形成的相对稳定的实力结构。自二战结束至今，国际战略格局经历了从美苏两极格局到一超多强格局的发展演变。过去十年以来，国际格局转变的速度明显加快。尽管美国在经济、军事和国际影响力等多个方面仍然保持着巨大优势，但以中印为代表的新兴经济体的加速崛起，对现行国际格局造成了一定的冲击。

① 李永全主编：《俄罗斯发展报告（2017）》，社会科学文献出版社 2017 年，第 153 - 167 页。

② 张宇燕主编：《国际形势黄皮书：全球政治与安全报告（2017）》，社会科学文献出版社 2016 年，第 225 - 239 页。

美国仍然是世界唯一的超级大国 在经济方面，2016 年美国国内生产总值超过 18 万亿美元，货物贸易总额达到 3.7 万亿美元，对外投资存量达 6.4 万亿美元，仍然是名副其实的超级经济大国。① 在军事层面，2016 年美国军费开支高达 6110 亿美元，占世界军费总开支的 36%；核武器数量达 6800 枚，仅次于俄罗斯；常规武器数量和性能遥遥领先于世界各国，美国军事超级大国的地位仍然坚如磐石。在国际影响力方面，美国拥有数量最多的军事盟友，对外援助数额最大，在国际货币基金组织（IMF）、世界银行等主要国际经济组织中拥有主导权，美国国际影响力优势明显。

世界权力中心、财富中心正在稳步地从西方向东方转移，由传统的西方发达国家向新兴发展中大国转移 经济增长方面，尽管受到国内经济结构调整、国际金融危机余波的影响，中印两国经济在过去五年仍以 7% 左右的增长率不断增长，把主要发达经济体远远甩在后面（见表 1.1）。两国的国内生产总值在 2016 年分别达到 11.2 万亿、2.3 万亿美元，分别位居世界第二、第七（见图 1.2）。中国的经济实力尤为值得一提，伴随着稳定的经济增长，中国与除美国之外的所有发达国家不断拉开差距，与美国之间的差距则不断缩小。经济学界普遍认为，中国赶超美国，成为世界头号经济大国只是时间的问题。

表 1.1 七国集团与金砖五国 GDP 增长率（2012－2016）

国家\年份	2012 年	2013 年	2014 年	2015 年	2016 年
印度	5.5	6.4	7.5	8.0	7.1
中国	7.9	7.8	7.3	6.9	6.7
南非	2.2	2.5	1.7	1.3	0.3
俄罗斯	3.5	1.3	0.7	－2.8	－0.2
巴西	1.9	3.0	0.5	－3.8	－3.6
美国	2.2	1.7	2.4	2.6	1.6
加拿大	1.7	2.5	2.6	0.9	1.5
德国	0.5	0.5	1.6	1.7	1.9
英国	1.3	1.9	3.1	2.2	1.8
法国	0.2	0.6	1.0	1.1	1.2
意大利	－2.8	－1.7	0.1	0.8	0.9
日本	1.5	2.0	0.3	1.2	1.0

资料来源：世界银行（http：//data.worldbank.org）。

① 数据来源于世界银行（https：//data.worldbank.org/indicator/NY.GDP.MKTP.CD）、UNCTAD（http：//unctadstat.unctad.org/EN/）。

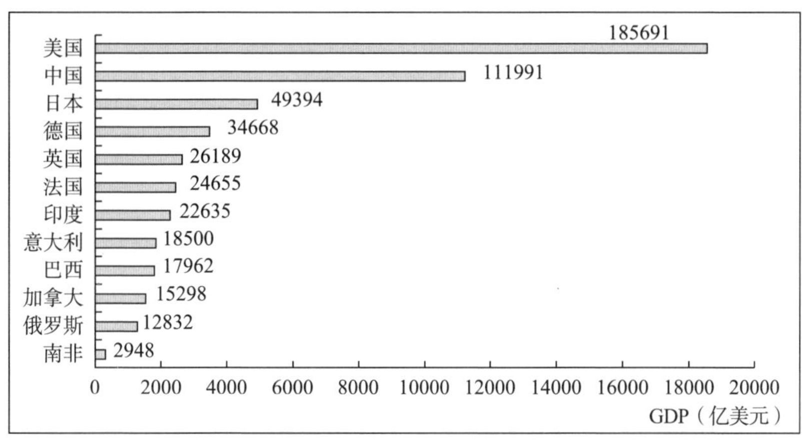

图 1.2　七国集团与金砖五国 GDP 比较（2016）

资料来源：世界银行（https：//data. worldbank. org）。

军力方面，美国与俄罗斯依然比其他大国占据着较大优势。同时，伴随经济实力的增加，新兴发展中大国可以把更多的经济资源投入到军事现代化建设中，为缩小与美俄之间的军事差距提供了物质基础，这一趋势大致在“全球火力”发布的七国集团与金砖五国的常规武器排行榜中可见一斑（见表 1.2）。

表 1.2　2016 年七国集团与金砖五国常规武器数量比较

排序	国家	主战坦克	排序	国家	潜水艇	排序	国家	航空母舰	排序	国家	军用飞机
1	俄罗斯	20216	1	美国	72	1	美国	10	1	美国	13762
2	中国	6457	2	俄罗斯	45	2	印度	2	2	俄罗斯	3794
3	美国	5884	3	中国	14	3	意大利	2	3	中国	2955
4	印度	4426	4	英国	11	4	俄罗斯	1	4	印度	2102
5	日本	700	5	法国	10	5	中国	1	5	日本	1594
6	德国	543	6	印度	2	6	巴西	1	6	法国	1305
7	巴西	469	7	日本	0	7	法国	1	7	英国	856
8	法国	406	8	德国	0	8	英国	1	8	意大利	822
9	英国	249	9	巴西	0	9	日本	0	9	德国	698
10	意大利	200	10	意大利	0	10	德国	0	10	巴西	697
11	南非	195	11	南非	0	11	南非	0	11	加拿大	414
12	加拿大	80	12	加拿大	0	12	加拿大	0	12	南非	231

资料来源：全球火力排行榜。

国际方面，新兴发展中大国在国际政治舞台上拥有了更多发言权。2016年1月26日，国际货币基金组织《董事会改革修正案》正式生效，新兴市场国家比过去增加超过6%的份额，中国、巴西、印度、俄罗斯与美国、日本、法国、德国、意大利、英国一起跻身国际货币基金组织前十大成员国。其中，中国份额占比从3.996%升至6.394%，排名从第六位跃居第三位，仅次于美国和日本。此外，自金融危机之后，囊括主要发达国家与发展中大国的二十国集团，取代发达国家俱乐部七国集团成为全球经济治理的主要平台。金砖国家合作的领域不断拓展、内容不断深化，已经发展成较为成熟的治理机制，在国际经济、安全、社会治理中发挥着重要作用。全球治理平台的革新与创新，彰显了发展中大国国际影响力的提高，也暗含了全球战略格局的微妙变化。

三、战略稳定

战略稳定是体系内主要力量在较长时期内形成并保持的一种结构相对稳固、实力大体均衡、关系不易变化的状态。狭义上的战略稳定特指核均势，广义上的战略稳定则涵盖核战略稳定、双边战略稳定与全球战略稳定等不同层面。冷战时期的核战略稳定，尽管主要服务于美苏争霸世界的需要，并不可避免地带有不合理性与不公正性，但它对维护世界总体和平、安全、稳定尤其是制止核战争发挥了重要作用，并由此形成一个普遍的、迄今仍在发挥作用的军控和防止核扩散机制。苏联解体后，美苏核战略稳定的根基发生动摇，尽管俄罗斯接管了苏联的核武库并宣布继承在核裁军方面的法律义务，但由于美俄实力对比不均衡，加之美国退出反导条约，并着手发展全球反导系统，两国间的核战略平衡事实上出现了对美有利的倾斜。全球战略稳定在2016年开始出现一些令人不安的变化。

战略稳定机制显动摇迹象　按照经典军控理论，核战略稳定是战略稳定的最初形态，也是战略稳定理论的基本内核。冷战时期的核战略稳定是美苏主导并建立在两大阵营整体对抗背景下的战略稳定，既包括美苏两国签订的旨在限制核武器使用、禁止核试验、防止核扩散和裁减核力量等一系列双边条约，也包括国际社会广泛参与的多边军备控制协议。冷战结束后，由美苏主导、以两大阵营对抗为基本特征的全球战略稳定不复存在。①

---

① 马荣升：《维护战略稳定佑护国家发展》，载《中国国防报》，2014年2月18日。

当前，影响全球战略稳定的消极因素正在世界各地增加，这一趋势的危险性首先在于，个别国家和军事－政治同盟谋求在军事和军事技术领域获得决定性优势，以便在国际事务中毫无阻碍地通过使用或威胁使用武力来实现自身利益。因此一些国家公然无视各国安全不受减损的安全基本原则，企图以牺牲他国安全换取自身安全。这一政策导致军力增长失控，动摇了全球战略稳定体系，与在有效国际监督下实现普遍、全面裁军的理念背道而驰。①

大国之间的双边战略稳定是全球战略稳定的基础性要素。自 2010 年生效以来，《削减战略武器条约》执行得一度比较顺利，成为全球战略稳定的重要支柱。但自 2013 年乌克兰危机爆发之后，特别是随着俄罗斯干预美国总统大选问题的酝酿，美俄关系大幅恶化，美俄在核问题上合作的政治基础出现动摇。2016 年 4 月，俄罗斯以峰会议题和专题的制定过程中缺乏协作精神为由，拒绝参与美国发起的华盛顿核安全峰会。10 月 3 日，普京签署行政命令，暂停履行签订于 2010 年的美俄《钚管理和处置协定》，理由是美国采取对俄敌视政策并且未严格履行该条约。10 月 5 日，俄罗斯政府宣布暂停履行签订于 2013 年的美俄《核能科研合作协议》。此外，2010 年签署的美俄《削减战略武器条约》将于 2021 年 2 月到期，但迄今美俄尚未就下一步核裁军协议启动谈判。俄罗斯明确将新条约的签署与美国的导弹防御系统、先进的常规武器打击系统、第三国核力量以及取消制裁联系起来，由于美俄关系目前处于最低点，达成武器控制协议的前景黯淡。如果这种僵局无法打破，冷战结束以来持续进行的核裁军可能逐渐走到尽头。②2016 年俄罗斯总统普京访华期间，中俄两国元首签署了《中华人民共和国主席和俄罗斯联邦总统关于加强全球战略稳定的联合声明》，中俄在声明中强调，当前影响全球战略稳定的消极因素在增加，两国对此表示担忧。③

战略核力量发展出现新动向　核武器仍然是世界五个核大国确保各自

---

① 新华社：《中俄关于加强全球战略稳定的联合声明》，2016 年 6 月 26 日。

② 张宇燕主编：《国际形势黄皮书：全球政治与安全报告（2017）》，社会科学文献出版社 2016 年，第 7－16 页；李永全主编：《俄罗斯发展报告（2017）》，社会科学文献出版社 2017 年，第 153－167 页；中国军控与裁军协会主编：《2017 国际军备控制与裁军》，世界知识出版社 2017 年，第 70－79 页。

③ 何亚非：《全球战略稳定是大国相处的基础》，载《第一财经日报》2016 年 7 月 1 日。

战略安全的最重要工具，庞大的核武库仍是悬在世界头上的“达摩克利斯之剑”。按照斯德哥尔摩国际和平研究所的数据，2016 年年初全世界有 15395 枚核武器（见图 1.3）。虽然总量有所减少，但这也是足以毁灭世界无数次的可怕数字。

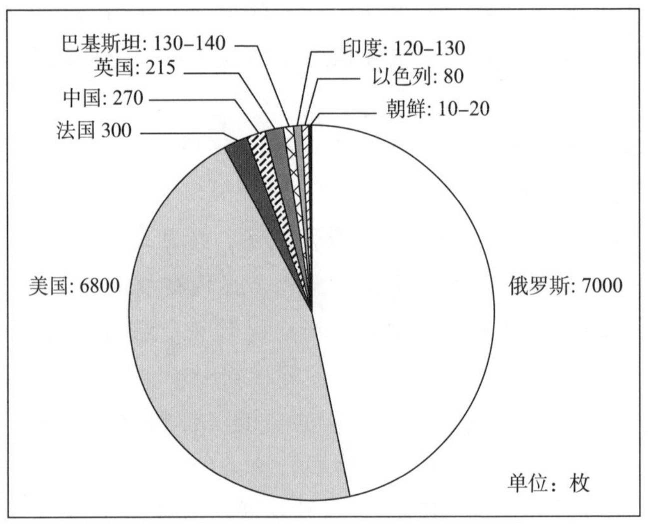

图 1.3　各国拥有核武器的数量（2016）

资料来源：斯德哥尔摩和平研究所，https：//www. sipri. org/sites/default/files/2017 - 06/fs_1707_wnf. pdf。

一些谋求获得军事优势地位的国家和联盟顽固拒绝讨论削减和限制保障其拥有决定性军事优势的武器。美国对终极威慑或绝对威慑的追求进一步影响全球战略稳定性，加重业已存在的核安全困境，不利于解决伊朗核问题和朝鲜核问题。美国的绝对安全也必然造成其他国家的绝对不安全，为了应对美国的核威慑，俄罗斯针锋相对地加强进攻性核力量建设，放缓战略核弹头的削减步伐并加快核武器的更新换代，同时加快弹道导弹防御系统的研发和部署，以缩短同美国的差距。美国错误的核战略将加剧全球核竞争和核博弈，这样的核竞争和核博弈也有可能进一步激化主要大国在太空的军事竞争，有可能打开另一扇“灾难之门”。

尽管核武器总量稳步减少，各个核大国却在积极推动其核武库现代化。①

① Shannon N. Kile and Hans M. Kristensen, *Trends in world nuclear forces*, *2017*, https：//www. sipri. org/publications/2017/sipri-fact-sheets/trends-world-nuclear-forces-2017.

美国在2016年继续推进“三位一体”战略核力量的现代化工作，其中包括用“陆基战略威慑”系统代替现有的“民兵－Ⅲ”陆基洲际弹道导弹，用“远程防区外巡航导弹”取代现有的空射巡航导弹，以“哥伦比亚”级战略核潜艇更换现有的“俄亥俄”级战略核潜艇，开发新一代的B－21战略轰炸机，以及对核弹头实施“3＋2”的延寿项目。2016年10月美国国务院网站发布的《美国核武器现代化计划》称，美国核武器现代化计划的目的是维持战略稳定性和有效的核威慑。① 奥巴马政府宣布，下一个十年将每年投入350亿美元用于更新美国核武库。其中，600亿美元用于制造642枚新型陆基洲际导弹，1000亿美元用于新造12艘核潜艇，550亿美元用于制造100架新型轰炸机，300亿美元用于制造1000枚新型巡航导弹，500亿美元用于更新指挥控制系统，800亿美元用于打造核试验基地。② 2016年12月，美国（当选）总统特朗普在推特上发文，强调美国需要扩大其核能力，“在世界在核武器问题上清醒过来之前，美国必须大力加强并扩大其核能力”。特朗普表示：“要确保美国核威慑能力的现代、强大、灵活、适应性强和高度戒备，并经过适当调整，能够震慑21世纪的威胁，确保我们盟国的安全。”可以预料，未来美国新政府在推进核武器更新改造方面可能会迈出更大的步伐。③

俄罗斯在2016年继续部署“布拉瓦”潜射弹道导弹，开工建造第8艘“北风之神”级战略核潜艇，加速研发“萨尔玛特”洲际弹道导弹以及载有“雅尔斯”弹道导弹的“巴尔古津”导弹列车，并改良升级图－160战略轰炸机。从2011年至2020年，俄罗斯计划花费700亿美元用于战略核力量的现代化。④ 2016年12月22日，普京在俄国防部会议上发表讲话，强调俄罗斯需要“强化战略核力量，为此，我们应研制能够穿透任何当前和未来导弹防御系统的导弹，（俄罗斯）核力量的‘三位一体’维持在一个恰当的水

---

① 中国军控与裁军协会主编：《2017国际军备控制与裁军》，世界知识出版社2017年，第18页。

② 林利民、袁考：《当前国际安全治理的困境与出路》，载《现代国际关系》，2017年第4期，第23－30页。

③ 李永全主编：《俄罗斯发展报告（2017）》，社会科学文献出版社2017年，第153－167页。

④ 中国军控与裁军协会主编：《2017国际军备控制与裁军》，世界知识出版社2017年，第18－19页。

平上，这对保持战略对等非常重要”。①

在《2015年战略防卫与安全评估》中，英国政府宣布将打造4艘新一级战略核潜艇，以取代原来的4艘“先锋”级战略核潜艇。2016年6月，英国议会批准关于支持更新“三叉戟”项目的提议，将分阶段投入总计452亿美元的资金。法国对其“凯旋”级战略核潜艇进行改造升级，以使之能够搭载射程更远、精度更高的M51潜射弹道导弹。同时，法国已启动新一代战略核潜艇的设计工作，计划在2035年推出新一代“凯旋”级战略核潜艇。印度稳步扩大其核武库及生产能力，自主建造的“歼敌”号战略核潜艇在2016年服役，可搭载核弹头的“烈火-V”准洲际导弹则计划于2017年服役。针对印度的核活动，巴基斯坦也积极扩大核武器生产能力，并尝试开发更加先进的运载工具。尽管面临巨大的国际压力，朝鲜在2016年进行了2次核试验和20多次导弹试射，核武能力进一步增强。②

战略反导系统的扩大部署正在影响国际和地区战略平衡 个别大国为追求自己的绝对安全而忽视或罔顾它国安全，反导领域的形势发展尤其令人担忧。单方面发展并在世界各地部署战略反导系统的非建设性行为，对国际和地区战略平衡与安全稳定带来消极影响，也破坏了制定和通过多边政治-外交手段应对导弹及导弹技术扩散的基础。值得注意的是，域外力量往往以臆想的理由为借口，在欧洲部署“岸基宙斯盾系统”，在亚太地区部署或计划在东北亚部署“萨德”系统，这与导弹扩散领域面临的实际挑战和威胁毫不相干，与其宣称的目的也明显不符，并会严重损害包括中俄在内的域内国家战略安全利益，中俄两国对此强烈反对。

在欧洲，2016年5月13日，在波兰小镇列德泽科沃举行了盛大的欧洲导弹防御系统基地建设开工仪式。此前一周，罗马尼亚德维塞卢欧洲导弹防御系统基地投入作战值班。此外，在邻近俄罗斯加里宁格勒州的立陶宛境内，北约开始部署远程预警雷达。俄罗斯对此反应强烈。总统普京警告，美国和北约的上述举动违反了《中导条约》，将打破美俄之间在军事力量上

---

① 李永全主编：《俄罗斯发展报告（2017）》，社会科学文献出版社2017年，第153-167页。

② Shannon N. Kile and Hans M. Kristensen, *Trends in world nuclear forces*, *2017*, https://www.sipri.org/publications/2017/sipri-fact-sheets/trends-world-nuclear-forces-2017.

的战略平衡，而军事力量的战略平衡是防止大规模军事冲突的最可靠保证。因此，俄罗斯绝不能接受欧洲导弹防御系统。①

在亚洲，自2009年奥巴马上台以后，美国就积极推动在韩国部署末端高空区域防御系统，即“萨德”系统。2016年之前，尽管美国不断敦促，韩国政府在部署“萨德”问题上态度比较模糊，与美国立场也存在矛盾之处。2016年1月朝鲜进行第四次核试验之后，美韩随即展开“萨德”部署的正式谈判。3月4日，美韩两国军方就在韩部署“萨德”问题进行可行性磋商。7月7日，时任韩国总统朴槿惠召开国家安全委员会，最终决定在韩国部署“萨德”。②一个作战部署的“萨德”系统包括一部雷达、多部发射车和多个拦截导弹。“萨德”系统的雷达采用AN/TPY－2雷达，其作用距离约为1000－1500千米，其拦截导弹能对半径在200千米以内、高度在40－150千米范围内、射程不超过3500千米的弹道目标进行拦截。按照防御区域半径200千米计算，部署在星州郡的“萨德”系统拦截导弹并不能实现对韩国全部领土的保护，相反，其雷达却能有效探测到中国导弹发射情况，一方面，它可以侦测中国导弹飞行试验，了解中国导弹释放的真假弹头特征；另一方面，它可以把中国导弹的数据传给美国的全球导弹防御体系，使得美国导弹拦截系统有更多的时间进行拦截尝试。因此，美国在韩国部署“萨德”系统只是以应对朝鲜核导威胁为名，行损害中国战略安全与能力之实。③ 美国在韩国部署“萨德”系统，将美国全球导弹防御网络覆盖范围扩大，使之进一步逼近中国与俄罗斯，严重损害中俄战略安全利益，这必然激起两国的反制，从而损害东北亚甚至全球战略稳定与平衡局面。

近年来，“不首先使用核武器”进程止步不前，而且主要核大国近年来还提高了准备使用核武器的调门，越来越倾向于降低核武器的使用门槛。美国战略界热议在地区冲突中使用核武器的问题。同时，他们认为俄罗斯

---

① 《欧洲导弹防御系统部署到家门口，俄罗斯怎么办》，载《中国青年报》2016年06月02日。

② 郑秉文、黄平主编：《美国研究报告（2017）》，社会科学文献出版社2017年，第253－265页。

③ 李彬：《从安全困境看中韩“萨德”之争》，http：//pit. ifeng. com/a/20160805/49724011_0. shtml；中国军控与裁军协会主编：《2017国际军备控制与裁军》，世界知识出版社2017年，第154－160页。

奉行“以升级促降级”战略，在冲突中使用核“手术刀”先发制人。① 为应对美国反导系统，俄罗斯决定针锋相对，将可携带核导弹运抵加里宁格勒地区，矛头直指美国打造的欧亚导弹防御系统，并公开宣布“必要时将使用战术核武器进行反击”。②对此，北约秘书长延斯·斯托尔滕贝格（Jens Stoltenberg）回应称，“只要世界上还存在核武器，北约就是一个‘核联盟’，必要时将以核武器回击任何攻击”。美欧、北约与俄罗斯之间公开以“必要时将使用核武器”相威胁，这在冷战结束以来的20多年来尚属首次。③

四、新安全领域

国际竞争从传统安全领域外溢到新兴安全领域，二者相互交织、相互影响，成为近年来战略安全领域的一个重要特点。新兴安全领域包括网络、深海、极地、太空等多个领域，其中网络与太空领域最能体现国际安全竞争与合作并存的特征。

（一）网络安全

2016年，网络安全事件层出不穷，网络攻击规模、技术水平和破坏力再创纪录，成为影响国际政治经济进程的重要因素。2016年伊始，乌克兰政府就指责俄罗斯针对其最大机场发动网络攻击，使其感染黑色能量（Black Energy）病毒。2月，孟加拉国央行SWIFT系统操作权限遭受攻击，被盗走8100万美元，成为迄今为止规模最大的网络金融盗窃案。4月，德国贡德雷明根核电站的计算机系统在常规安全检测中发现了恶意程序，该事件再次对各国关键基础设施安全敲响了警钟。8月，一个名为“影子经纪人”的黑客组织成功入侵美国国家安全局，盗取该机构针对中国、俄罗斯和伊朗的“网络武器”，并以6.11亿美元的价格在网上拍卖，这些工具被安全专家证实可以突破一流安全厂商的防火墙。10月，美国DNS域名服务

① 中国军控与裁军协会主编：《2017国际军备控制与裁军》，世界知识出版社2017年，第71页。

② 张宇燕主编：《国际形势黄皮书：全球政治与安全报告（2017）》，社会科学文献出版社2016年，第7－16页。

③ 林利民、袁考：《当前国际安全治理的困境与出路》，《现代国际关系》2017年第4期，第23－30页。

供应商 Dyn 遭到 DDoS 攻击，时间持续超过 2 个小时，导致网站大面积瘫痪，影响范围覆盖美国东部和部分欧洲地区。在美国大选期间，“邮件门”事件多次上演，对民主党候选人希拉里竞选造成重大打击。美国情报机构认为，在俄罗斯政府操纵下，黑客入侵了民主党网络系统，破解了希拉里竞选团队的电子邮箱，并向维基解密泄露了邮件内容。为此，12 月 29 日，奥巴马发布行政命令，对包括俄罗斯情报总局和俄联邦安全局在内的 5 个俄罗斯实体机构和 4 名俄情报总局高层官员实施制裁。①

为应对日益严峻的网络安全威胁和国际竞争，各国纷纷采取增加投入，推进制度建设等措施，提供网络安全能力。美国国防部在 2016 年 2 月宣布，将把 386 亿美元总网络预算中的 67 亿美元用于网络安全建设，以提高美军网络能力。4 月，美国称其 133 支网络部队形成初步作战能力，预计于 2018 年形成全面作战能力。此前，时任美国国防部长卡特与参联会主席邓福德已经公开承认，美军对“伊斯兰国”实施了网络攻击，标志着其网络进攻力量已从幕后走向台前。7 月，在美国支持下，北约正式将网络安全纳入北约行动领域，宣布“继续实施北约网络防御增强政策，并通过最尖端技术增强北约的网络防御能力”。12 月，美国《2017 年国防授权法案》计划把网络司令部提升为联合司令部，以进一步提高美军网络部队地位，增加其在实施全球作战计划、授权、政策制定方面的作用。此外，美军单独或者联合美国非军事部门、国际盟友多次进行网络演习，目的在于增强美国军民之间、公私之间及盟友之间合作应对网络攻击的能力。在制度建设方面，美国先后颁布《网络安全国家行动计划》《网络威胁指标共享和防御措施指南》《2016 年保护商业秘密法案》等政策文件，在保护个人隐私与商业秘密的同时，大力推动公私合作，提升美国整体网络安全水平。②

欧盟加快了网络安全立法工作。欧洲议会于 2016 年 4 月 14 日通过新的欧盟数据保护规则，欧盟数据保护立法取得重大进展。2016 年 7 月 6 日，欧洲议会又通过了 2013 年欧洲委员会提出的《网络和信息系统安全指令》，

---

① 中国军控与裁军协会主编：《2017 国际军备控制与裁军》，世界知识出版社 2017 年，第 166 – 168 页；《信息安全与通信保密》编辑部：《2016 年全球网络空间安全重大事件》，《信息安全与通信保密》2017 年第 1 期。

② 中国军控与裁军协会主编：《2017 国际军备控制与裁军》，世界知识出版社 2017 年，第 170 页；尹丽波主编：《世界网络安全发展报告（2016 – 2017）》，社会科学文献出版社 2017 年，第 1 – 22、181 – 204 页。

这是自1992年《信息安全框架决议》以来，欧盟在网络和信息安全领域综合性立法方面的又一重大成果。为提升网络安全能力，英国计划未来五年投入19亿英镑用于网络安全防御。与美国一样，英国还注重网络安全的实战应用。2016年10月英国军方承认对伊拉克“伊斯兰国”武装分子发动网络战争，以支援伊拉克部队重夺重镇摩苏尔的战役。① 法国国防部长在12月宣布，将进攻性网络能力整合到常规部队中，计划到2019年筹备由2600名专家组成的网络战营，作为网络防御计划的一部分。2016年年初，德国开始组建网络与信息作战部队，融合网络战和电子战以获取未来战场的信息主导权。②

同传统领域不同，网络安全更需要国际合作。在合作应对网络安全威胁上，国际社会也取得许多进展。美国与欧盟在2016年先后签订《欧美隐私盾协议》(*EU-US Privacy Shield*)、《欧美数据保护伞协定》。4月17日，美俄网络安全高官在日内瓦举行网络安全会议，这是双方避免因误会引发网络战的新一轮努力，会上重申了2013年签订的双边网络安全协议。中美在6月、12月先后举办两次打击网络犯罪及相关事项高级别联合对话，达成广泛共识。6月13日，中英高级别安全对话就网络犯罪等深入交换意见，并发布四项成果清单。6月25日，《中华人民共和国主席和俄罗斯联邦总统关于协作推进信息网络空间发展的联合声明》发布，双方达成包括尊重网络主权、打击网络犯罪在内的七项共识，提高了中俄全面战略协作的水平。在美国主导的《塔林手册》2.0版的修订中，中俄两国也派员参与，这为网络战与网络安全领域达成国际共识创造了条件。③

（二）太空安全

外（太）空安全威胁主要来自两个方面：一是外空武器化和外空战场化的危险，二是外空和平利用中不当行为对外空资产安全和外空长期可持续利

---

① 尹丽波主编：《世界网络安全发展报告（2016－2017）》，社会科学文献出版社2017年，第1－22页。

② 中国军控与裁军协会主编：《2017国际军备控制与裁军》，世界知识出版社2017年，第172页。

③ 尹丽波主编：《世界网络安全发展报告（2016－2017）》，社会科学文献出版社2017年，第1－22页；中国军控与裁军协会主编：《2017国际军备控制与裁军》，世界知识出版社2017年，第174页。

用所造成的风险。[1] 随着各国开发、利用外太空活动步伐的加快，外空安全威胁增加，国际安全竞争也不断加剧。为占领外空安全竞争的制高点，主要大国颁布了一系列政策，出台大量措施，在外空安全领域产生了深刻影响。

美国把太空安全纳入国家安全体系，近年来颁布了许多具体政策，包括2010年《国家航天政策》、2011年《国家安全空间战略》、2012年出台了《国防部空间政策》、2013年《空间作战条令》和《弹性与分散式空间体系白皮书》。2016年美国修订了《国防部空间政策》等文件，为确保太空安全及能力建设提供了指导。[2] 2016年5月，空军航天司令部发布新版《指挥官战略意图》文件，提出四项重要战略思想，内容涉及构建弹性体系、重视多域作战、发展敏捷信息优势、重视情报监视与侦察和改变采办模式等，意在影响美国未来军用卫星的采办、研制和应用。7月，美空军航天司令部发布《空间任务部队》架构白皮书，旨在提供太空兵力，以在对抗、降级和受限环境中执行作战任务，确保能应对空间系统面临的日益增长的威胁。[3] 在外空安全政策制定过程中，美国智库也积极发声，尝试引导政府政策方向。2016年年初，新美国安全中心发布《从安全地到战场：美国在外空的防务与威慑框架》，认为过去大规模反击、孤注一掷式的太空威慑战略已经不合时宜，建议采纳防御与威慑的战略，为有限的太空战做准备。2016年6月，大西洋理事会发布《面向新的国家安全太空大战略——战略回调正逢其时》，主张正确理解外空这一特殊的环境，正确看待美国面临的外空威胁，并做出最符合美国安全利益的反应。[4]

美国2016年向太空领域投入71亿美元预算，重点发展新一代大型运载火箭、态势感知系统、高超声速武器等领域。在态势感知系统方面，美空军在2016年3月宣称下一代太空监视系统“太空篱笆”项目取得重要进展，“太空篱笆”地基雷达小规模测试场跟踪到首颗卫星，标志着美空军向实现“将太空态势感知能力和轨道探测能力提高10倍”的目标迈出重要一

---

① 中国军控与裁军协会主编：《2017国际军备控制与裁军》，世界知识出版社2017年，第143页。

② 《剑指九天：世界各国空间安全态势分析》，环球视野，http：//www.globalview.cn/html/military/info_19568.html。

③ 《2016年国外军事航天发展态势综述》，http：//www.bw40.net/9744.html。

④ 中国军控与裁军协会主编：《2017国际军备控制与裁军》，世界知识出版社2017年，第146-148页。

步。10 月，国防部高级研究计划局正式向美空军太空司令部移交“空间监视望远镜”。在高超声速武器研发方面，在研的项目包括空军“高超声速打击武器”，陆军“先进高超声速武器”项目，洛马公司高超声速飞机 SR-72、“猎鹰”高超声速飞行器项目等。①

为增强太空实力，美国近年来还积极探索借助私营部门力量的方式，大力推进航天领域的军民融合。美国商业公司已开始承担军事航天发射任务。美国 SpaceX 公司已获准承担美国军用卫星发射业务，可发射侦察卫星和第三代 GPS 导航卫星等军用卫星。除了成功发射 X-37B，SpaceX 公司再次成功回收第一级火箭，火箭可重复使用技术又一次得到验证。商业卫星已经是美军天基信息支援的重要力量，在支援利比亚战争和曝光朝鲜、伊朗的导弹试验等行动中，提供了大量高分辨目标图像，为美军提高定点打击效率及争取外交主动权提供了重要支撑。鉴于私营部门的重要作用，美国战略司令部开始在联合空间作战中心增加商业代表席位，加强军方与商业界的合作，及时调度和协调利用商业卫星资源服务空间军事行动。②

尽管面临财政困难，俄罗斯同样大力发展太空能力。俄罗斯在 2010 年、2014 年先后发布两版《俄联邦军事学说》，均突出强调了军事航天在国家安全中不可替代的地位和作用。特别是在常规力量无法与以美国为首的北约相抗衡的情况下，俄罗斯把航天力量作为维护大国地位和全球战略稳定的重要手段。2012 年俄罗斯颁布的《2030 年及未来俄罗斯航天发展战略（草案）》，提出分三阶段完成九大航天发展任务，以确保实现俄罗斯航天技术处于世界先进水平，巩固俄罗斯在航天领域领先地位的战略目标。2016 年 3 月俄罗斯政府审议通过了《2016—2025 年联邦航天规划》草案，未来十年俄罗斯将为航天活动划拨 14060 亿卢布，或于 2022 年后再补充 1150 亿卢布，用于推进包括军用卫星、核动力发动机、超重型运载火箭等在内的各项航天计划的进展，意图发挥其在航天技术领域的传统优势，以此实现俄

---

① 郑秉文、黄平主编：《美国研究报告（2017）》，社会科学文献出版社 2017 年，第 253－265 页；《剑指九天：世界各国空间安全态势分析》，环球视野，http：//www.globalview.cn/html/military/info_19568.html；《2016 年国外军事航天发展态势综述》，http：//www.bw40.net/9744.html。

② 《2016 年国外军事航天发展态势综述》，http：//www.bw40.net/9744.html。

罗斯的再度崛起。①

2016 年 4 月，俄罗斯在新建成的东方航天发射场执行了首次发射任务，将搭载 3 颗卫星的“联盟”2. la 火箭发射升空。6 月，俄罗斯第二颗 GEO-IK-2 卫星，由“轰鸣”运载火箭从普列谢茨克航天发射场成功发射，进入平均高度 945 千米、倾角 99. 3 度的近圆轨道。GEO-IK-2 系列卫星是俄罗斯军用测地卫星，用于测量地球重力场分布、旋转和构造等特征。卫星质量约 900 千克，设计寿命约 5 年，获取的测地信息可广泛应用于军事和民用领域，如卫星跟踪、全球导航以及导弹飞行轨迹预测等。据悉，俄罗斯正在研发一种新型的空间监视系统，该系统空间段主要由“拉兹丹”卫星组成，卫星性能将远远超过俄罗斯现有卫星。首颗卫星计划于 2019 年发射，第 2、第 3 颗将分别于 2022 年和 2024 年发射。②

在太空安全国际合作方面，国际社会也取得一定进展。联合国和平利用外空委员会在 2010 年成立“外空活动长期可持续工作组”，该工作组提出近 30 条最佳实践指南草案。在 2016 年 6 月的联合国和平利用外空委员会会议上，各国已就部分条目达成一致。③ 在双边合作方面，美国加速与其盟友开展太空安全合作。根据澳大利亚 2016 年《国防白皮书》，基于美澳于 2012 年 11 月签署的一项协议，美国将把位于新墨西哥州的“太空监视望远镜”搬迁至澳大利亚的一个全新设施中，而该设施预计将在未来 4 年内建成。太空监视望远镜的搬迁可同时改善美澳两国的太空监视能力。④ 2015 年 4 月 27 日，新版《美日防卫合作指针》颁布出台，它指出太空领域合作是日本和美国开展全面军事合作的重点，“两国政府将增强对太空态势感知方面的合作。对于那些可能影响太空领域安全与稳定的事件、行动，两国要建立、提升、共享信息并阻止这一事件的发生。两国将共享信息，应对太空领域的潜在威胁”。⑤ 在中

① 《剑指九天：世界各国空间安全态势分析》，环球视野，http：//www. global-view. cn/html/military/info_ 19568. html。

② 《2016 年国外军事航天发展态势综述》，http：//www. bw40. net/9744. html。

③ 中国军控与裁军协会主编：《2017 国际军备控制与裁军》，世界知识出版社 2017 年，第 144 页。

④ 《维护太空和平》，http：//apdf-magazine. com/zh-hans/% E7% BB% B4% E6% 8A% A4-% E5% A4% AA% E7% A9% BA-% E5% 92% 8C% E5% B9% B3/。

⑤ 江天娇：《美日深化在太空安全领域合作探析》，载《美国研究》2016 年第 2 期，第 110 – 119 页。

美合作方面，继2015年、2016年中美举行民事太空合作对话和太空安全对话之后，2016年中美又建立了紧急“太空热线”。当然，考虑到中美双方根深蒂固的战略互疑，中美实现实质性太空合作仍然困难重重。①

五、评估与展望

在过去的一年，全球战略安全领域出现不少新变化。因俄西博弈、朝核问题以及中东乱局的强烈冲击，全球战略安全形势出现下滑。尽管美国仍然在经济、军事和国际影响力方面保持着巨大优势，但随着中印等新兴经济体的持续崛起，国际战略格局重塑的速度加快，朝着有利于中国和新兴大国的方向不断发展。由于美俄关系恶化、“萨德”入韩的影响，全球战略稳定的基础受到一定影响。大国安全竞争不断向新兴领域蔓延，但新兴领域安全问题的特殊性又要求各国合作应对，主要大国在新兴安全领域的合作与竞争同步上升。

考虑到国际结构性因素的制约，这些新变化、新特征将延续到新的一年甚至未来更长的时间。总体来看，2017年乃至未来很长一段时间，国际社会大国博弈动荡难消。在地区安全层面，俄罗斯与西方社会博弈的态势在短期内无法根本性缓解，双方在乌克兰东部、叙利亚内战、反导系统等问题上将继续尖锐对峙。由于相关方战略利益存在根本冲突、高度互疑，朝核问题的危险性恐将进一步提高，成为东北亚地区安全最大的不稳定因素；在高强度的国际反恐压力下，“伊斯兰国”恐怖组织可能会受到削弱，但是西亚北非乱局难以出现好转，国家间争端、教派冲突、大国干预将继续制约该地区的安全形势。在这些地区安全因素的影响下，主要大国之间战略稳定可能进一步受到破坏。新兴安全领域的情况则相对乐观，主要大国在该领域的合作有望加快加深，成为全球安全领域为数不多的积极方面。

---

① 《美国重建太空委员会被指难有作为，但中美太空竞争或将加剧》，http：//www. thepaper. cn/newsDetail_forward_1732860。

2. 世界经济

王萍萍*

摘　要： 尽管已是金融危机爆发之后的第8个年头，但全球经济仍走在艰难的复苏之路上。2016年全球GDP总量达到75万亿美元，全球经济增长率为2.4%，为2009年以来全球经济增长的最低水平。2016年全球贸易在低迷中有所反弹，但是受大宗商品价格持续走低影响，全球进出口贸易总额同比有所下降。其中全球商品贸易额同比减少3.3%，服务贸易则表现相对稳健。一系列“黑天鹅”事件的爆发，增加了全球经济政策的不确定性，同时随着地区冲突和地缘政治风险的加剧，阻碍了资本的全球流动、增加了金融市场的脆弱性。但随着政府积极货币、财政政策的刺激，主要国家PMI指数有所回升，消费者信心有所增强，大宗商品价格趋于稳定，金融市场波动减弱，表明复苏仍将持续。

关键词： 经济增长　国际贸易　国际投资　国际金融

世界经济是世界各国经济相互联系和相互依存而构成的世界范围的经济整体，它在国际分工和世界市场的基础上，把世界范围内的各国经济通

---

* 王萍萍（1989－　），西安交通大学管理学学士、清华大学经济管理学院直博、博士，现任中央财经大学国防经济与管理研究院师资博士后、助理研究员。参与包括经济安全、制造业技术追赶等课题，在《技术经济》《经济管理》等期刊发表多篇学术论文。研究方向：军民融合、军工企业技术创新、军民协同创新。

基金项目： 中国博士后科学基金（63批）资助项目“军民融合创新体系结构与机制研究”；中央财经大学全球经济与可持续发展研究中心战略安全与国家动员能力建设专项。

过商品流通、劳务交换、资本流动、技术转让、国际经济一体化等多种形式和渠道，使各国的生产、生活和其他经济方面有机地联系在一起。世界市场、国际贸易、国际金融、国际投资等构成世界经济的主要内容。

一、经济总量

从漫长的历史来看，世界经济总量一直在缓慢增加。最近一次全球金融危机爆发一度引致世界经济总体下滑，2016 年是这次危机后的第 8 个年头，世界经济整体上延续了上年度温和复苏的态势（见图 2.1）。

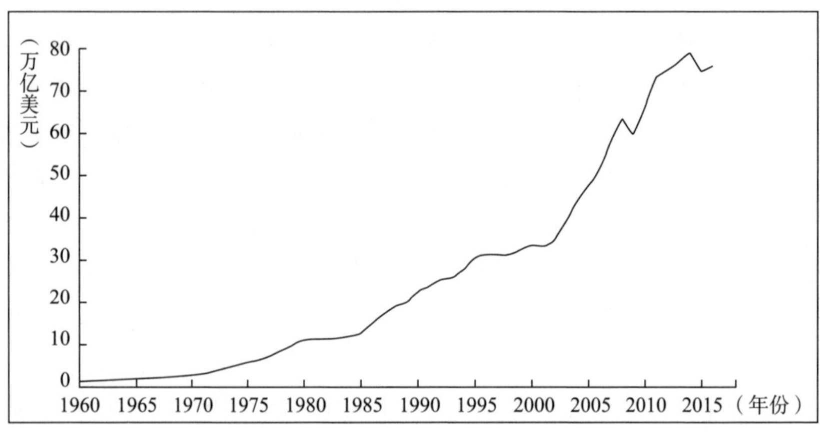

图 2.1 全球经济总量（GDP）发展演变

资料来源：世界银行。

GDP 是一个国家（或地区）所有常住单位在一定时期内生产的全部最终产品和服务价值的总和，常被认为是衡量国家（或地区）经济状况的指标，也被用来度量全球经济总量。按照世界银行发布的数据，2016 年全球 GDP 总量为 756415.77 亿美元。排名第一的美国 GDP 总量占全球 GDP 总量的 24.32%。中国 GDP 总量排名第二，占全球 GDP 总量的 14.84%；日本、德国和英国分别位列第三到五位（见图 2.2）。

按照世界银行的数据，美国经济仍然一骑绝尘，约占全球 GDP 的四分之一，比中国的 14.84% 多近 10 个百分点。大致相当于排名第 3 位至第 10 位的日本、德国、英国、法国、印度、意大利、巴西和加拿大等中国之后 GDP 最大的八个国家之和。虽然从图中看，美国 GDP 遥遥领先于其他国家，但从各大洲的排名看，当前亚洲正开始处于领先地位，亚洲占全球 GDP 的

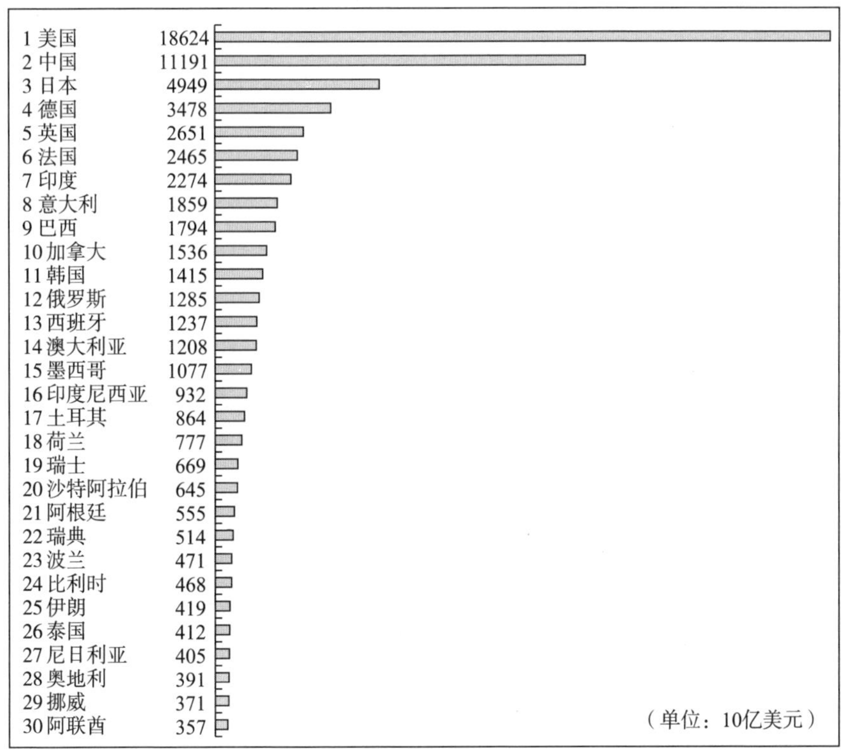

图 2.2　2016年世界 GDP 前三十大经济体排名

资料来源：世界银行。

33.84%，北美和欧洲 GDP 占比则分别为 27.95% 和 21.37%，这三大洲占世界经济活动的约 83%。亚洲的经济重心在东部，中国、日本和韩国的 GDP 之和几乎与美国一样多（见图 2.3）。图中也显示出了富国和穷国之间的巨大鸿沟。南美洲四大经济体巴西、阿根廷、委内瑞拉和哥伦比亚的 GDP 之和仅占全球 GDP 的 4%，而非洲三大国南非、埃及和尼日利亚的 GDP 之和则仅占 1.5%。与此同时，超过 100 个太小而无法单独显示的经济体则被集中在一起冠以“世界其他国家或地区”。

2016 年全球年中人口为 744415.7 万人，人均 GDP 为 10201 美元。虽然从总量上看，作为发展中国家的中国、印度和巴西有较好的表现，但人均 GDP 却远低于发达国家水平。据世界银行统计，人均 GDP 最高的国家是卢森堡，其 2016 年人均 GDP 为 100738.68 美元。相较而言，印度 2016 年的人均 GDP 仅为 1717.47 美元，中国和巴西则分别为 8117.27 美元和 8639.37 美元。GDP 总量排名前十的国家人均 GDP 情况见图 2.4。

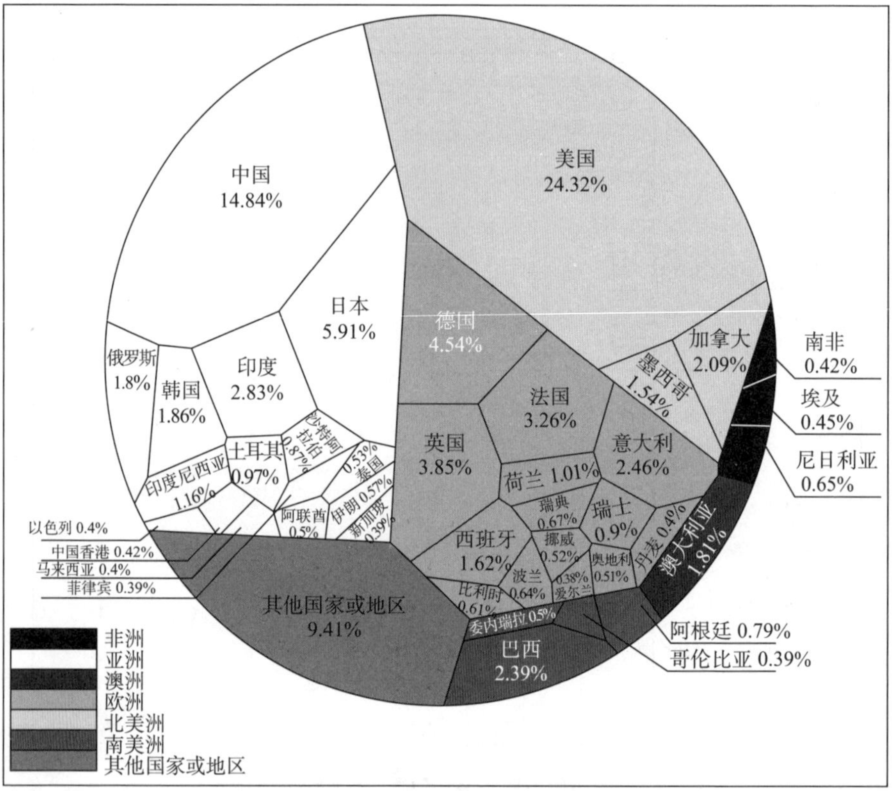

图 2.3　2016 年全球各国 GDP 占比

资料来源：世界银行；Howmuch. net。

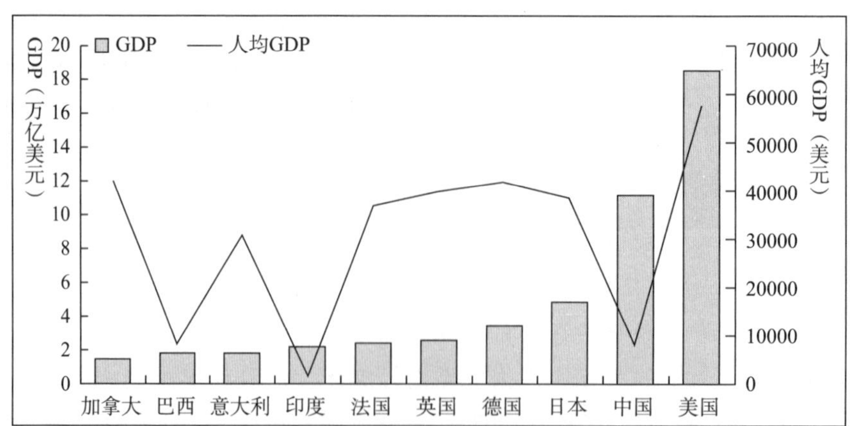

图 2.4　2016 年 GDP 总量排名前十的国家及人均 GDP

资料来源：世界银行。

人均 GDP 分区域来看，东亚和太平洋 GDP 总量为 224774.25 亿美元，年中人口为 229678.6 万人，人均 GDP 为 9786 美元；欧洲和中亚 GDP 总量为 201628.58 亿美元，年中人口为 91199.5 万人，人均 GDP 为 22109 美元；拉丁美洲和加勒比海 GDP 为 52949.28 亿美元，年中人口为 63766.4 万人，人均 GDP 为 8304 美元；中东和北非 GDP 总量为 31114.99 亿美元，年中人口为 43672.1 万人，人均 GDP 为 7125 美元；北美 GDP 总量为 201049.05 亿美元，年中人口为 35947.9 万人，人均 GDP 为 55928 美元；南亚 GDP 总量为 28963.61 亿美元，年中人口为 176638.3 万人，人均 GDP 为 1640 美元；撒哈拉以南非洲 GDP 总量 14980.01 亿美元，年中人口为 103310.6 万人，人均 GDP 为 1450 美元（见图 2.5）。

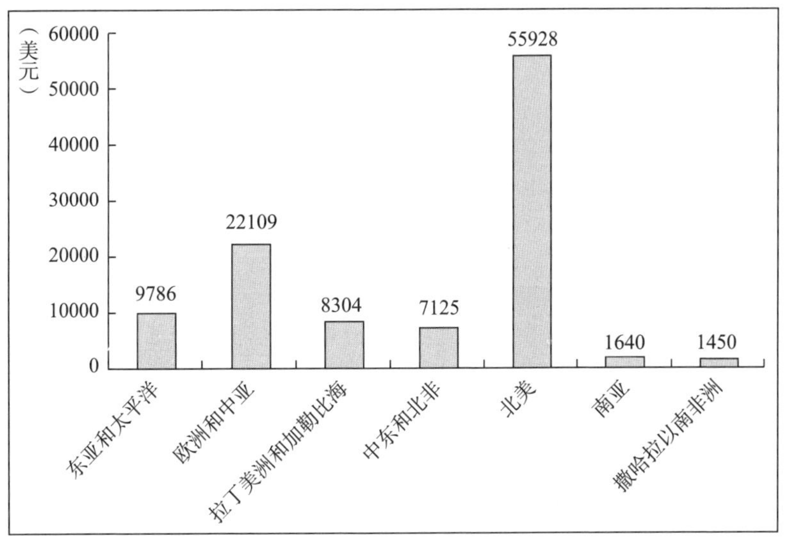

图 2.5　2016 年全球分区域人均 GDP 水平

资料来源：世界银行。

二、经济增长

2016 年世界经济增速减缓。根据世界银行统计，2016 年全球经济增长率约为 2.4%，低于 2015 年全球经济 2.7% 的增长率。发达国家、新兴和发展中国家经济增长率分别为 1.7% 和 3.5%，均低于 2015 年的水平。从区域增长情况来看，自 2008 年金融危机以来南亚地区经济增长在全球范围内最为瞩目，2016 年增长率达 6.84%。其中印度、巴基斯坦和孟加拉国的增长尤为突出。拉丁美洲与加勒比地区经济增长率自2010年以来持续下滑，2016年增长率为－0.67%。近年来同样下滑趋势明显的是撒哈拉以南非洲地区，2016年经济增长率为1.24%。除此以外，不同国家之间经济增长情况也存在较大差异（见图2.6）。

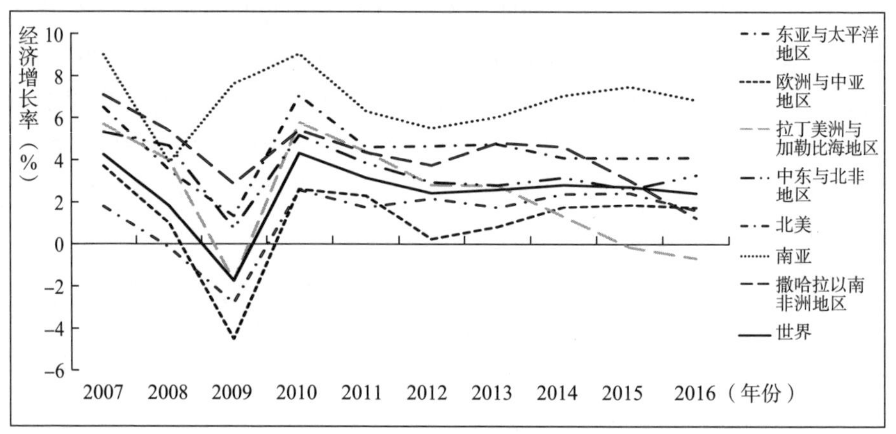

图2.6　2007－2016年各地区经济增长率变化趋势（以2010年不变价格计算）

资料来源：世界银行数据库。

在发达国家中，美国全年增长率达到1.6%，经济复苏加快。欧元区经济受外需、地缘政治风险等因素影响，虽然仍在温和复苏，但复苏之路并不平坦，整体增长低于潜在水平，2016年欧元区整体实际GDP增长率为1.8%。日本经济增长持续缓慢，全年经济增长率为1%。

新兴和发展中国家经济增长呈现两极分化。中国和印度经济增长全球瞩目，经济增长率分别达6.7%和6.8%。处于衰退中的国家，如巴西和阿根廷，经济则出现较大幅度下滑，增长率分别为－3.6%和－2.3%。墨西哥2016年的经济增长率为2.3%，较2015年2.6%的增长率也有所下滑。俄罗斯2016年经济增长率为－0.2%，负增长的局势仍未扭转，但较2015年－2.8%的负增长已经有很大改善。

2016年全球GDP增长率排名前20和后20的国家如表2.1所示。其中伊拉克GDP增长率位居第一位，达10.1%。伊拉克作为重要的石油出口国，2016年石油价格的上涨是推动伊拉克经济增长非常重要的因素。同样依赖原油出口的委内瑞拉在2016年则陷入衰退，实际GDP增长率为－12%。根据国际货币基金组织的报告，该国2016年通胀率高达481%，失业率高达17%。对原油的高度依赖、经济结构的不合理使得委内瑞拉经济脆弱性极高①。

表 2.1 2016 年实际 GDP 增长率排名前 20 和后 20 的国家

单位：%

经济增长率排名前 20 的国家	伊拉克	10.1	经济增长率排名后 20 的国家	委内瑞拉	-12.0
	乌兹别克斯坦	7.8		苏里南	-10.4
	科特迪瓦共和国	7.8		赤道几内亚	-7.3
	埃塞俄比亚	7.5		乍得	-7.0
	孟加拉国	7.1		特立尼达和多巴哥	-5.1
	老挝共和国	7		阿塞拜疆	-3.8
	柬埔寨	6.9		巴西	-3.6
	菲律宾	6.9		白俄罗斯	-2.6
	塔吉克斯坦	6.9		阿根廷	-2.3
	坦桑尼亚	6.9		刚果共和国	-2.1
	不丹	6.8		尼日利亚	-1.6
	印度	6.8		伯利兹	-1.5
	中国	6.7		厄瓜多尔	-1.5
	多米尼加共和国	6.6		利比里亚	-1.2
	塞内加尔	6.6		布隆迪	-0.6
	缅甸	6.5		斯威士兰	-0.6
	吉布提	6.5		俄罗斯	-0.2
	伊朗	6.4		安哥拉	-0.0
	越南	6.2		亚美尼亚	0.2
	土库曼斯坦	6.2		南非	0.3

资料来源：世界银行。

从通货膨胀看，2016 年全球主要经济体通货膨胀水平均有所回升。美国全年通货膨胀率为 1.26%，在欧洲央行加大宽松货币政策力度等因素推

① 《从拉美首富到经济崩溃，委内瑞拉究竟发生了什么?》，http://finance.qq.com/a/20170518/020827.htm。

动下，欧元区通货膨胀率有所回升，但仍低于欧洲央行的目标。德国通货膨胀率为0.48%，法国为0.18%。与2015年比英国通货膨胀率有较明显的上升，为0.64%。2016年日本通货膨胀率为负（-0.12%）。近年来，巴西通货膨胀率一直居高不下，2015年更是达到了两位数（10.67%），2016年降至8.74%。巴西政府的通胀管控目标为4.5%，虽然2016年的通胀率仍高于目标水平，但整体有下降之势（见图2.7）。

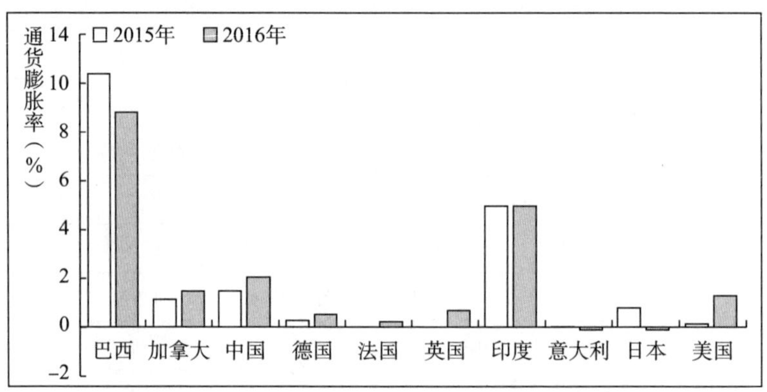

图2.7　2015-2016年主要国家通货膨胀率变化情况

资料来源：世界银行。

三、国际贸易

在世界经济复苏乏力、贸易政策不确定性增加的背景下，2016年国际贸易依然低迷。

（一）国际贸易总体情况

根据WTO的统计，2016年全球贸易增长率为2.5%，达到了金融危机以来的最低水平。贸易在GDP中的比重达到30.3%，与2015年（30.2%）相比变化不大（见图2.8）。

从2016年不同季度情况来看，前半年全球贸易整体低迷。下半年，随着全球制造业开始复苏、大宗商品价格逐步稳定、市场信心不断增强，来自发达经济体的进口需求不断增加，加上中国的进出口增加对全球贸易增长的带动作用，2016年第三季度贸易增长率较前两个季度有较大提升，第四季度进出口环比增长1.1%，增速为第三季度的近两倍（见图2.9）。

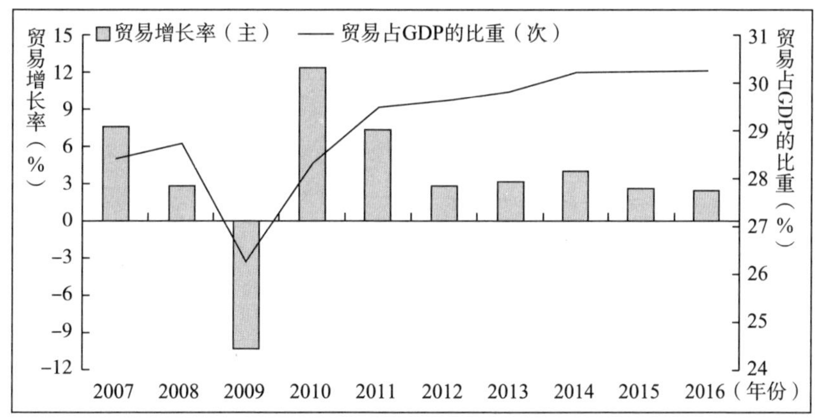

图 2.8　2007 - 2016 年全球贸易增长及占 GDP 的比例

资料来源：世界银行。

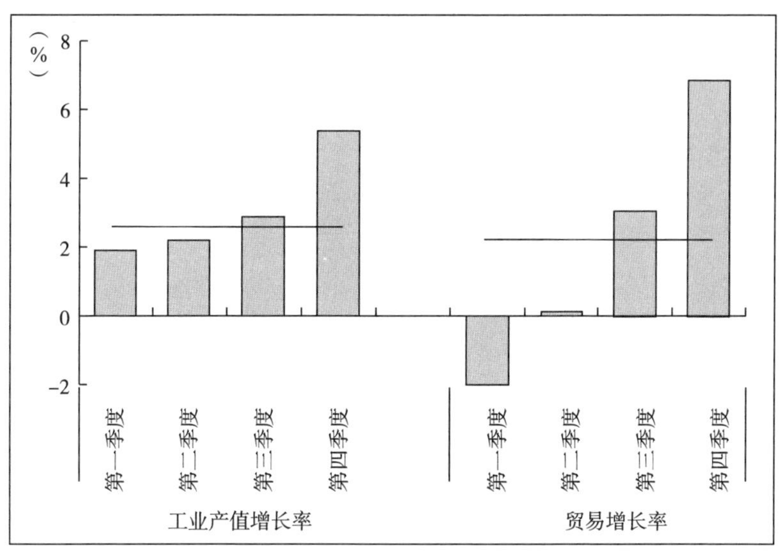

图 2.9　2016 年全球工业产值和贸易增长率的季度变化

资料来源：世界银行。

发达国家仍是贸易增长的主力军。发达国家贡献了 1.8% 的贸易增长，发展中国家对贸易增长的贡献为 0.7%（见图 2.10）。

商品贸易变化幅度较大，服务贸易变化平稳。2016 年全球商品进出口（量）同比增长 1.3%，增速低于 2015 年的 2%，为 2009 年进出口大幅下降

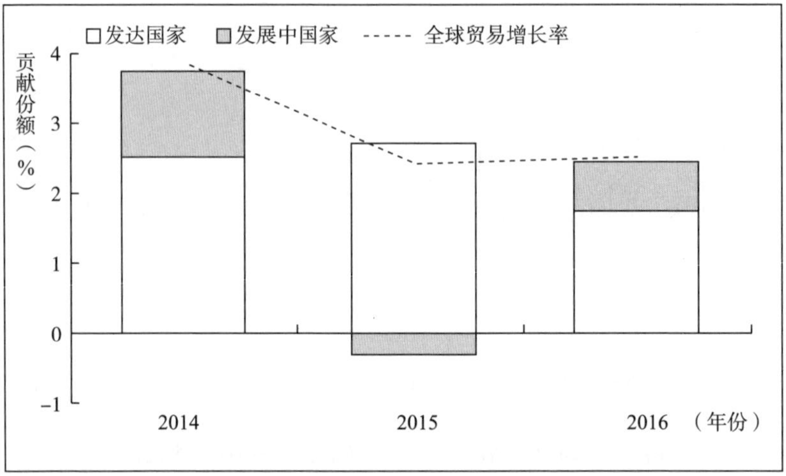

图 2.10　不同发展程度国家对贸易增长率的贡献份额（进口额）

资料来源：世界银行。

以来的最低增速。受全球商品进出口价格下跌的影响，商品贸易的出口总额同比下降了 3.3%，为 15.46 万亿美元。服务贸易出口额为 4.86 万亿美元，几乎与 2015 年持平（见图 2.11）。

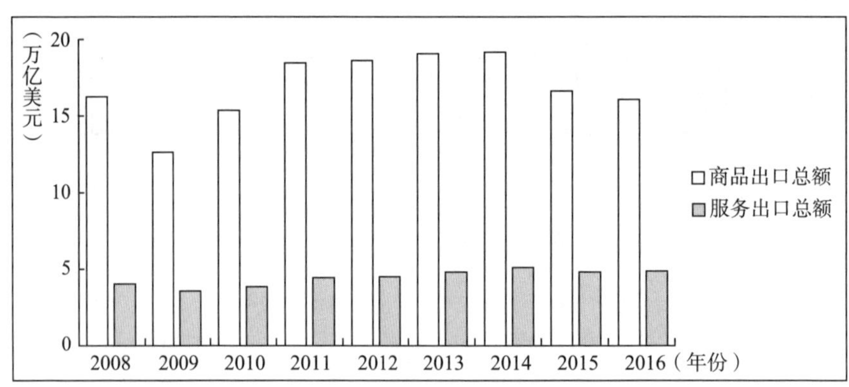

图 2.11　2008－2016 年商品和服务贸易出口总额变化

资料来源：世界银行。

服务贸易与商品贸易之比见图 2.12。相对于商品贸易，服务贸易的弹性更大，波动性较商品贸易更小，主要源于稳健的全球消费开支的支撑作用，商品贸易的收缩使得服务贸易在全球贸易中的比重有所增加。

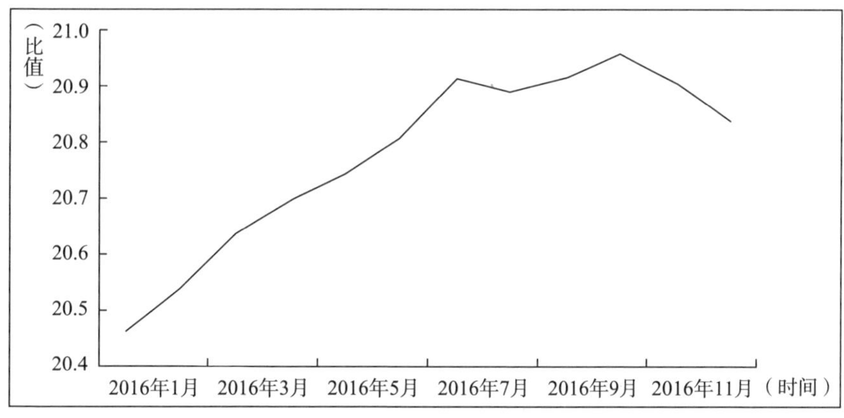

图 2.12　2016 年服务贸易与商品贸易之比

资料来源：世界银行。

（二）商品贸易结构

2016 年全球商品贸易中，工业品、燃料和矿石、农产品占商品进出口的份额最大。其中，工业品贸易额占到商品贸易总额的 72.6%，燃料和矿石产品贸易额占比为 13.5%，农产品贸易额占比 10.3%（见图 2.13）。

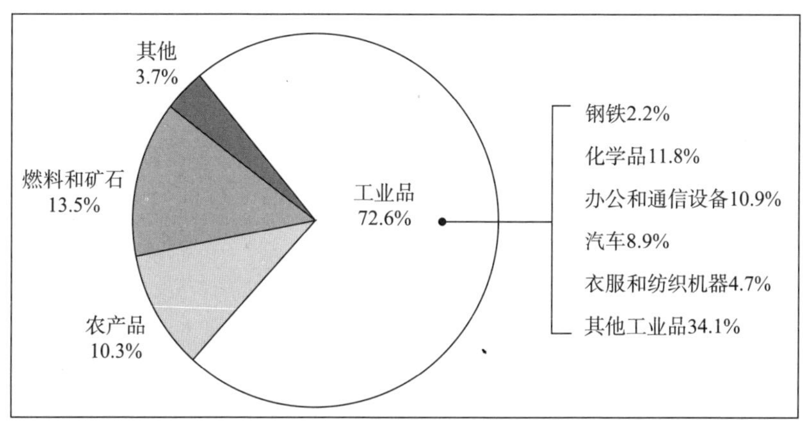

图 2.13　2016 年商品贸易结构

资料来源：世贸组织 WTO。

与2015年相比，不同产品变化幅度有所差异，其中，燃料和矿石产品贸易额降幅最大，工业品和农产品变化不大。2016年全球商品贸易额达15.46万亿美元（出口总额）。工业品贸易份额最大，为11.57万亿美元，与2015年（11.68万亿美元）相比降幅为0.9%。燃料和矿石的贸易额仅次于工业品，为2.11万亿美元，与2015年（2.47万亿美元）相比降幅达14.57%。排名第三位的农产品贸易额为1.61万亿美元，在2015年（1.59万亿美元）的基础上微涨1%（见图2.14）。

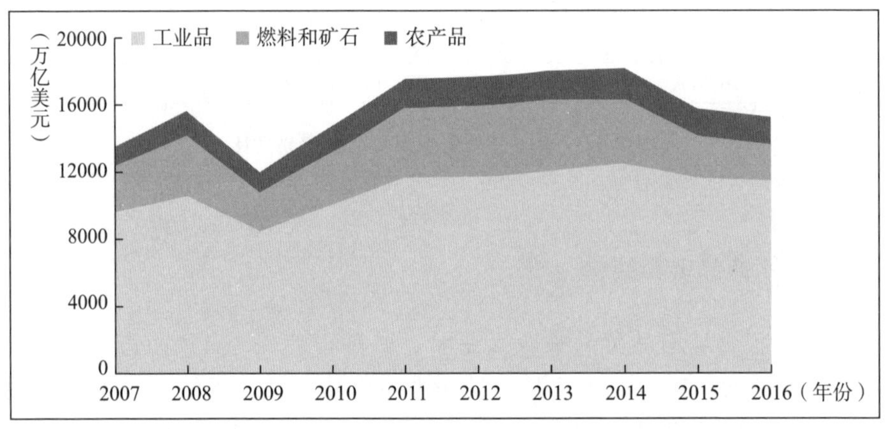

图2.14　2007－2016年三大主要产品的贸易额变化

资料来源：世贸组织WTO。

亚洲对商品出口增长的贡献最大，中国仍是全球第一大商品出口国　从贸易量来讲，2016年全球商品出口增长率为1.2%；但是受大宗商品价格下跌的影响，全球商品出口额同比下跌3.3%。尽管北美地区在2016年商品进出口均有所增加，但是对商品增长的贡献非常有限。如图2.15所示，在1.2%的商品出口增长中，北美地区仅贡献了0.07个百分点。亚洲商品出口的增长比2015年（0.38%）有所提高，为0.66%；其他地区与2015年比贡献均有收缩。其中，欧洲和亚洲分别贡献了0.52个百分点和0.66个百分点的商品出口增长。低油价和不断减少的投资是造成北美地区贸易表现不尽如人意的两个主要原因。

2016年欧盟仍然是最大的农产品出口地，出口额达5984亿美元，比2015年增加了3%。2016年前五大农产品出口国（或地区）同样也是前五大食品、饮料出口国（或地区）。与2015年相比，2016年阿根廷农产品出口增幅最大，为7%；中国次之，为5%。澳大利亚农产品出口额与2015年

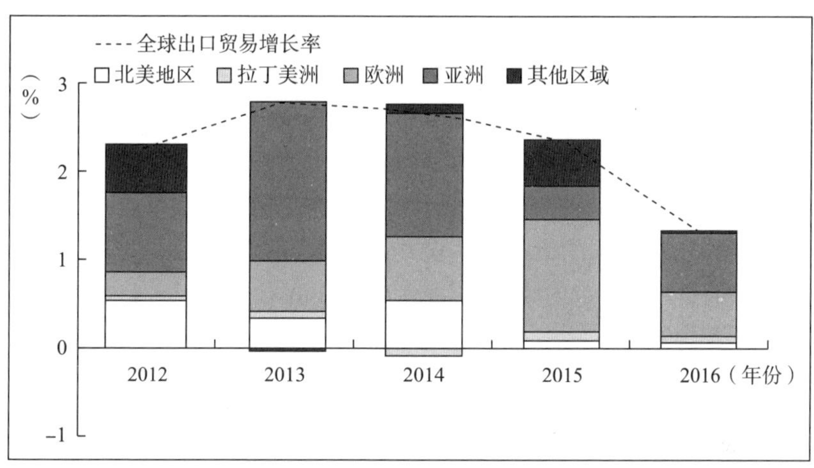

图 2.15　不同地区对全球商品出口（量）增长率的贡献

资料来源：世贸组织 WTO。

相比下滑幅度最大，达 6%。俄罗斯和卡塔尔作为主要的石油出口国，由于天然气价格的下跌遭遇重创，燃料和矿石出口额分别下跌了 33% 和 32%。其他国家和地区的燃料和矿石出口额与 2015 年相比均有不同程度的下跌。钢铁价格的持续走低以及疲软的需求使得主要国家（或地区）的钢铁出口额不及 2015 年。其中降幅最大的是美国（-15%），降幅最小的是印度（-1%）。欧盟仍然是最大的钢铁出口地区，拥有 38% 的钢铁出口份额。受钢铁价格走低以及中国钢铁行业去产能的影响，2016 年中国钢铁出口额与 2015 年相比减少 12%，但仍为第二大钢铁出口国。在主要的化学品出口国（或地区）中，瑞士、日本和印度出口额与 2015 年相比分别增加了 9%、4% 和 2%。韩国化学品出口额与 2015 年持平，其他国家则均有不同程度的下跌，跌幅最大的是中国台湾地区。欧盟仍是最大的汽车出口地区，汽车出口额比 2015 年增加了 4%，份额接近 50%。日本仍然是第二大汽车出口国（或地区），出口额比 2015 年增加了 8%，份额为 11%。第三大汽车出口国是美国，占据出口份额的 9%。中国是最大的办公和通信设备、纺织品和服装出口国，与 2015 年相比出口额均有所下跌，下跌幅度分别为 8%、3% 和 7%。不同产品的前十大出口国（或地区）见表 2.2。

表 2.2　2016年不同产品的前十大出口国（地区）

排名	农产品	燃料和矿石	钢铁	化学品	办公和通信设备	汽车	纺织品	服装
1	欧盟	欧盟	欧盟	欧盟	中国	欧盟	中国	中国
2	美国	俄罗斯	中国	美国	欧盟	日本	欧盟	欧盟
3	巴西	美国	日本	中国	中国香港	美国	印度	孟加拉国
4	中国	沙特阿拉伯	韩国	瑞士	美国	墨西哥	美国	越南
5	加拿大	澳大利亚	俄罗斯	日本	新加坡	加拿大	土耳其	印度
6	印度尼西亚	加拿大	美国	韩国	韩国	韩国	韩国	中国香港
7	阿根廷	挪威	中国台湾	新加坡	中国台湾	中国	巴基斯坦	土耳其
8	泰国	阿联酋	印度	印度	墨西哥	泰国	中国台湾	印度尼西亚
9	印度	中国	巴西	加拿大	日本	土耳其	中国香港	哥伦比亚
10	澳大利亚	卡塔尔	乌克兰	中国台湾	马来西亚	印度	越南	美国

资料来源：世贸组织。

从总体情况来看，中国是第一大商品出口国，商品出口总额达 2.1 万亿美元，排名第二和第三位的分别是美国（1.46 万亿美元）和德国（1.34 万亿美元）。2016 年前十大商品出口国及出口额如图 2.16 所示。

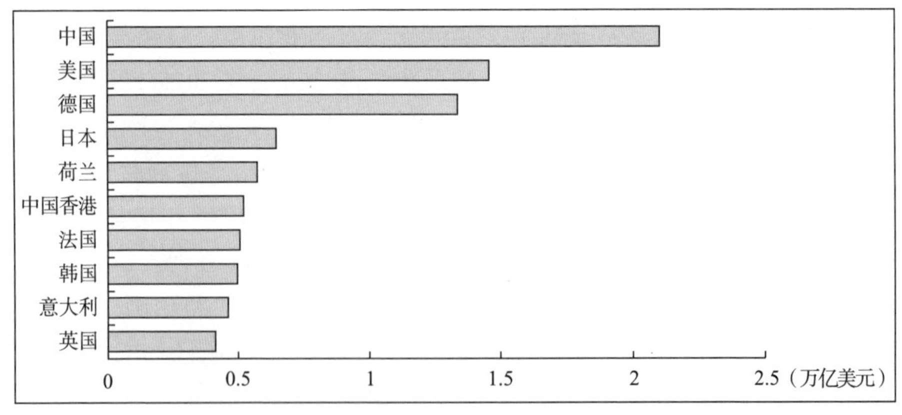

图 2.16　2016年前十大商品出口国（地区）及出口额

资料来源：世贸组织 WTO。

欧洲对全球商品进口增长贡献最大，美国是第一大商品进口国 从不同地区对全球商品进口增长的贡献来看，欧洲贡献了商品进口增长的1.1%；亚洲次之，为0.6%；北美地区为0.1%；拉丁美洲和其他区域对商品进口增长的贡献为负。大宗商品价格下跌和汇率变动是造成不同地区对商品进口贡献的重要原因（见图2.17）。

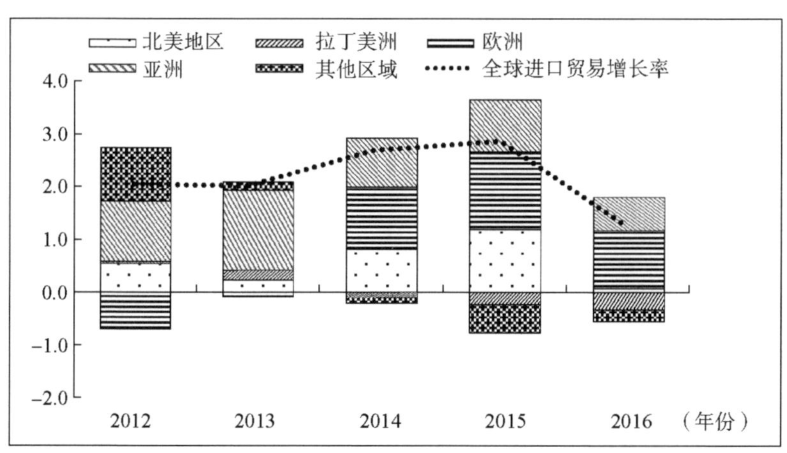

图2.17 不同地区对全球商品进口（量）增长率的贡献

资料来源：世贸组织。

2016年，欧盟同时也是最大的农产品进口地，进口额达6000多亿美元，比2015年增加了2%。排名第二位的美国农产品进口额为1600亿美元，与2015年持平；中国次之，农产品进口额为1550亿美元，比2015年减少3%；日本和加拿大分别位列第四（750亿美元）和第五位（380亿美元）。燃料和矿石需求来源的最大地区为欧盟，2016年进口石油和矿产品6200亿美元。位列第二和第三位的中国、美国分别贡献了3230亿美元和2060亿美元的进口额。日本和韩国紧随其后。受大宗商品价格下跌的影响，前十大燃料和矿石产品进口国的进口额均有不同程度的下跌，其中降幅最大的是美国（-26%），降幅最小的是泰国（-2%）。在主要的化学品进口国（或地区中），欧盟和美国的进口额没有变化。日本和瑞士的化学品进口额分别增加了6%和10%；中国、加拿大、印度、韩国等地的化学品进口额均有不同程度的减少。欧盟仍是最大的汽车进口地区，汽车进口额比2015年增加了8%，为5370亿美元。美国是第二大汽车进口国，进口额比2015年增加了1%，为2950亿美元。第三大汽车进口国为中国，加拿大和墨西

冷和平

哥分别排名第四和第五位。办公和通信设备进口需求最大的地区是欧盟（4350 亿美元），与 2015 年相比减少了 5%；排第二位的中国的进口额为 3720 亿美元，比 2015 年减少了 3%；美国位居第三，进口额为 3170 亿美元，与 2015 年比变化不大；中国香港和新加坡分别位列第四和第五位。不同产品的前十大进口国（或地区）见表 2.3。

表 2.3　2016年不同产品的前十大进口国（地区）

排名	农产品	燃料和矿石	钢铁	化学品	办公和通信设备	汽车	纺织品	服装
1	欧盟	欧盟	欧盟	欧盟	欧盟	欧盟	欧盟	欧盟
2	美国	中国	美国	美国	中国	美国	美国	美国
3	中国	美国	中国	中国	美国	中国	中国	日本
4	日本	日本	韩国	日本	中国香港	加拿大	越南	中国香港
5	加拿大	韩国	越南	瑞士	新加坡	墨西哥	日本	加拿大
6	韩国	印度	泰国	加拿大	日本	俄罗斯	中国香港	韩国
7	印度	新加坡	墨西哥	印度	墨西哥	日本	孟加拉国	中国
8	中国香港	中国台湾	土耳其	韩国	韩国	土耳其	墨西哥	澳大利亚
9	墨西哥	土耳其	加拿大	墨西哥	中国台湾	阿联酋	土耳其	瑞士
10	俄罗斯	加拿大	印度	巴西	马来西亚	沙特阿拉伯	印度尼西亚	俄罗斯

资料来源：世贸组织。

从总体情况来看，美国是第一大商品进口国，2016 年商品进口总额为 2.25 万亿美元；中国位居第二，为 1.59 万亿美元；德国次之，为 1.06 万亿美元。前十大商品进口国及进口额见图 2.18。

（三）服务贸易结构

2016 年全球服务贸易总额为 4.86 万亿美元（现价），几乎与 2015 年持平。其中，旅游业和运输业占比较大（如图 2.19）。

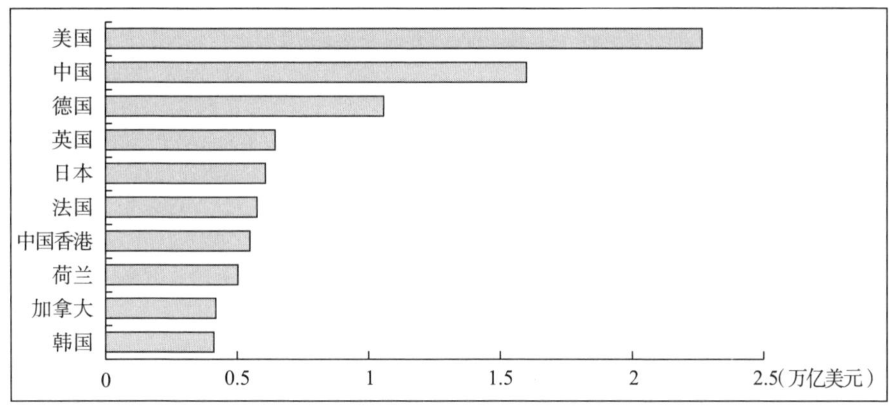

图 2.18　2016 年前十大商品进口国及进口额

资料来源：世贸组织。

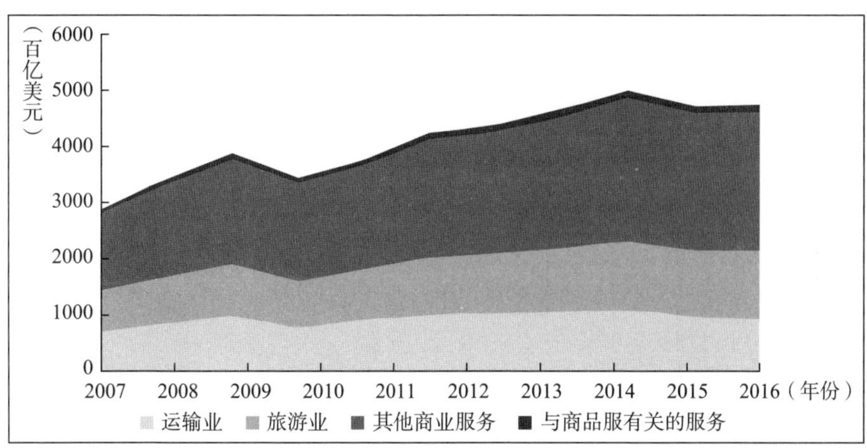

图 2.19　2007－2016 年全球服务贸易的变化趋势

资料来源：世贸组织。

运输服务业继续下滑，旅游业有所上涨　2016 年，全球运输服务业出口继续下滑至 8530 亿美元（降幅为 4%）。降幅最大的地区是非洲(－9%)和亚洲（－7%），中东地区是唯一的运输服务业出口实现正向增长的地区，这主要源于该地区空中运输服务业的发展。旅游业出口额较 2015 年有 2% 的上涨，至 1.2 万亿美元。其中，在各地恐怖袭击频发的情况下，2016 年海外旅游人数仍然同比增加了 3.9%，达 12.35 亿人次。亚洲旅游业出口增加了 5%，主要反映在亚洲各国间旅客的流动。2013－2016 年不同细分服务行业出口额增长情况见图 2.20。

冷和平

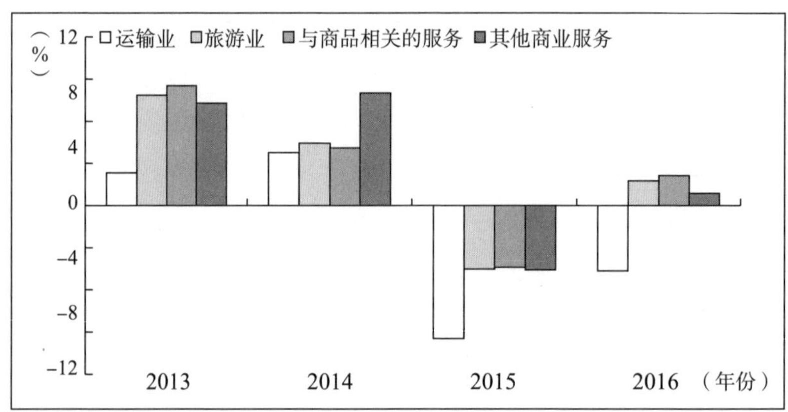

图 2.20　2013－2016 年不同细分服务行业出口额增长情况

资料来源：世贸组织。

运输服务业和旅游业在不同地区的增长情况也有较大差异，见图 2.21。

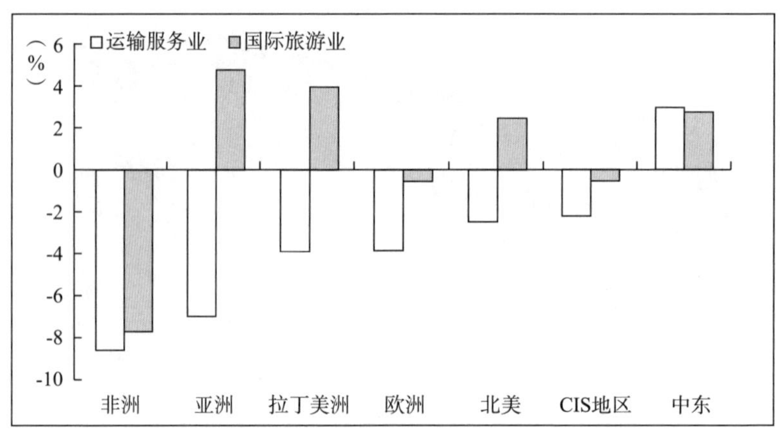

图 2.21　2016 年各地区运输服务业和旅游业出口额变化情况

资料来源：世贸组织。

发达国家是服务贸易增长的主要贡献者　从国家情况来看，美国是服务进口额和出口额最大的国家。2016 年进口额为 4819.57 亿美元，出口额为 7325.51 亿美元。服务出口额排名前四的国家均是发达国家，排名第二至第四位的分别是英国（3236.61 亿美元）、德国（2678.22 亿美元）、法国（2356.29 亿美元）。发达国家服务贸易出口额较大，这与发达国家较高的人均收入水平和完善的服务业是密不可分的。发达国家服务贸易出口额占 2016 年服务贸易总额的 66%。中国服务贸易出口位居第五，为

2072.76 亿美元。中国的服务进口额仅次于美国，为 4498.34 亿美元；德国（3106.05 亿美元）、中东（2665.73 亿美元）和法国（2356.64 亿美元）紧随其后。前十大主要的服务进口和出口国家及贸易额如图 2.22 所示。

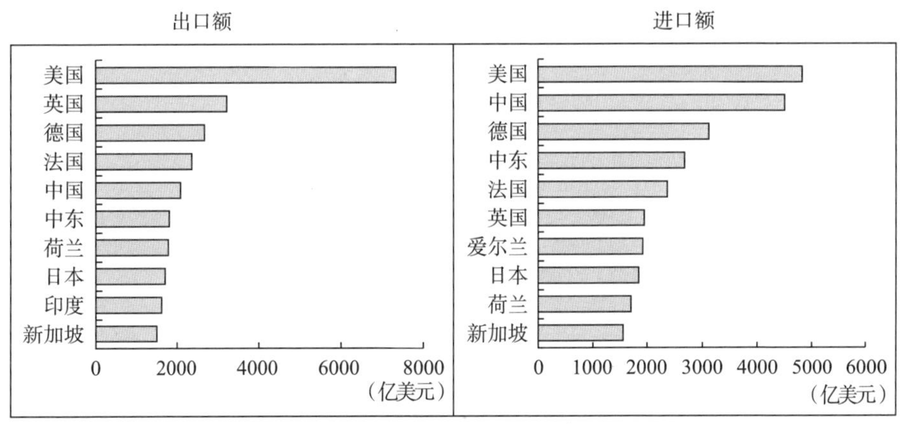

图 2.22　2016 年主要的服务贸易进出口国家或地区

资料来源：世贸组织。

四、全球投资

由于全球经济增长乏力，经济政策的不确定性以及地缘政治风险的加剧，2016 年全球外国直接投资有所下降。根据联合国贸易和发展会议发布的《2017 年世界投资报告》，2016 年全球外国直接投资（FDI）流量下降了 2%，降至 1.75 万亿美元。

（一）FDI 流入的地区结构

2016 年全球 FDI 总流量为 1.75 万亿美元，比 2015 年减少了 2%，发达国家和发展中国家 FDI 流入变化有显著差异（见图 2.23）。

发达国家的 FDI 流入　2016 年发达国家 FDI 流入延续 2015 年的增长趋势，吸引了 1.03 万亿美元的外资，较 2015 年增长了 5%。发达国家 FDI 流入占全球 FDI 总量的 59%，达到了自 2007 年以来的最高值。北美发达国家 FDI 流入较 2015 年的 3898 亿美元增长了 9%，至 4252 亿美元。受政治事件的影响，欧洲发达国家 FDI 流入没有实现预期的恢复增长，同比下降了 6%，至 5330 亿美元。其中，美国和英国成为 2016 年对外资吸引力最高的

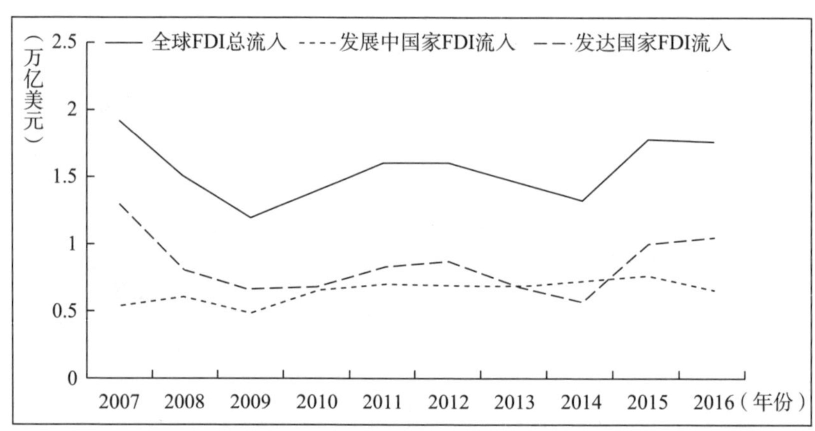

图 2.23　2007 – 2016 年全球 FDI 流入情况

资料来源：联合国贸易和发展会议。

两个国家，FDI 流入分别为 3910 亿美元和 2540 亿美元，较 2015 年分别增长了 12.3% 和 670% 。2016 年，英国一跃成为全球第二大具有外资吸引力国家的重要原因在于三桩大型兼并收购案的完成，分别是壳牌以 823 亿美元收购英国天然气集团（BG Group），比利时安海斯 – 布希公司（Anheuser-Busch）以 1010 亿美元的高价收购南非米勒酿酒公司（SABMiller），软银集团以 320 亿美元收购半导体技术公司 ARM，这三宗并购案为英国带来将近 2000 亿美元的 FDI 流入。欧洲其他国家如法国、意大利、爱尔兰等国家 FDI 流入有不同程度的下降。

发达国家的 FDI 流入主要以股权投资的形式，占到发达国家 FDI 总流入的 74% ，为 2008 年以来股权投资占比的最高值。股权投资主要是跨国兼并或收购发达国家的企业，2016 年兼并收购成交额达 7940 亿美元，比 2015 年增加了 24% 。在 7940 亿美元的股权投资流入中，除了英国的三大并购案之外，以色列梯瓦（Teva）制药公司并购美国艾尔建（Allergan）公司也贡献了 390 亿美元的股权投资流入。不同形式的资本流入占发达国家 FDI 总流入的比例见图 2.24。

外国直接投资是发展中国家非常重要的金融资源，但是大宗商品价格持续走低加上发展中国家经济增长放缓使得吸引外资的能力下降。2016 年发展中国家 FDI 流入比 2015 年下降幅度达 14% ，至 6460 亿美元，是自 2010 年以来首次下降并降低到 2010 年以来的最低水平。发展中国家的兼并收购活动大规模减少，总额较 2015 年减少了 18% 。

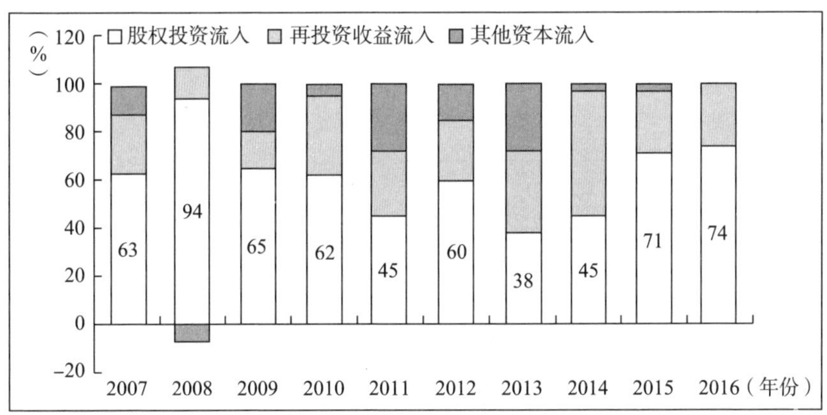

图 2.24　2007－2016 年不同形式的资本流入占发达国家 FDI 总流入的比例

资料来源：联合国贸易和发展会议。

发展中国家的 FDI 流入　不同地域的发展中国家 FDI 流入差异较大，亚洲发展中经济体 FDI 流入量在 2016 年下降 15%，降至 4430 亿美元，是自 2012 年以来的首次下降。中国对外资的吸引平稳发展，2016 年 FDI 流入量为 1340 亿美元，较上年微降 1%，仍居全球第三位。在东南亚，外国直接投资流入量下降了五分之一，至 1010 亿美元。在南亚，外国直接投资流入量增加了 6%，达到 540 亿美元，印度的流入量停滞在 440 亿美元。西亚仍受初级商品价格低迷的影响，外国直接投资下降了 2%，至 280 亿美元。

非洲发展中国家 FDI 流入继续下滑，较 2015 年下降了 3%，至 590 亿美元；拉丁美洲和加勒比地区的 FDI 流入下降幅度高达 14%，至 1420 美元。南美国家 FDI 流入持续下降，与 2015 年相比整体下降了 14%，至 1006 亿美元。其中金砖四国中的巴西吸收外国直接投资 590 亿美元，较 2015 年的 640 亿美元减少了 7.8%。2016 年东南欧与独立国家联合体（独联体）和格鲁吉亚这些转型经济体的外国直接投资流入量激增 81%，达到 680 亿美元。在哈萨克斯坦和俄罗斯联邦强劲增长的支持下，独联体和格鲁吉亚的外国直接投资流入量几乎翻了一番，达到 630 亿美元，而东南欧的外国直接投资下降了 5%，至 46 亿美元。俄罗斯吸引外国直接投资 380 亿美元，较 2015 年的 120 亿美元有较大的提升，成为东南欧地区 FDI 最大的接收国。2016 年排名前十的 FDI 流入国见图 2.25（图中括号内的数字为 2015 年排名）。

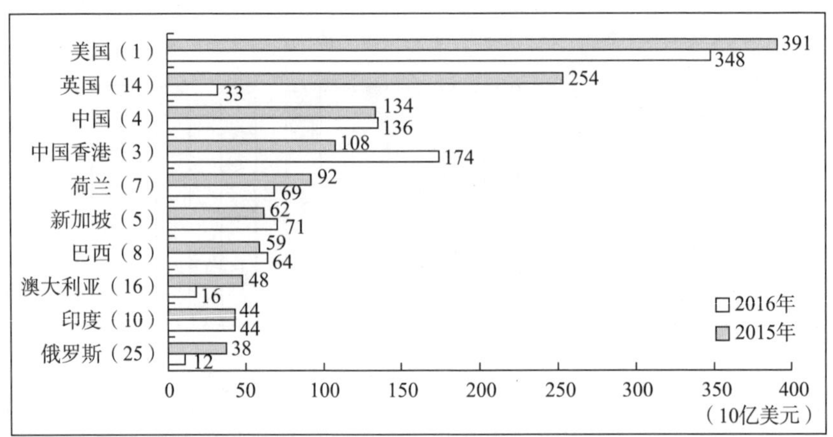

图 2.25　2016 年排名前十的 FDI 流入国

资料来源：联合国贸易和发展会议。

（二）FDI 流出的地区结构

发达国家同样是全球 FDI 主要的来源地。2016 年发达国家 FDI 总流出比上一年减少了 11%，降至 1 万亿美元，在全球 FDI 流出总量中的占比由 2015 年的 74% 降低至 72%。欧洲跨国公司的对外投资在经历了 2015 年的暴涨之后，于 2016 年下跌了 23%，至 5150 亿美元。其中，爱尔兰 FDI 流出减少了 73%，至 450 亿美元；瑞士减少了 71%，至 310 亿美元；德国减少了 63%，至 350 亿美元。北美 FDI 流出与 2015 年基本持平，美国和加拿大的 FDI 流出与 2015 年相比降幅均为 1%，分别贡献了 2990 亿美元和 660 亿美元的对外直接投资，美国依然是世界上第一大 FDI 流出国。2016 年排名前十的 FDI 流出国见图 2.26（图中括号内的数字为 2015 年排名）。

发展中国家 2016 年对外投资总额为 3830 亿美元，与 2015 年相比降幅为 1%。但是在“一带一路”倡议的持续影响下，2016 年中国的对外直接投资飙升 44%，达到 1830 亿美元，创历史新高，使中国首次成为全球第二大投资国。在中国企业跨境并购交易的驱动下，亚洲发展中国家的外国直接投资流出量增加了 7%，达到 3630 亿美元。在非洲地区，安哥拉 FDI 流出的增加（增加了 36%，至 110 亿美元）弥补了南非对外投资的暴跌（减少 41%，至 30 亿美元），最终非洲地区 FDI 流出微涨 1%，至 180 亿美元。拉丁美洲和加勒比地区的 FDI 流出比 2015 年减少了 98%，至 7510 亿美元，为 1988 年以来的最低水平，这主要是由于外资的大规模撤资。

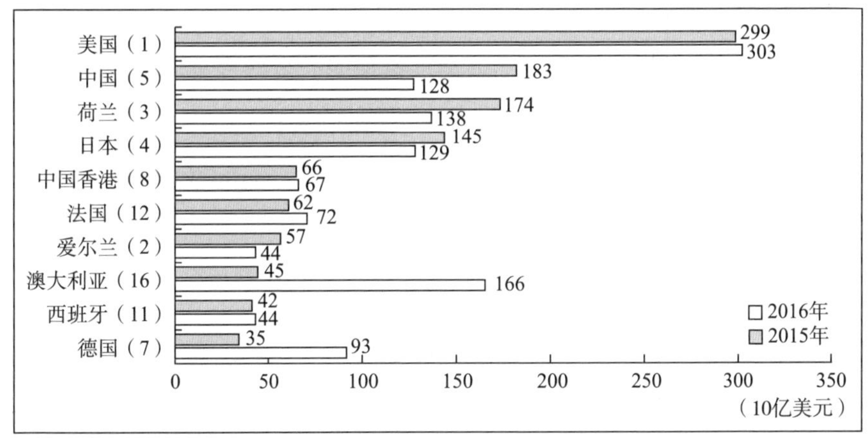

图 2.26　2016 年排名前十的 FDI 流出国

资料来源：联合国贸易和发展会议。

五、国际金融

2016 年，受英国脱欧、美国大选和美联储加息预期增强等因素影响，国际金融市场一度出现较大幅度的震荡。主要国家 10 年期国债收益率不断降低，全球信贷收缩，外汇市场剧烈波动，新兴市场低迷的增长和激增的负债进一步加大了金融脆弱性①。

（一）国际金融市场总体情况

2016 年国际金融市场在动荡中有所回升。全球经济的持续低迷使得金融市场缺乏了基本面的牢固支撑，成为 2016 年国际金融市场动荡的首要原因。英国脱欧公投被一致认为是 2016 年国际金融市场的第一只“黑天鹅”，不仅影响了英国和欧洲的稳定，更对全球金融市场造成了巨大的负面冲击。特朗普赢得美国总统大选是国家金融市场的第二只“黑天鹅”，政策的不确定性加剧了金融市场不安的情绪。受一系列意外事件影响，政策不确定指数达到近年来的最高水平。但是面对一系列意外事件，各国政府汲取金融危机的经验，采取妥当的措施予以应对，使得 2016 年国际金融市场虽然动荡加剧，但总体波澜不惊。芝加哥期货交易所（CBOE）市场波动性指数处

① 《在不确定性中艰难前行——国际金融 2016 年回顾与 2017 年展望》，http：//world. huanqiu. com/weinxingonghao /2017 －01/9985738. html。

于30以内，虽高于2013－2014年相对稳定的期间，但远低于2008－2009年金融海啸期间，也低于2012年欧债危机期间。金融危机后政策不确定性和全球金融市场波动情况如图2.27所示。

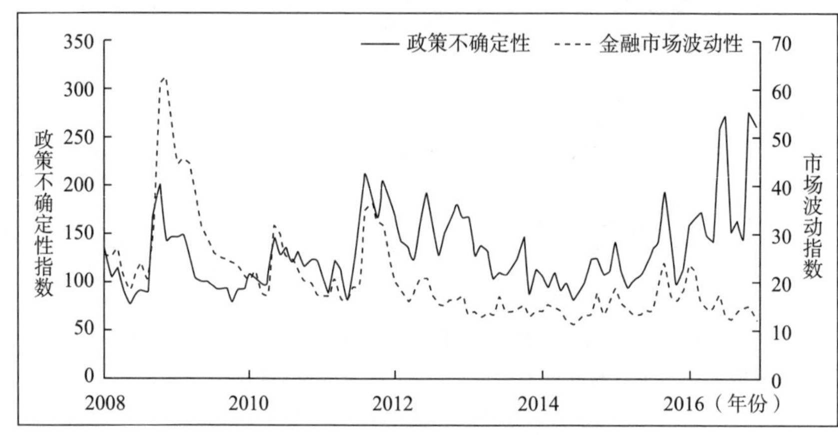

图2.27　2008－2016年政策不确定性和金融市场波动趋势

资料来源：世界银行。

（二）全球利率水平

由于经济增长疲软，通胀水平较低，发达经济体央行政策利率处于接近于零的水平，甚至实施负利率政策（见图2.28）。

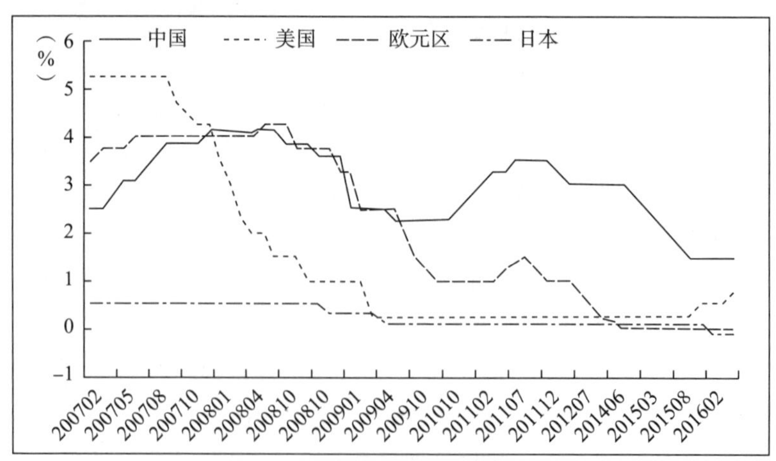

图2.28　主要国家和地区近十年央行利率调整情况

资料来源：Wind数据库。

长期名义和实际利率在2016年8月后大幅上升，特别是在英国以及总统大选之后的美国。截至2016年底，10年期美国国债名义收益率自8月以来上升了近一个百分点，自美国大选以来上升了60个基点（见图2.29）。这些变化主要是由美国政策组合的预期变化驱动的，具体而言，美国的财政政策预计将变得更为扩张，未来需求的增强意味着通胀压力上升，货币政策化过程加快。欧元区长期收益率自8月以来的上涨更为缓和，德国上升了约35个基点，但意大利达到70个基点，反映了较高的政治和银行部门的不确定性。新兴市场经济体的金融状况各有差异，但总体收紧，本币债券长期利率上升，特别是在新兴欧洲和拉丁美洲。①

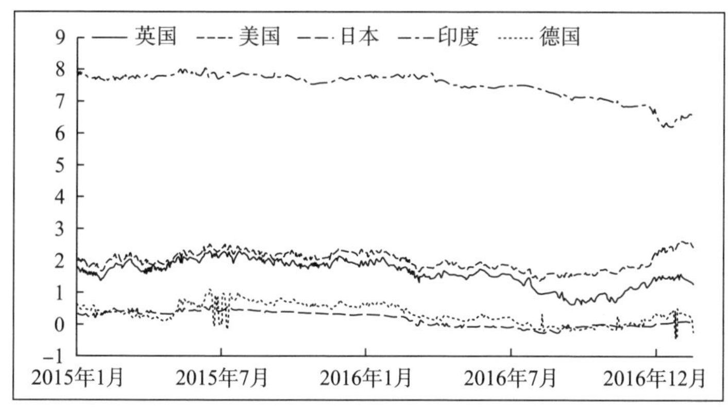

图2.29　主要国家十年期国债利率

资料来源：Wind数据库。

（三）外汇市场

2016年外汇市场的表现呈较大差异。美元虽有加息及升值预期，但整体上美元指数处于95～100的波动调整区间（见图2.30），年末与年初相比的变化不大。

不过，在美元升值预期和其他地区波动不断的影响之下，全球外汇市场差异巨大。其中，日元、瑞郎等避险货币相对美元呈升值态势，而欧元、英镑则因为欧洲经济疲软、英国脱欧公投等问题而大幅贬值；在新兴市场，人民币、土耳其里拉、墨西哥比索等因为各自原因而出现贬值态势；而俄罗斯卢布、巴西雷亚尔、南非兰特等货币因上一年贬值过多且大宗商品触底反弹，2016年呈现较大幅度的升值。主要国家和地区名义有效汇率指数见图2.31。

① http：//www. sohu. com/a/124568208_481842.

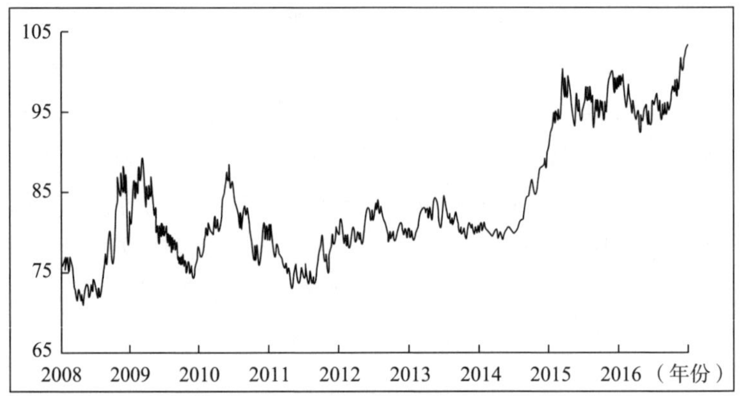

图 2.30　2008－2016 年美元指数变动

资料来源：Wind 数据库。

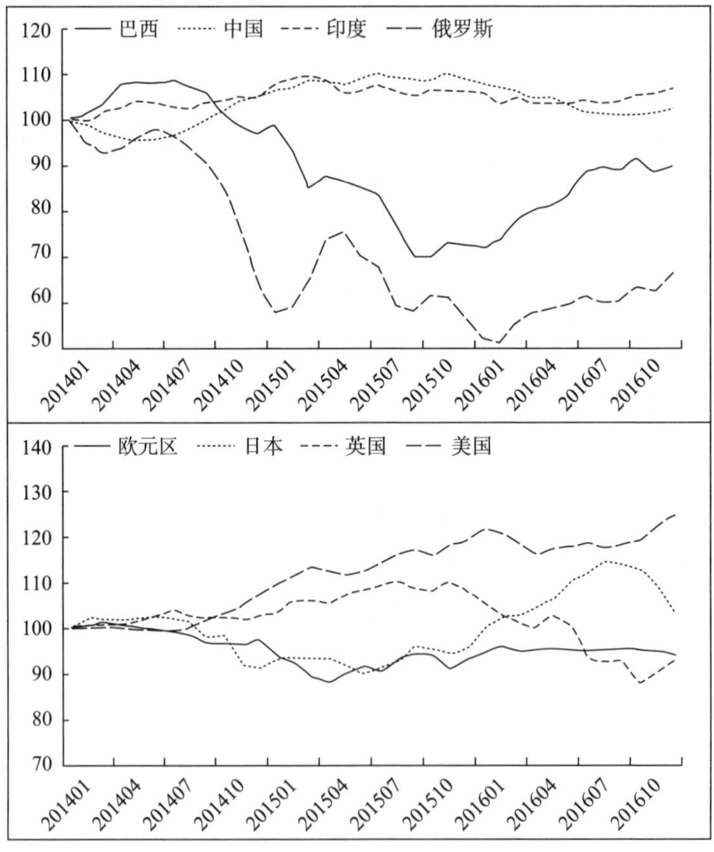

图 2.31　主要国家和地区名义有效汇率指数（2014 年指数为 100）

资料来源：国际清算银行。

（四）股票市场

2016 年全球股票市场的主旋律是“震荡回升”。全球股票市场遭遇了 2015 年末 2016 年初的大幅回调之后，2016 年总体呈现一定程度的反弹。但是，由于缺乏实体经济强劲复苏的基石，靠流动性支撑的反弹不具有可持续性，容易受到外部风险的冲击。英国脱欧公投和美国大选两个“黑天鹅”事件就引发了全球股市的巨幅波动。MSCI 全球大盘指数波动情况见图 2.32。

图 2.32　MSCI 全球大盘指数波动

资料来源：Wind 数据库。

2016 年 6 月 24 日英国脱欧公投结果公布后，世界主要股票市场股票指数明显下挫。10 月底至 11 月上旬，美国大选角逐日益激烈，不确定性上升，引发投资者心理恐慌，国际金融市场再次出现大幅震荡，世界主要股票指数一度持续下挫。2016 年主要国家股票指数波动情况见图 2.33。

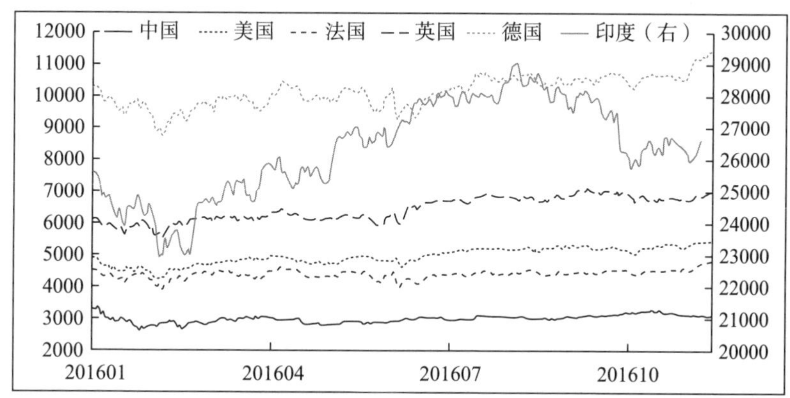

图 2.33　2016 年主要国家股票指数波动

资料来源：Wind 数据库。

六、评估与展望

回顾整个2016年，“复苏”仍是主旋律。尽管全球经济增长率达到金融危机以来的最低水平、全球进出口总额同比下降、对外直接投资流量减少、金融市场有所震荡，但是随着一系列刺激政策的实施，2016年后半年全球主要经济体经济指标逐渐向好。短期来看，全球经济仍将逐步复苏。

美国作为第一经济大国，未来有望继续引领经济的复苏。2008年之后的量化宽松货币政策成功修复了私人部门资产负债表，失业率显著下降、房地产市场持续复苏、GDP增速明显上扬。扩张性财政政策将继续支撑美国经济逐步复苏。2016年欧元区经济也有回暖迹象，制造业PMI、投资者信息指数和GDP同比增速均有所上涨，而且欧盟积极采取财政紧缩的政策，坚决地进行结构性调整，有助于欧洲经济的全面复苏和健康发展。亚洲新兴国家仍会保持高速增长，以中国为代表的新兴经济体在经历了长达数年的结构调整之后，经济换挡进入中高速增长时期，经济结构有待优化，但是“一带一路”倡议的实施以及城市轨道交通建设为经济增长提供新的动能。根据世界银行的预测，未来两年全球经济增长率将分别为2.7%和2.9%。

尽管短期来看，全球经济复苏可期。但从长期来看，全球经济复苏的持续性令人担忧。主要原因在于复苏在全球范围内并非普遍现象，仅出现在部分国家。如中东、撒哈拉以南非洲以及拉丁美洲地区的一些国家，持续内战使得经济持续衰退。而委内瑞拉等高度依赖能源出口的国家也在痛苦的深渊中苦苦挣扎。即使是欧元区，也由于银行业存在的潜在风险因素以及政治风险不断，高坏账率制约了信贷规模的增长、难民危机等导致的社会问题的不断涌现使得中长期经济增长充满了不确定性。因此，长期来看，实现世界经济的全面复苏仍然任重而道远。

3. 全球冲突

侯　娜*

摘　要：全球冲突不仅是和平的问题，更是发展的问题。2016年国家冲突的数量从2015年的52起下降到49起，非国家冲突的数量也从73起下降到60起。国家冲突导致的死亡人数从2015年的98137人下降到87018人，非国家冲突导致的死亡人数从11333人下降到9034人。单边暴力导致6278名平民被杀害，相较2015年的死亡人数9956人有了大幅下降。2016年受冲突影响最严重的国家是叙利亚和阿富汗，叙利亚经历了3起国家冲突、15起非国家冲突和2起单边暴力，阿富汗经历了2起国家冲突、2起非国家冲突和1起单边暴力，两个国家冲突的死亡总人数分别高达约49000人和18000人。世界仍笼罩在冲突、战乱的阴影下。

关键词：国家冲突　非国家冲突　单边暴力

---

* 侯娜（1979－　），英国伯明翰大学博士，中央财经大学国防经济与管理研究院副院长、副教授，中国财政发展协同创新中心研究员；研究方向：国防费、国防预算、国防经济前沿。主编、参编和参译 *Cooperation for a Peaceful and Sustainable World*（Ⅱ）、《国防经济学》、《国防经济学前沿专题》、《国防预算与财政管理》、《和平经济学》等著作，出版专著 *Arms Race, Military Expenditure and Economic Growth in India*。在 *Defense and Peace Economics*、*Peace Economics, Peace Science and Public Policy* 等国际期刊发表论文多篇。主持国家自然科学基金、北京市国民经济动员等项目研究。

基金项目：此项研究得到国家自然科学基金项目“国防支出与经济增长的理论拓展和实证研究”（71403308）资助。

冲突一直是国际社会广泛关注的话题，是为争夺权力、地位、资源等而导致的国家、非国家行为体之间的目标不可协调而产生的相互压制、伤害或消灭对方的行为。国家冲突、非国家冲突、单边暴力渐成国际社会冲突的主要形态。

一、总体情况

近年来，国家之间的战争和内战的数目都显著下降，2007 年至 2016 年这十年间，全球仅发生了 5 起国家间冲突和 91 起内战。① 然而，在传统战争减少的同时，冲突和暴力却依然存在，新的威胁形式如有组织犯罪等不断涌现，对发展形成挑战。当今世界仍有高达 15 亿人生活在受冲突或大规模有组织刑事暴力影响的地区，这些低收入的脆弱国家或受冲突影响的国家完全没有实现联合国千年发展目标的任何一项。21 世纪的冲突与暴力是一个发展问题，与 20 世纪的模式迥然不同。② 如今发展所受到的主要约束或许不是贫困陷阱，而是暴力陷阱。和平的国家正在成功摆脱贫困，而贫困现象正在集中于那些被内战、民族冲突及有组织犯罪撕裂的国家。因此，应给予冲突以及预防冲突以远高于现在的重视。

全球冲突包括国家武装冲突、非国家冲突和单边暴力三种类型，国家武装冲突（state-based armed conflict）中至少有一方是国家政府，即国家之间或国家内部的武装冲突（政府与叛乱组织）。非国家冲突（non-state conflicts）包括反对派之间的冲突、民兵和贩毒组织之间的冲突、非正式组织团体之间的冲突，特别是在种族、宗教、部落中有共同认知的群体之间的暴力。单边暴力（one-sided violence）是国家或有组织的非政府团体有针对性地杀死非武装的平民。按照乌普萨拉冲突数据项目（UCDP）的统计，国家冲突的数量从 2015 年的 52 起下降到 2016 年的 49 起，其中有 12 起达到了战争的标准，即至少有 1000 人在战争中死亡。同时非国家冲突的数量在 2016 年也有所下降，即从 73 起下降到 60 起，且只有一次冲突造成一千多人死亡。2007 - 2016 年，国家冲突与非国家冲突的数量

---

① Margareta Sollenberg and Erik Melander, "Patterns of organized violence, 2007 - 16", *SIPRI Yearbook* 2017.

② World Bank, *World Development Report* 2011.

均在 2015 年达到峰值。2016 年单边暴力为 21 起，与 2015 年相比减少了 5 起，2007 - 2016 年发生单边暴力次数最多的是 2008 年的 30 起（见图 3.1）。①

冲突导致的死亡人数在 2011 年至 2014 年期间急剧增加，2014 年冲突造成的死亡总人数高达 131920 人，2015 年降至 119426 人，2016 年进一步降为 102330 人。2016 年大多数死亡是在国家冲突中发生的，占死亡总人数的 85%，2007 - 2016 年，国家冲突导致的死亡人数的比例在 2012 年大幅升至 88%，而且在 2012 - 2016 年均超过了 80%，平均占比为 84%，而前五年的平均比例只有 71%。2007 - 2016 年，三种类型冲突导致的死亡人数均在 2014 年达到峰值。国家冲突导致的死亡人数从 2015 年的 98137 人下降到 87018 人，非国家冲突导致的死亡人数也从 2015 年的 11333 人下降到 9034 人。2016 年有 6278 名平民遭到国家或正式组织单边施暴行为体的袭击和杀害，相较 2015 年的死亡人数 9956 人大幅下降（见图 3.2）。

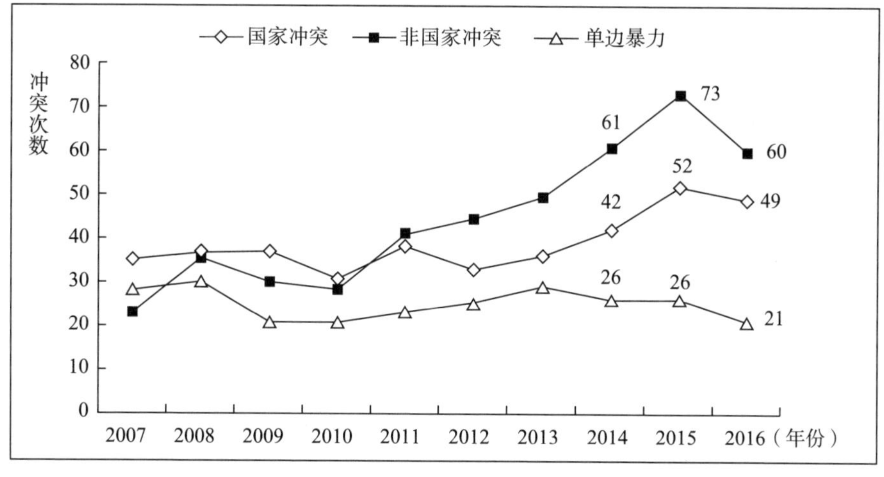

图 3.1　2007 - 2016 年不同类型有组织冲突的次数

资料来源：根据乌普萨拉冲突数据项目（UCDP）的数据整理计算获得。

① 数据来源于乌普萨拉冲突数据项目（UCDP）：http：//www.ucdp.uu.se/#/exploratory，最新统计可能与数据库中的统计数据稍有差异。

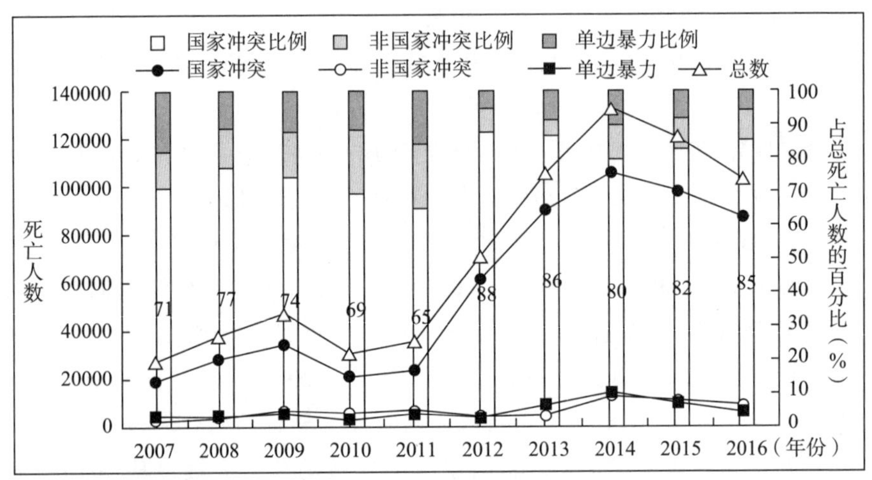

图 3.2　2007－2016 年不同类型冲突导致的死亡人数及其占总死亡人数的百分比

资料来源：根据乌普萨拉冲突数据项目（UCDP）的数据整理计算得出。

二、国家冲突

国家冲突是涉及政府或领土而引起争端的相互对立，在国家冲突中，当事双方的军队使用武力，其中至少有一方系一国政府。

（一）全球情况

在 2016 年发生了 49 起国家冲突①（具体冲突情况见附表 3.1），比上一年减少了 3 起。尽管活跃的国家冲突数量减少了，但 2014－2016 年冲突总数量明显高于 2007－2013 年的水平，冲突数量年度最大幅度发生在 2014 年至 2015 年间，从 42 起增加到了 52 起。近年来冲突的增加主要源于“伊斯兰国”（IS）的蔓延，在 2015 年的 14 起新冲突中，“伊斯兰国”涉及的有 11 起之多。而 2016 年尽管约旦、巴基斯坦两个新的国家受到伊斯兰极端组织的挑战，但 2015 年在阿尔及利亚、乍得、黎巴嫩、也门活跃的四个冲突在 2016 年却没有继续。此外，在继续肆虐的大多数冲突中，“伊斯兰国”都处于不利地位，这再次印证了跨国“圣战”组织实际上并不具有媒体所

① “乌普萨拉冲突数据项目”将国家冲突界定在一个公历年至少有 25 人与作战有关的死亡。

描绘的强大战斗力。① 伊拉克和叙利亚是“伊斯兰国”的核心地带，2016年“伊斯兰国”失去了在该地区对重点城市和地区的控制。6月伊拉克夺回了费卢杰，10月伊拉克部队开始进攻该“集团”盘踞在伊的最后一个主要据点摩苏尔。在叙利亚，“伊斯兰国”的主要据点也受到了压力，如巴尔米拉和拉奇卡，据北约（NATO）估计，自2015年高峰期以来，该“集团”已失去了20%的“领土”。此外，“伊斯兰国”的西非分翼在尼日利亚、喀麦隆和尼日尔接连遭受军事挫折，而且由于内部的分裂被进一步削弱。在利比亚，当地政府经过七个月的进攻于12月份成功夺取苏尔特，“伊斯兰国”遭受重创。②

在49起冲突中，有两起是在国家之间进行的，分别是印度与巴基斯坦、厄立特里亚与埃塞俄比亚。在整个1946年至2016年间，国家间冲突的数量一直很少，特别是自千禧年以来。自世纪之交以来的七年中，国家间没有发生冲突，剩下的十年出现了一两起冲突。在2007－2016年，只有5次国家间冲突（柬埔寨－泰国、吉布提－厄立特里亚、厄立特里亚－埃塞俄比亚、印度－巴基斯坦和南苏丹－苏丹），每年的冲突数量在0至2之间。所有的国家间冲突，包括2016年的两场冲突，都涉及有争议共同边界的领土归属问题。印度－巴基斯坦两国在克什米尔问题上的冲突，主要集中在控制线（LOC）上，由这个问题引发的冲突自1948年以来一直断断续续，但战斗基本上是零星的，而且处于较低的水平。③ 厄立特里亚和埃塞俄比亚因有争议的共同边界而发生的边境冲突自1998年至2000年的战争以来一直处于“休眠”状态，但在2016年再次活跃起来。尽管当年签署了协议，但两国未能就边界划定达成一致，两国之间的关系依然紧张。2016年6月12日两国之间爆发了使用中远程火炮的战斗。

在47起国内冲突中，多达18起或38%的冲突存在由外国向冲突中的一方或双方提供军队的情况，即为国际化的国内冲突（internationalized intrastate conflicts）。这个数字和比例从1946年后的数据看，仅次于2015年的

---

① Melander, Erik; There'se Pettersson & Lotta Themne'r, "Organized violence, 1989－2015", *Journal of Peace Research* 53 (2016): 727－742.

② Marie Allansson, Erik Melander & Lotta Themne'r, "Organized violence, 1989－2016", *Journal of Peace Research* 54 (2017): 574－587.

③ Margareta Sollenberg and Erik Melander, "Patterns of organized violence, 2007－16", *SIPRI Yearbook* 2017.

20 起国际化冲突（39%），其中大部分（13 起）与“伊斯兰国”、塔利班、基地组织或其他伊斯兰极端组织有关。国际化冲突的扩散令人担忧，研究表明外国军队参与往往会使冲突更致命并延长冲突。①

2016 年有 12 起冲突达到了战争的强度，即至少有 1000 人的死亡与战斗有关，与 2015 年相比增加了一起，这使得 2016 年与 2014 年成了 2007 - 2016 年战争数量最多的年份（见图 3.3）。2015 年发生的三场战争在 2016 年减弱为小规模武装冲突（尼日利亚、巴基斯坦和乌克兰）。与此同时，之前记录的 4 起小规模武装冲突却升级为战争（阿富汗与 IS；利比亚与 IS；土耳其与 IS；土耳其与库尔德）。

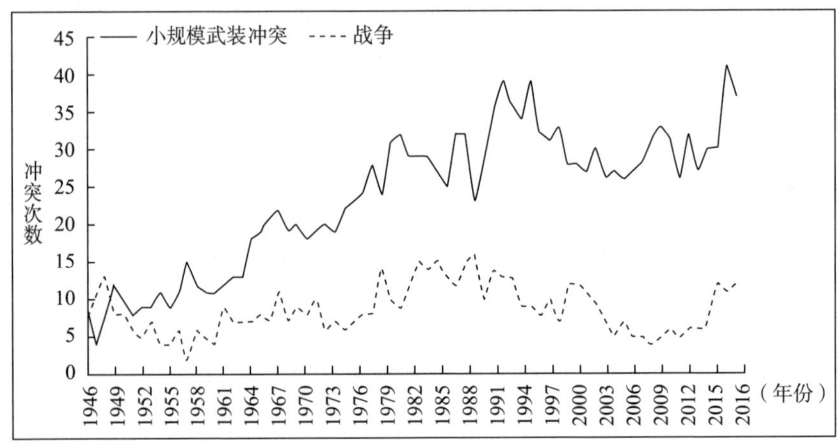

图 3.3　1946 - 2016 年按强度划分的国家武装冲突

资料来源：Marie Allansson, Erik Melander & Lotta Themne'r, “Organized violence, 1989 - 2016”, *Journal of Peace Research* 54 (2017): 574 - 587.

值得注意的是，2014 年、2015 年和 2016 年武装冲突的年度死亡人数，大大高于 2007 - 2016 年前七年的死亡人数。2014 年国家冲突导致的死亡人数为 104969 人，是整个后冷战时期最暴力的一年，当年死亡人数空前增长的主要原因是由叙利亚冲突升级，伊拉克、阿富汗和尼日利亚等国的战斗日益激烈导致的。死亡人数随后下降，到 2015 年时下降至 981370 人，在

① Balch-Lindsay, Dylan; Andrew J Enterline & Kyle A Joyce, “Third-party intervention and the civil war process”, *Journal of Peace Research* 45 (2008): 345 - 363; Lacina, Bethany, “Explaining the severity of civil wars”, *Journal of Conflict Resolution* 50 (2006): 276 - 289.

2016 年下降为 87018 人。尽管这一数额大幅度减少，但仍是冷战后死亡人数最多的年份之一，仅低于 2013 - 2015 年。在 2016 年记录的国家冲突导致的死亡人数中，近一半是由于叙利亚冲突导致的，有 40598 多人死亡，比 2015 年减少了近 5000 人。①

（二）地区情况

非洲仍是冲突数量最多的地区，2016 年发生了 19 起冲突。亚洲是第二大受冲突影响的地区，2016 年有 15 起较为活跃的冲突。中东地区有 10 起冲突，欧洲发生 3 起冲突，美洲发生了 2 起冲突（见图 3.4）。从更长期的角度看，2007 年至 2016 年十年期间非洲共发生了 38 起冲突，冲突数量明显增加，自 2007 年的 12 起增至 2016 年的 19 起，与 2015 年发生的 21 起冲突相比，小幅下降。除了 2011 年达到 16 起冲突，在 2015 年之前的几年里，国家冲突的数量在 10 至 13 之间波动。非洲的冲突通常都是围绕政府权力展开的，但在 2015 年的领土争端首次打破了这一格局。2016 年，政府权力的冲突再次成为非洲冲突的主要原因。在 2016 年的 12 场战争中，有 4 场发生在非洲，即利比亚与 IS、尼日利亚与 IS、索马里以及苏丹。②

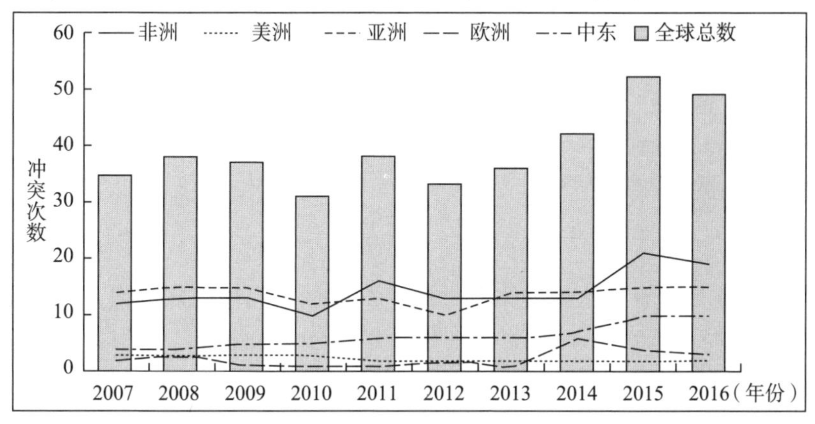

图 3.4　2007 - 2016 年国家冲突的地区分布与总量

资料来源：Marie Allansson，Erik Melander & Lotta Themne'r，"Organized violence，1989 - 2016"，*Journal of Peace Research* 54（2017）：574 - 587.

① Marie Allansson，Erik Melander & Lotta Themne'r，"Organized violence，1989 - 2016"，*Journal of Peace Research* 54（2017）：574 - 587.

② Margareta Sollenberg and Erik Melander，"Patterns of organized violence，2007 - 16"，*SIPRI Yearbook* 2017。

2007 年至 2016 年十年期间发生冲突第二多的地区是亚洲，发生了 30 起冲突。2016 年共有 15 起冲突，比 2007 年的冲突多出一场。在这十年期间，冲突数量在 10 至 15 之间波动。与非洲相比，亚洲与领土争端有关的冲突明显，这期间大约有三分之二的冲突与领土有关。2007 - 2016 年的亚洲冲突中，有一半的冲突与印度和缅甸的领土主张有关。2016 年的 12 场战争中，有两场发生在亚洲，且这两起都发生在阿富汗。2007 - 2011 年，亚洲是全球在冲突中死亡人数占比最多的地区（见图 3.5）。

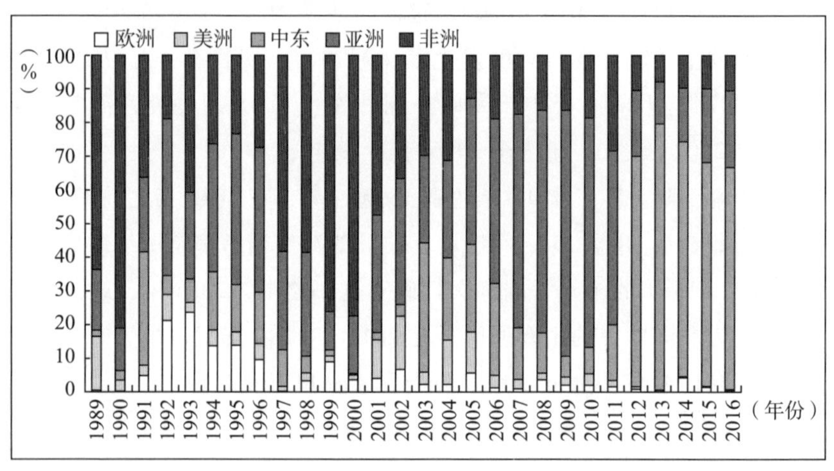

图 3.5 1989 - 2016 年地区死亡人数占总死亡人数的百分比

资料来源：Marie Allansson, Erik Melander & Lotta Themne'r, "Organized violence, 1989 - 2016", Journal of Peace Research 54 (2017): 574 - 587.

2007 年至 2016 年十年期间，美洲只发生了 3 起冲突（哥伦比亚、秘鲁和美国）。这是所有地区中冲突数量最少的区域。同期，欧洲发生了 9 起冲突。其中两起冲突在 2007 年显得活跃，而在 2013 年之前，这一数字一直保持在 1 至 3 之间。2014 年发生了较大转变，发生了 6 起冲突，其中 3 起发生在乌克兰。2016 年有 3 起冲突（阿塞拜疆与纳戈尔诺 - 卡拉巴赫、俄罗斯与 IS、乌克兰与俄罗斯），这些都不是 2016 年发生的新冲突，也没有一个冲突在当年升级到战争水平。除了 2014 年在乌克兰发生的冲突外，与 2007 年至 2016 年间欧洲发生的所有冲突一样，这 3 起冲突都是基于领土问题而发生的。①

① Margareta Sollenberg and Erik Melander, "Patterns of organized violence, 2007 - 16", *SIPRI Yearbook* 2017.

在中东地区，2007 至 2016 年十年期间，发生了 16 起活跃的冲突。每年围绕领土和政府权力的冲突数量相对均衡，但在这十年期间，领土冲突占据着主导地位。其中有 6 起冲突与“伊斯兰国”有关。值得注意的是，2016 年的战争有一半发生在中东地区。有 3 起冲突（伊拉克、叙利亚、叙利亚与 IS）在 2016 年是导致死亡人数最多的。2012 年之后，中东地区再次成了受国家冲突影响、死亡人数最多的地区。①

三、非国家冲突

按照乌普萨拉的定义，非国家冲突是在两个有组织的团体之间使用武力，而这两个团体均不属于某国政府，造成在一年内至少 25 人与作战有关的死亡。根据相关团体的组织水平，非国家冲突可再分为三类：一是如反叛组织等有正规组织的行为体之间的冲突；二是未经正规组织的政党及候选人支持者和所属人员（“非正规组织的支持者团体”）之间的冲突；三是因种族、氏族、宗教、民族或部落传统而具有认同感的非正规组织团体之间的冲突。

乌普萨拉冲突数据项目（UCDP）自 1989 年以来，共记录了 624 起非国家冲突，平均每年发生 36 起冲突。自 2010 年以来记录的非国家冲突数量上升趋势在 2016 年并没有持续。2016 年有 60 起此类冲突（具体冲突见附表 3.2），而上一年为 73 起。从 2015 年到 2016 年的变化是 1989 年至 2016 年期间最为剧烈的变化之一，尽管有相当大的下降，但 2016 年仍是 1989 年至 2016 年期间发生非国家冲突数量第三多的年份。

从非国家冲突的地区分布来看，大多数冲突发生在非洲（在 2016 年 60 起冲突中，该地区占 33 起）。非洲在 2016 年冲突数量与 2015 年相同，但冲突类型并不完全相同。2016 年中东经历了 17 起非国家冲突，与 2015 年的 23 起相比大幅度下降，这种下降在一定程度上可以解释为在叙利亚活跃的非国家冲突减少了。美洲有 8 起活跃的非国家冲突，与 2015 年的 12 起相比下降了。自 2012 年以来，美洲的所有非国家冲突都在墨西哥发生。亚洲发生了两起非国家冲突，都发生在阿富汗，比前一年减少了三起。

在 2016 年的非国家冲突中，最常见的类型是如反政府组织、民兵和贩

---

① Marie Allansson, Erik Melander & Lotta Themne'r, “Organized violence, 1989 – 2016”, *Journal of Peace Research* 54 (2017): 574 – 587.

毒集团之间的冲突，尤其是在叙利亚和墨西哥地区。乌普萨拉冲突数据项目（UCDP）记录了这些组织之间的 38 起冲突，而非正式组织（如民族或宗教团体）则为 22 起。中东所有的非国家冲突都是在正式组织之间进行的，除 3 起外，其他的所有冲突都发生在叙利亚。

非国家冲突导致的死亡人数如图 3.6 所示，2005 年为最低水平，仅为 2100 多人，2014 年达到最高点 13153 人，2016 年下降为 9034 人。尽管有下降，2016 年仍是 1989 年至 2016 年最致命的年份中排名第五的年份。2016 年非洲比中东地区发生的非国家冲突更为活跃，但后者的死亡人数是前者数量的两倍多。在 2016 年非国家冲突中，大约 62% 的死亡发生在中东地区，而非洲只有 27% 。①

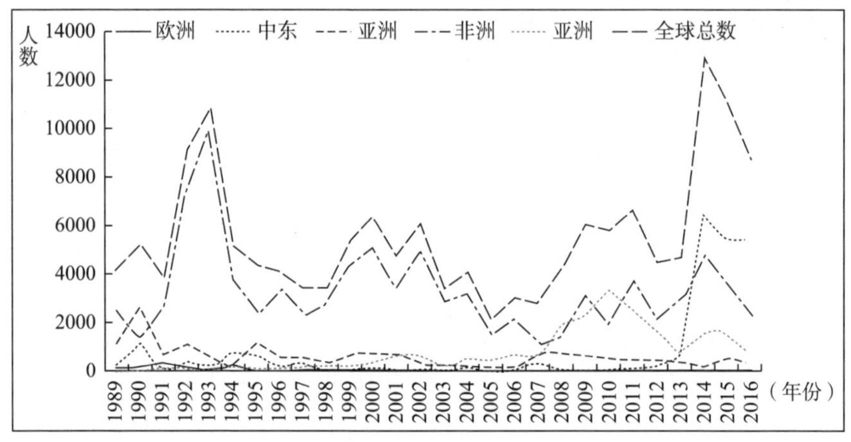

图 3.6　1989 －2016 年非国家冲突导致的死亡人数

资料来源：Marie Allansson，Erik Melander & Lotta Themne'r，“Organized violence，1989 －2016”，*Journal of Peace Research* 54 （2017）：574 －587.

四、单边暴力

单边暴力是一国政府或某个正规组织对未经组织的平民使用武力。乌普萨拉冲突数据项目（UCDP）将某个国家或团体在一年内杀害 25 个或更多非武装平民的暴行记录为单边暴力。这涵盖了多种情况，其中包括如泰

① Marie Allansson，Erik Melander & Lotta Themne'r，“Organized violence，1989 －2016”，*Journal of Peace Research* 54 （2017）：574 －587.

国南部帕塔尼叛军于2013年经常性发起的小规模袭击，以及诸如“伊斯兰国”在伊拉克和叙利亚对平民发起的大规模袭击和中非共和国政府针对平民的大规模暴力行动。

乌普萨拉冲突数据项目（UCDP）自1989年以来，共记录了254个单边施暴行为体（Actors），每年平均为32个。过去十年的数据表明，与20世纪和21世纪初相比，总的趋势是下降的，2002年、2003年记录了多达45个单边施暴行为体，2016年21个单边施暴行为体进行了单边暴力，比2015年减少了5个。这么低的数值只在2009年和2010年有过，该年也是记录了21个单边施暴行为体。乌普萨拉冲突数据项目（UCDP）估计显示，2016年有6278名平民遭到国家或正式组织单边施暴行为体的袭击和杀害。这个数字远低于2015年，当时有9956人死亡。如图3.7所示，自2014年以来，单边暴力造成的死亡人数呈下降趋势。2016年的数据远远低于20世纪大部分时间发生的高强度单边暴力，如1994年的高峰值，当时卢旺达的种族灭绝，使得数十万平民遇害。

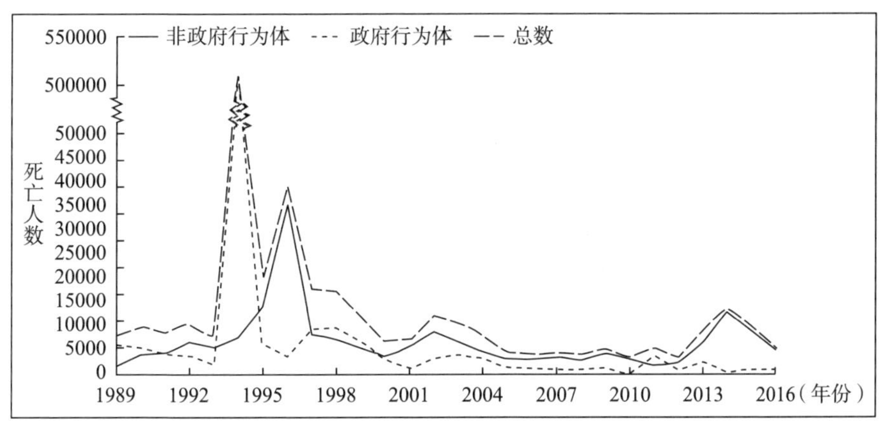

图3.7 1989－2016年单边暴力导致的死亡人数

资料来源：Marie Allansson，Erik Melander & Lotta Themne'r，“Organized violence，1989－2016”，*Journal of Peace Research* 54（2017）：574－587。

五、年度重大冲突

在2016年的重大冲突事件中，来自叙利亚、阿富汗的冲突和“伊斯兰国”参与的冲突占据着主要角色。

（一）叙利亚冲突

2016 年叙利亚发生了 3 起国家冲突、15 起非国家冲突和 2 起单边暴力行为（如表 3.1 所示），三种类型的冲突分别导致的死亡人数为 40440 人、4677 人和 3747 人①。叙利亚政府与叙利亚反对派以及与“伊斯兰国”的两起国家冲突为战争规模。叙利亚有一起非国家冲突（“伊斯兰国”与叙利亚民主力量）也达到了战争规模，且是 2016 年全球唯一的致死人数超过一千人的非国家冲突。叙利亚的国家冲突和非国家冲突的致死人数大约占当年全球相应类型冲突总死亡人数的一半，可见无论从冲突次数还是严重程度上看，叙利亚是 2016 年全球受冲突影响最严重的国家。

表 3.1　2016 年叙利亚冲突

叙利亚国家冲突

	对立缘由	2016 年反政府组织	起始年份	2016 年致死人数
1	政府	叙利亚反对派	2011	27235
2	领土	“伊斯兰国”（IS）	2013	13205
3	政府/领土	叙利亚民主力量（SDF）	2016	158

叙利亚非国家冲突

	当事方（A）	当事方（B）	起始年份	2016 年致死人数
1	自由沙姆人伊斯兰运动、自由叙利亚军（FSA）、征服阵线、伊斯兰军	“伊斯兰国”（IS）	2016	110
2	伊斯兰阵线	阿克萨战士	2016	40
3	自由沙姆人伊斯兰运动、征服阵线	叙利亚民主力量	2016	44
4	自由沙姆人伊斯兰运动、征服阵线、南方阵线	“伊斯兰国”（IS）	2016	223
5	阿勒颇征服军	“伊斯兰国”（IS）	2015	84
6	阿勒颇征服军	叙利亚民主力量	2015	213
7	阿勒颇征服军、征服阵线	叙利亚民主力量	2015	74

① 叙利亚的单边暴力导致的死亡人数包括了主要发生在伊拉克、叙利亚、尼日利亚，由“伊斯兰国”（IS）施暴而导致的总死亡人数 3718 人。

续表

叙利亚非国家冲突				
	当事方（A）	当事方（B）	起始年份	2016 年致死人数
8	自由叙利亚军、征服阵线、伊斯兰军、黎凡特阵线	叙利亚民主力量	2016	25
9	哈瓦尔基利斯指挥部	“伊斯兰国”（IS）	2016	560
10	哈瓦尔基利斯指挥部	叙利亚民主力量	2016	129
11	“伊斯兰国”（IS）	征服阵线	2014	124
12	“伊斯兰国”（IS）	新叙利亚军	2016	25
13	“伊斯兰国”（IS）	叙利亚民主力量	2015	2870
14	伊斯兰军、东部狮子军、艾哈迈德·阿卜杜拉烈士旅组织、拉赫曼军团	沙姆解放组织	2016	100
15	母马行动指挥室	“伊斯兰国”（IS）	2015	56

叙利亚单边暴力			
	行为体	起始年份	2016 年致死人数
1	叙利亚反叛分子	2012	29
2	“伊斯兰国”（IS）	2004	3718

资料来源：根据 Marie Allansson，Erik Melander & Lotta Themne'r，“Organized violence，1989 - 2016”，*Journal of Peace Research* 54（2017）：574 - 587 的冲突数据整理计算获得。

2016 年参与叙利亚冲突的各方主要包括国外参与者、叙利亚武装部队（叙利亚政府）和各种武装集团。①

国外参与者 2016 年参与叙利亚冲突的美国领导的国际联盟成员国包括比利时、加拿大、丹麦、法国、德国、意大利、约旦、摩洛哥、荷兰、沙特阿拉伯、土耳其、阿联酋和英国。俄罗斯、土耳其也参与了叙利亚冲突。

叙利亚武装部队 叙利亚武装部队在冲突前有大约 30 万名人员，由于逃兵、叛逃和死亡等情况，部队规模可能有所减少。

① 参见 Annyssa Bellal，*The War Report* 2016，The Geneva Academy of International Humanitarian Law and Human Rights，2017。

各种非政府武装组织包括：

“自由叙利亚军”（FSA） 自由叙利亚军于2011年7月29日成立，最初是由一群叙利亚军队的逃兵组成，呼吁叙利亚军队的成员叛变并加入他们。[①] 该组织在整个叙利亚无论是城市还是农村都很活跃，许多与自由叙利亚军有关联的组织都是在他们运作的地区组成联盟，以反对政权并限制其他对手的行动。

“沙姆解放组织”（Haiy'a Tahrir al-Sham）（前征服阵线，Jabhat Fateh al-Sham 或努拉斯阵线，Nusra Front） 在当时的伊拉克“伊斯兰国”帮助下，前努斯拉阵线于2012年1月宣布成立。该组织自成立以来一直被视为基地组织的叙利亚分支，并于2013年4月正式宣誓效忠基地组织。然而在2016年，该组织更名为“沙姆解放组织”并宣布脱离基地组织。

“伊斯兰国”（IS），全称“伊拉克和黎凡特伊斯兰国”（ISIL） 该组织在2013年初从伊拉克的基地组织中发展起来。2013年4月，伊拉克“伊斯兰国”宣布其组织正与努拉斯阵线合并，形成伊拉克“伊斯兰国”，然而这一单方面的声明遭到了努拉斯阵线和基地组织的拒绝。尽管与基地组织分离，但它扩大了在叙利亚的行动，在叙利亚和伊拉克占领了几个主要城市并取得了军事成功。通过这些入侵、占领东部油田加上外国捐助者的资助以及犯罪活动，“伊斯兰国”获得了高达20亿美元的现金和资产[②]。估计大约80%的叙利亚西部武装分子加入了该组织。“伊斯兰国”声称有来自英国、法国、德国和其他欧洲国家以及美国、阿拉伯国家和高加索地区的武装分子，其领导结构在很大程度上由外国武装分子主导。[③]

自由沙姆人伊斯兰运动（Ahrar al-Sham） 该组织被认为是规模以及实力最强大的反叛组织之一。该组织与基地组织有关联，但并没有列入安理会基地组织的制裁名单。

---

① J. Landis, “Free Syrian Army Founded by Seven Officers to Fight the Syrian Army”, *Syria Comment*, 29 July 2011, http://www.joshualandis.com/blog/free-syrian-army-established-to-fight-the-syrian-army/.

② M. Chulov, “How an Arrest in Iraq Revealed Isis's $2bn Jihadist Network”, *The Guardian*, 15 June 2014, http://www.theguardian.com/world/2014/jun/15/iraq-isis-arrest-jihadists-wealth-power.

③ UN, *Report of the Independent International Commission of Inquiry on the Syrian Arab Republic-Rule of Terror: Living under ISIS in Syria*, 14 November 2014.

保民队－库尔德女子自卫军（YPG-YPJ） 库尔德人居住区的主要军事力量，该组织主要打击活跃在叙利亚的伊斯兰武装组织，尤其是“伊斯兰国”和努斯拉阵线，同时也参与其他非国家武装团体战斗。

黎巴嫩真主党（Hezbollah） 真主党是什叶派的政治、军事和社会组织，在黎巴嫩拥有相当大的权力，如今其能力已经超过了黎巴嫩军队。至少从 2013 年 4 月开始，真主党派武装分子越过边境，在与叛军的斗争中支持什叶派总统阿萨德。

自叙利亚冲突开始以来，国际上许多国家都在关注叙利亚问题并采取了一定的措施。2014 年 9 月 10 日，美国总统奥巴马宣布成立一个国际联盟以击败伊拉克和黎凡特的“伊斯兰国”。美国派遣了 3500 名士兵、200 名特种部队进入该地区。俄罗斯在该地区也不甘落后，2015 年 9 月俄罗斯开始对反政府武装发动空袭，称“伊斯兰国”和“所有恐怖分子”都是目标。①土耳其也于 2015 年 7 月首次发起了对“伊斯兰国”的空袭并加入了叙利亚反对非国际性武装冲突的阵营。② 同年 8 月，土耳其宣布加入反伊斯兰国家组织联盟。伊朗也在叙利亚冲突中有很多行动，在后勤、技术和财政等多个方面为叙利亚政府提供了重要的支持，同时还帮助进行训练并输送一些作战部队，或派地面部队支持叙利亚武装部队③。叙利亚冲突的国际化使冲突更为激烈，时间也不断延长。

（二）阿富汗冲突

2016 年阿富汗发生了 2 起国家冲突、2 起非国家冲突和 1 起单边暴力，这三种类型的冲突分别导致的死亡人数为 17918 人、365 人和 149 人④。其

---

① BBC News，“Syria Crisis：Where Key Countries Stand”，30 October 2015，http：//www. bbc. com/news/ world-middle-east-23849587；M. Weaver and J. Borger，“Syria Air-strikes：Everything You Need to Know”，*The Guardian*，1 December.

② C. Letsch，K. Shaheen and S. Ackerman，“Turkey Carries Out First Ever Strikes Against Isis in Syria”，*The Guardian*，24 July 2015，https：//www. theguardian. com/world/2015/jul/24/turkish-jets-carry-out-strikesagainst-isis-in-syria-reports；BBC News，“Turkey Bombs Islamic State Targets in Syria”，24 July 2015，http：// www. bbc. com/news/world-europe-33646314.

③ H. Bastani，“Iran Quietly Deepens Involvement in Syria's War”，BBC News，20 October 2015，http：// www. bbc. com/news/world-middle-east-34572756.

④ 叙利亚的单边暴力导致的死亡人数没有包括主要发生在伊拉克、叙利亚、尼日利亚等国的由“伊斯兰国”（IS）施暴而导致的总死亡人数。

中，阿富汗的两起国家冲突都达到了战争规模，使得阿富汗成为 2016 年全球因冲突致死人数第二多的国家（见表 3.2）。

表 3.2　2016 年阿富汗冲突

	阿富汗国家冲突			
	对立缘由	**2016 年反政府组织**	**起始年份**	**2016 年致死人数**
1	政府	塔利班	1978	15777
2	领土	“伊斯兰国”（IS）	2015	2141
	阿富汗非国家冲突			
	当事方（A）	**当事方（B）**	**起始年份**	**2016 年致死人数**
1	“伊斯兰国”（IS）	塔利班	2015	181
2	塔利班	“阿富汗伊斯兰酋长国高级委员会”	2015	184
	阿富汗单边暴力①			
	行为体		**起始年份**	**2016 年致死人数**
1	塔利班		1996	149

资料来源：Marie Allansson，Erik Melander & Lotta Themne'r，“Organized violence，1989－2016”，*Journal of Peace Research* 54（2017）：574－587，根据文中冲突数据整理计算。

阿富汗冲突各方主要包括阿富汗政府军、塔利班和各种非政府武装集团。②

阿富汗政府军　2016 年阿富汗预计有 20 万名现役前线军事人员。

塔利班　塔利班是与阿富汗政权对抗的最大的非国家武装组织。

伊斯兰协会　伊斯兰协会在阿富汗东部地区一直都很活跃。

哈卡尼网络　一个在 20 世纪 80 年代反苏联的集团，由阿富汗最著名的家族之一霍斯特领导，其成员活跃于阿富汗首都喀布尔，以及与巴基斯坦交界接壤的部落地区一些省份。

阿富汗境内的“伊斯兰国”　“伊斯兰国”的分支（IS-K）于 2014 年

---

① 2016 年阿富汗的单边暴力包括了发生于阿富汗和巴基斯坦的单边暴力。

② Annyssa Bellal，*The War Report* 2016，The Geneva Academy of International Humanitarian Law and Human Rights，2017.

年中出现在阿富汗，但外界对其打击目标、生存能力以及其在伊拉克和叙利亚境内的行动联系的程度知之甚少，对其成员数量也很难进行估计。

2016 年阿富汗的叛乱威胁到了几个省会城市，包括南部具有重要战略意义的赫尔曼德省首府和北部昆都士省的首府，后者曾于 2015 年 9 月短暂落入塔利班手中。2016 年 4 月塔利班发动春季攻势“奥马利行动”，袭击喀布尔造成了数十人死亡、300 多人受伤。美国总统奥巴马于 2016 年 7 月宣布将在其任期结束前向阿富汗派遣 8400 名士兵。2016 年 7 月华沙峰会期间，北约决定进一步加强在阿富汗的驻守，并提供每年 10 亿美元的费用，资助阿富汗国防和安全部队。①

2016 年 5 月，塔利班领导人在巴基斯坦无人机袭击中丧生。曾在阿富汗塔利班统治期间担任高级法官的哈巴图拉继任。同月，奥巴马政府批准了新的军事当局与阿富汗国防军和安全部队进行的作战任务并宣布扩大政府空袭目标。② 2016 年 8 月至 10 月，包括针对阿富汗国防部在内的袭击事件愈演愈烈，在喀布尔造成 35 人死亡，103 人受伤。

由于经济发展低迷、和平尝试屡屡受挫、政治和联盟上的分裂以及重要据点的失守，阿富汗的情况非常糟糕。塔利班新领导人哈巴图拉似乎要着手进行一些和平谈判，并称希望与世界上其他国家组织保持一定的联系，表示愿意回应外界对他们的质疑。阿富汗政府、塔利班和美国、印度的关系不断发展，俄罗斯、中国也非常关注阿富汗的局势，并积极参与阿富汗问题的解决。

（三）“伊斯兰国”（IS）参与的冲突

2016 年“伊斯兰国”（IS）参与了 11 起国家冲突、13 起非国家冲突和 1 起单边暴力，这三种类型冲突导致的死亡人数分别为 21326 人、4823 人和 3718 人（见表 3.3）。其中，“伊斯兰国”（IS）参与的国家冲突致死人数超过了 2016 年国家冲突致死总人数的三分之一，“伊斯兰国”（IS）参与的非

---

① DW, “NATO Extends Mission in Afghanistan”, 9 July 2016, http://www.dw.com/en/nato-extends-mission- in-afghanistan/a-19390071.

② M. Ryan and T. Gibbons-Neff, “U. S. Widens War in Afghanistan, Authorizes New Action Against Taliban”, *The Washington Post*, 10 June2016, https://www. washington-post. com/news/checkpoint/wp/2016/06/09/defense-official-u-s-to-begin-striking-taliban-advise-regular-afghan-soldiers-again/.

国家冲突的致死人数超过了 2016 年非国家冲突致死总人数的一半，而其参与的单边暴力的致死人数更是接近了 2016 年单边暴力致死总人数的 60% 。可见，2016 年尽管“伊斯兰国”（IS）在伊拉克和叙利亚失去了之前控制的大部分地区，遭受了一系列重创，但该恐怖组织依然给全球冲突带来了严重影响。

表 3.3　2016年“伊斯兰国”（IS）参与的冲突

国家冲突

	对立因素		**起始年份**	**2016 年致死人数**
1	叙利亚	领土（“伊斯兰国”）	2013	13205
2	阿富汗	领土（“伊斯兰国”）	2015	2141
3	土耳其	领土（“伊斯兰国”）	2015	1190
4	埃及	领土（“伊斯兰国”）	2015	268
5	喀麦隆	领土（“伊斯兰国”）	2015	189
6	俄罗斯	领土（“伊斯兰国”）	2015	66
7	约旦	领土（“伊斯兰国”）	2016	34
8	尼日利亚	领土（“伊斯兰国”）	2015	2213
9	利比亚	领土（“伊斯兰国”）	2015	1678
10	尼日尔	领土（“伊斯兰国”）	2015	274
11	巴基斯坦	领土（“伊斯兰国”）	2016	68
小计				21326

非国家冲突

		当事方（A）	**当事方（B）**	**起始年份**	**2016 年致死人数**
1	叙利亚	“伊斯兰国”（IS）	叙利亚民主力量	2015	2870
2	叙利亚	“伊斯兰国”（IS）	新叙利亚军	2016	25
3	也门	“伊斯兰国”（IS）	哈迪部队	2015	404
4	阿富汗	“伊斯兰国”（IS）	塔利班	2015	181
5	叙利亚、黎巴嫩	“伊斯兰国”（IS）	征服阵线	2014	124
6	尼日利亚	“伊斯兰国”（IS）	阎戈拉	2015	34

续表

非国家冲突					
		当事方（A）	当事方（B）	起始年份	2016年致死人数
7	叙利亚	自由沙姆人伊斯兰运动、征服阵线、南方阵线	“伊斯兰国”（IS）	2016	223
8	叙利亚	自由沙姆人伊斯兰运动、自由叙利亚军、征服阵线、伊斯兰军	“伊斯兰国”（IS）	2016	110
9	叙利亚	法塔赫哈拉布	“伊斯兰国”（IS）	2015	84
10	叙利亚	哈瓦尔基利斯指挥部	“伊斯兰国”（IS）	2016	560
11	叙利亚	母马行动指挥室	“伊斯兰国”（IS）	2015	56
12	利比亚	众议院力量	“伊斯兰国”（IS）	2015	87
13	利比亚	德尔纳圣战者舒拉理事会	“伊斯兰国”（IS）	2015	65
小计				4823	
单边暴力					
		行为体	起始年份	2016年致死人数	
1	伊拉克、叙利亚、尼日利亚	“伊斯兰国”（IS）	2004	3718	
总计				29867	

资料来源：根据 Marie Allansson, Erik Melander & Lotta Themne'r, “Organized violence, 1989 - 2016”, *Journal of Peace Research* 54 (2017): 574 - 587 的冲突数据整理计算。

六、评估与展望

2016年冲突的数量和烈度都有下降的趋势。冲突造成的死亡总人数从2015年的119426人下降至102330人，这意味着世界在2014年死亡人数最新高峰之后的两年内已经下降了20%以上。国家冲突的数量从2015年的52起下降为49起，其中有12起达到了战争的标准。非国家冲突的数量从73起下降为60起，只有一起冲突造成一千多人死亡。单边暴力为21起，与2015年相比减少了5起。尽管冲突事件和致死人数下降了，但2016年的致死人数依然在1989年至2016年期间排名第五。在2016年活跃的47个国家内部冲突中，多达18个（占38%）是属于国际化的，即外国在冲突中向其一方或双方提供部队。

2016年受冲突影响最严重的国家是叙利亚和阿富汗，叙利亚经历了3起国家冲突、15起非国家冲突和2起单边暴力，阿富汗经历了2起国家冲突、2起非国家冲突和1起单边暴力，两个国家冲突的死亡总人数分别高达49000人和18000多人。2016年“伊斯兰国”（IS）参与了11起国家冲突、13起非国家冲突和1起单边暴力，这三种类型的冲突分别导致的死亡人数为21326人、4823人和3718人，其国家冲突的致死人数比2016年国家冲突致死总人数的三分之一还多，非国家冲突的致死人数是2016年非国家冲突致死总人数的一半多，单边暴力的致死人数接近2016年单边暴力致死总人数的60%。然而，“伊斯兰国”远非激化冲突的唯一角色，正如叙利亚所显示的那样，它只是参与叙利亚冲突的众多武装组织中的一个，在叙利亚、伊拉克地区的“伊斯兰国”的削弱似乎不太可能意味着这些国家冲突的结束。

低迷的经济发展、冲突与暴力的相互交织，使得2017年的全球安全形势依然不容乐观，目前看新的一年主要冲突仍会集中在中东、非洲。叙利亚危机已成为当前牵涉势力最多、情况最复杂的“国际化内战”，美俄以及其他国家的参与及角力，将继续深刻影响着中东格局演变。非洲的萨赫勒地区和乍得湖盆地长久以来的动乱已造成了大规模的人道危机，2017年“博科圣地”“伊斯兰国”等极端组织以及犯罪集团预计仍会影响这一地区的安全。尽管多国联军已重创了“博科圣地”“伊斯兰国”的力量也在不断被削弱，但这些恐怖组织依然会以平民、国际和国内的维和力量为袭击目标，继续引发严重的人道危机。在美国领导的多国联军多年来持续攻击塔利班和基地组织之后，连年战乱和政局不稳的阿富汗依然是国际社会和平与安全的严重威胁。在国际社会共同努力下，极端组织“伊斯兰国”于2016年遭到了空前打击，控制区面积和武装力量锐减。然而，2017年“伊斯兰国”可能加速“外线”扩散，向欧洲、中亚、南亚、东南亚等方向流窜，在短期内试图解决全球冲突的做法看来不太现实。

4. 恐怖主义

王沙骋*

摘　要：恐怖主义自“9·11”事件后兴起到目前持续发展，近三年来由于各国反恐力度的加强，恐怖主义发展势头略有减弱。但“伊斯兰国”、博科圣地、塔利班和“基地”组织四大恐怖组织带来的伤害和经济损失仍然巨大。近年来，恐怖主义发展也呈现跨国分散和网络恐怖主义的趋势，网络成为恐怖分子策划活动、成员招募交流乃至融资的有效工具，这也使各国预防和打击恐怖主义的行动变得困难。恐怖主义的产生、发展与国际政治、经济乃至文化都有着复杂的关系，当今社会贫穷、战乱、不公平的国际秩序等都使得恐怖主义产生和发展的根源难以在短时期内消除，因此在未来很长一段时期内恐怖主义都会在国际社会占据重要位置，在一段时间内可能还会有激化的迹象。

关键词：恐怖主义　反恐　恐怖组织

恐怖主义通过暴力、破坏、恐吓等手段，制造社会恐慌、危害公共安全、侵犯人身财产，胁迫国家机关、国际组织，以实现其政治、意识形态等

---

* 王沙骋（1977－　），北京大学/哈佛大学联合培养管理学博士，中央财经大学副教授、硕士生导师。研究方向为恐怖融资、国防金融、军民融合等。主持国家社科基金项目“我国反恐怖融资的情报监管机制研究”“我国面临的恐怖主义及情报主导反恐研究”等7项省部级以上课题，出版《网络恐怖主义与对策》等3部学术专著，在《中国软科学》等发表学术论文50余篇。

基金项目：此项研究得到国家社会科学基金项目“我国反恐怖融资的情报监管机制研究”（17BZZ041）资助。

目的。2016 年国际恐怖主义仍较为猖獗，但一定程度上表现为下降的态势。

一、恐怖主义态势

“9·11”事件后，恐怖主义一度呈现持续增长的趋势。根据全球恐怖主义数据库（GTD）所提供的数据，恐怖主义事件每年的发生次数从 2002 年的 1331 起增加到 2016 年的 13488 起（见图 4.1）。数据显示，全球 2002 - 2004 年恐怖主义事件呈下降趋势，这几年也是“9·11”以来恐怖主义的低潮期，这与当时全球反恐浪潮的功劳分不开。但恐怖主义事件在 2005 年开始激增，美军当年没能有效稳定阿富汗局势，各种武装组织纷纷发展起来，该情况不仅恶化了阿富汗的安全形势，也动摇了巴基斯坦的相对稳定局面。① 2005 - 2008 年，全球恐怖主义事件持续上升，许多恐怖事件发生在伊拉克、阿富汗和其他冲突地点。

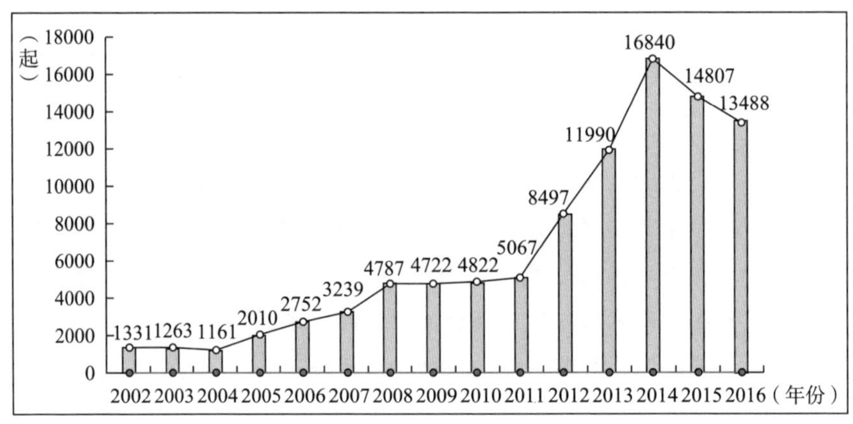

图 4.1　全球恐怖事件统计（2002 - 2016）

资料来源：Global Terrorism Database（GTD）。

2008 - 2010 年全球恐怖主义形势表现为相对稳定的态势，恐怖主义威胁有所减弱，但这种趋势的可持续性不强，随后在 2011 - 2013 年全球恐怖事件迅速呈现报复性增长态势，在这期间恐怖事件数目翻了一番，从 5067 起飙升至 11990 起。这一数字让人感到触目惊心，2013 年每 100 万人中就有 2.4 人被袭击，而在 2011 年这一数值仅为 0.7。恐怖主义事件在 2014 年

---

① 王沙骋：《网络恐怖主义与对策》，国防大学出版社 2017 年。

达到了顶峰，仅在一年中就发生了 16840 起恐怖袭击事件，恐怖事件的增加，特别是自 2012 年以来恐怖事件的增加，原因是“伊斯兰国”和基地组织在伊拉克、叙利亚和也门的战争中气焰大涨，他们在这些地方控制了大面积的地盘。2015 - 2016 年，全球恐怖事件发生次数有所下降。比较来看，2016 年的恐怖事件是 2002 年的 10 倍，虽然各阶段发展趋势不一，但世界恐怖活动整体呈现大幅上升态势。

尽管相比前一年有所下降，但 2016 年全球发生的大大小小的恐怖事件共计也达 13488 起，平均每天都会发生近 40 起恐怖事件（2016 年月度恐怖事件发生情况见图 4.2）。

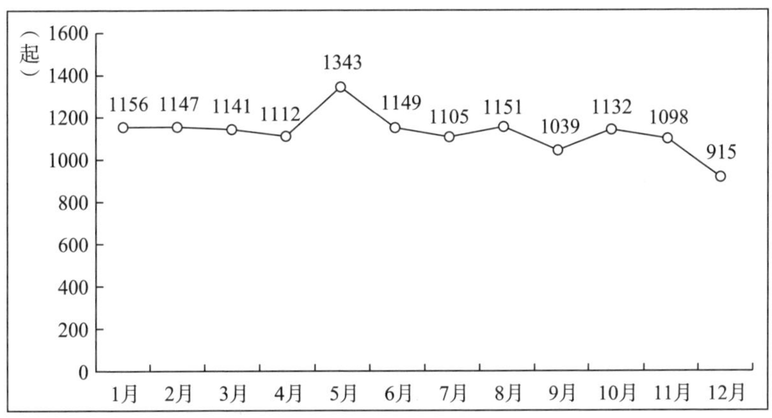

图 4.2　2016 年月度恐怖事件情况

资料来源：Global Terrorism Database（GTD）。

恐怖主义和暴力极端团体近年来造成巨大损害，这方面的统计数字令人震惊：过去十年的恐怖主义事件造成数以万计的平民伤亡；数百万男人、妇女和儿童流离失所或被迫逃离自己的家园；妇女和儿童更为悲惨，许多人遭到性虐待和奴役。造成大多数痛苦的直接原因是自 2008 年以来，冲突和战争的数量、强度在增加，在很多情况下，其特点是恐怖行为者的参与。在阿富汗、伊拉克、马里、索马里、叙利亚和也门，武装冲突继续与恐怖主义交织在一起，暴力极端分子利用国家、区域和地方的种种弱点，包括族裔、宗教、社会经济和政治方面的紧张局势。2017 年的“全球恐怖主义指数”显示，2016 年恐怖活动致死人数连续第二年下降。相比 2014 年恐怖活动“高峰”（致死人数超过 32500 人），2016 年恐怖活动致死人数降至 25673 人，降幅为 21%（见图 4.3）。尽管全球恐怖活动致死人数和袭击数量在2016年有所下降，仍存在令人担忧的趋势，即与过去17年的任何时候相比，越来越多的国家至少发生过一起恐怖活动致死事件。2016年共计77个国家发生过至少一起恐怖活动致死事件，较2015年的65个国家有所增加，这导致全球恐怖主义指数表现较2015年恶化4%。

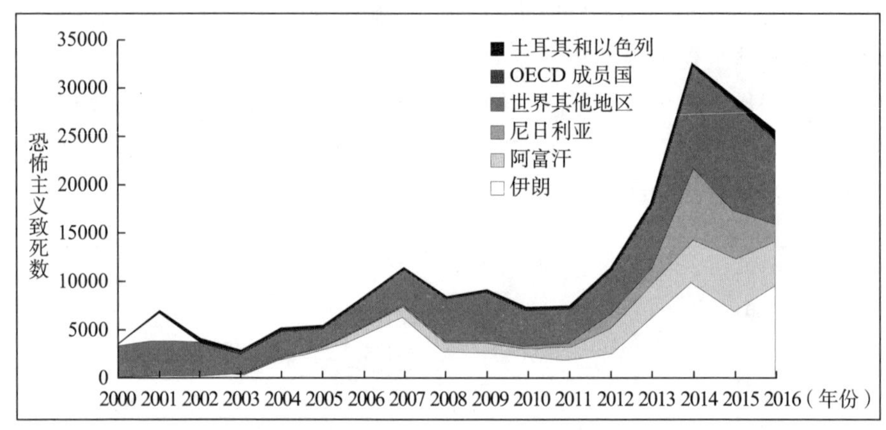

图4.3　全球恐怖主义致死情况（2000－2016）

资料来源：*Global Terrorism Index* 2017（GTI），Institute for Economics & Peace，Sydney，Austrila，2017.

二、恐怖主义分布

恐怖主义虽然主要集中在一些国家和地区，但近年来恐怖主义在世界各地有扩散蔓延的趋势，恐怖主义在全球的发展和影响越来越大，很难有国家和地区置身事外。自2013年开始，中东、北非长期政治动荡的后果开始显现，一些国家成为恐怖主义的肆虐之地。从世界地图上看，过去所说的恐怖主义弧形地带在2016年已变成了从整个北部非洲－中东地区－中亚和南亚－东南亚连成一片的广袤地带。

全球恐怖主义事件主要集中发生在中东及北非地区、南亚地区。2016年这两个地区的恐怖主义事件数量占到恐怖事件总数的72%，主要原因是这两个地区冲突不断，聚集热点冲突问题，地区冲突和恐怖主义往往交织在一起。如“伊斯兰国”主要活动在伊拉克和叙利亚的大部分领土上，在这些地区制造了大量的恐怖袭击事件，并通过在利比亚、也门和西非的分支机构扩展势力范围。南亚地区以及澳大利亚地区这两年恐怖事件数目出现小幅下降，局势见好。中美洲及加勒比地区、东亚、中亚、澳大利亚地区恐怖事件处于低而稳定的水平。各地恐怖主义事件发生情况见图 4.4。

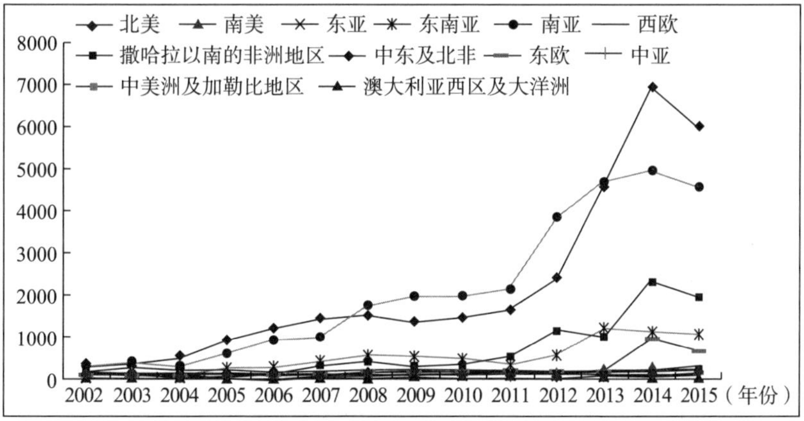

图 4.4　全球及地区恐怖主义事件发生情况（2002－2016）

资料来源：Global Terrorism Database（GTD）。

2016 年受恐怖主义影响最大的 10 个国家分别为伊拉克、阿富汗、尼日利亚、叙利亚、也门、巴基斯坦、索马里、印度、土耳其和利比亚，世界上四分之三的恐怖主义遇难者来自前 5 个国家。① 全球恐怖主义数据库也给出了 2016 年恐怖主义事件排名前十的国家及其主要恐怖主义组织（见表 4.1），尽管"全球恐怖主义指数"和"全球恐怖主义数据库"提供的名单略有差异，但主要的国家并无太大变化。2007 年至 2016 年十年中，除 2012 年外其余九年伊拉克都是恐怖主义发生次数和伤亡人数最多的国家，2016 年伊拉克恐怖主义袭击引致的死者增加了 40%。

表 4.1　2016 年恐怖主义事件数量排名前十的国家

国家	恐怖主义事件数量	死亡人数	主要恐怖主义组织
伊拉克	3356	11024	"伊斯兰国"
阿富汗	1615	5399	塔利班
印度	1019	462	"毛派"
巴基斯坦	861	891	
菲律宾	633	411	

① Institute for Economics & Peace, *Global Terrorism Index* 2017 (GTI), Sydney, Austrila, 2017.

续表

国家	恐怖主义数量	死亡人数	主要恐怖主义组织
索马里	590	1211	青年党
尼日利亚	531	2076	博科圣地
也门	521	1444	侯赛因极端分子
叙利亚	472	2531	“伊斯兰国”（ISIL）
利比亚	417	565	

资料来源：Global Terrorism Database（GTD）。

近几年比较活跃的大型恐怖组织主要有“伊拉克和黎凡特伊斯兰国”（ISIL）、塔利班和基地组织、博科圣地、侯赛因极端分子等，这几大恐怖组织都造成了很大的人员伤亡（见图 4.5）。“伊拉克和黎凡特伊斯兰国”（ISIL）常年占据伊拉克和利比亚地区，是目前势力范围最大的恐怖组织。

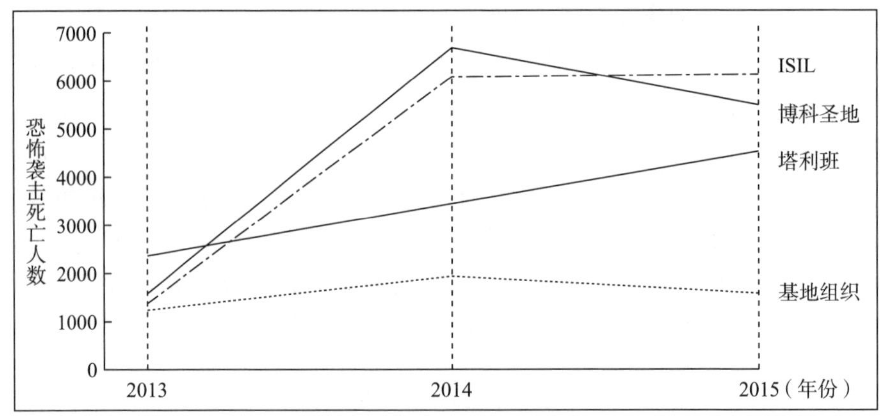

图 4.5　2013－2015 年恐怖组织造成的伤亡人数

资料来源：Institute of Economic Peace，Global Terrorism Database，GTD，2017。

三、年度热点恐怖事件

2016 年人们的直观感觉是重大恐怖袭击增多，造成百人以上伤亡的重大恐怖袭击案件屡屡发生，对国际社会安全和稳定造成巨大冲击，其中法国国庆日遭袭事件和“伊斯兰国”对伊拉克的恐怖袭击是两起令人印象深刻的事件。

（一）法国国庆日遭袭事件

2016 年 7 月 14 日晚，一辆卡车冲入法国南部旅游城市尼斯英国人漫步大道，对正在欣赏国庆日烟花的人群进行冲撞和碾压，造成至少 84 人死亡、上百人受伤。这也是“伊斯兰国”制造巴黎恐怖袭击和比利时布鲁塞尔恐怖袭击以来，欧洲遭遇的最严重恐袭。专业人士分析恐怖分子之所以选择在这个时间和地点发动袭击，一是抓住欧洲杯结束后安保防范“松懈”的空隙；二是企图打击“自由、平等、博爱”的传统价值观。此事件暴露了法国过于依赖军事手段打击恐怖极端组织，同时反恐情报收集能力又较弱的现实情况。深层次看，法国频繁遭遇恐怖袭击的原因可从以下几个方面分析：

外交方面，从萨科齐开始法国对外异常积极，先后参加了诸如马里、叙利亚的反恐行动。积极介入利比亚、叙利亚等中东国家局势，如法国在 2011 年首先空袭利比亚卡扎菲政权。在最近的叙利亚问题国际和平会议上，法国表现得比美国还激进，一些反恐行动所带来的负面效应就是恐怖分子的复仇情绪高涨，导致法国面临的安全形势愈加严峻。

反恐建设方面，频发的恐怖袭击事件说明法国在防范恐袭方面还存在不少薄弱之处和漏洞。近年来法国的经济形势并不景气，导致投入到反恐以及情报分析上的经费越来越少，每年的反恐经费大概为 6 亿到 7 亿美元，尚不足美国 470 亿美元反恐投入的零头，反恐建设受到一定程度影响。反恐是一个综合能力，有限的投入大大限制了其能力的发展，虽然在巴黎恐怖袭击事件后，法国的反恐队伍以及反恐情报网络建设得到了一定程度的恢复，但是进展并没有达到预期，情报是防范恐怖袭击最重要的前提，这也使得法国的反恐能力出现重大漏洞。

经济发展方面，法国的恐怖主义事件跟法国国内的经济发展也有一定的关系，经济的不景气使国内民众的不稳定情绪增加，这就给恐怖分子煽动一部分对社会不满的人加入恐怖主义阵营的机会。

外来移民方面，法国外来移民多，管理难度大，人员混杂。此外，法国的大城、名城多，恐怖分子将它们作为目标会更容易获得影响力，这也是恐怖分子频频选择法国进行恐怖袭击的原因之一。

此次法国遇袭对法国以至整个欧洲带来了巨大的影响。连续恐袭引起法国社会极大的不安全感，产生了对体制和改革不满的情绪，引起极右翼势力在法国的崛起，它鼓励极右翼更强烈地反对移民、反对欧盟。此次恐袭还有可能加速欧盟其他国家的脱欧情绪。脱欧势力认为，欧盟已无法保护成员国和民众，因此会重新求助国家主权的保护。

（二）“伊斯兰国”对伊拉克的恐怖袭击

2016 年“伊斯兰国”在伊拉克制造了大大小小多达 3356 起恐怖事件，这些恐怖事件造成 11024 人死亡，11515 人受伤。在伊拉克，反抗美国占领的武装行动与恐怖袭击相互交织，境内恐怖袭击不断，日趋激烈。连环的自杀性爆炸以及汽车炸弹袭击事件致使联合国维和人员、外交使者遇难。此外，“伊斯兰国”不仅控制着伊拉克和叙利亚的大部分领土，还通过在利比亚、也门和西非的分支机构扩展势力范围，同时又对其他国家的“省份”提出主张。“伊斯兰国”还激励、怂恿或指挥攻击距其遥远的国家，包括澳大利亚、孟加拉国、比利时、加拿大、法国、印度尼西亚、巴基斯坦、索马里、土耳其和美国。①

根据恐怖袭击目标的不同划分，伊拉克发生的恐怖袭击事件目标主要属于四个类型。首先是袭击美军军事设施，这种袭击时常导致伊拉克平民伤亡；第二是袭击外国政府和组织驻伊机构和人员；第三是袭击伊拉克临时政权机构和人员；第四是袭击伊拉克什叶派宗教头目。“伊斯兰国”在伊拉克的恐怖袭击加剧了伊拉克的动荡形势，使驻伊美军、伊拉克民众以及外国驻伊人员产生了不安全感，因为他们不仅袭击美军军事目标，而且袭击包括联合国驻伊办事处在内的重要民用目标。在伊拉克的恐怖袭击还试图挑起民族和教派矛盾，把伊拉克逐渐推向内战深渊，为此袭击者专门选择在什叶派穆斯林聚居的地区下手。什叶派穆斯林在伊拉克人口中占据多数，但在前政权垮台之前长期处于被统治地位。美英军队占领伊拉克之后，什叶派在伊拉克的政治地位日益提高，并引起一些逊尼派穆斯林的不安和不满。因此，选择对什叶派头目采取袭击行动，很容易激化民族和教派矛盾。

四、恐怖主义的经济影响

自 2000 年以来，恐怖主义的经济影响有三个高峰，它们与三波恐怖主

---

① 《秘书长报告：伊黎伊斯兰国对国际和平与安全构成史无前例的威胁》（2016 年 2 月 9 日），联合国新闻网站，[访问时间：2017 年 9 月 28 日]。

义浪潮有关。第一次大规模的恐怖袭击事件发生在2001年，2001年9月11日发生在纽约和华盛顿的恐怖袭击事件。第二次高峰发生在2007年，当时正值伊拉克战争的高潮。第三次浪潮始于2012年，目前仍在继续。

2015年、2016年，跨国恐怖主义对包括经合组织成员国在内的国家的影响越来越大。和平经济研究所研究了2015年恐怖主义的经济影响，该研究所将恐怖主义对经济的影响分为四个类别，研究发现恐怖主义造成的死亡占经济影响的74%，达657亿美元。恐怖主义造成的国内生产总值损失达209亿美元，占总数的23%。而恐怖主义造成的损害和财产损失占经济影响的2%（见图4.6）。

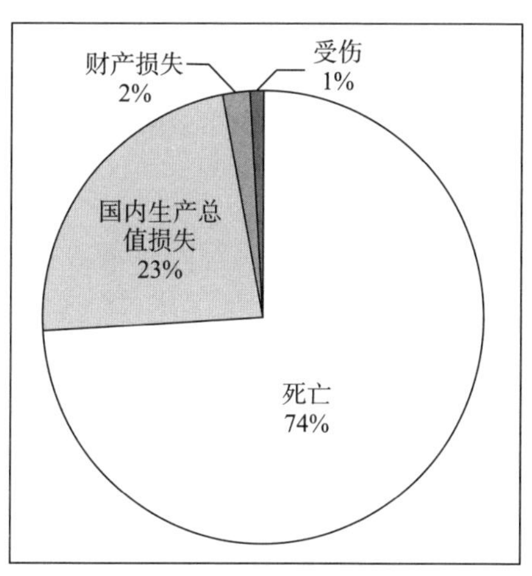

图4.6 2015年恐怖主义对经济的影响分类

资料来源：Institute of Economic Peace，IEP。

近年来，恐怖主义对经济的影响总体有不断上涨的态势。图4.7显示了2007－2015年暴力冲突和恐怖主义对经济的影响变化趋势，2014年恐怖主义对经济的影响达到1060亿美元。2013年、2014年，暴力冲突和恐怖主义的经济影响分别上升了23%和35%。2015年恐怖主义对经济的影响相当于冲突造成经济影响的14.2%，但随着世界各地的冲突升级、恐怖主义加剧，两者的经济影响都增加了。

经济增长与恐怖主义之间存在着消极关系。和平经济研究所的研究发现，目前经济受恐怖主义影响最严重的国家大都来自中东和北非、撒哈拉以南非洲和南亚区域等冲突地区（见表4.2）。伊拉克是恐怖主义对经济影响最大的国家，占其国民生产总值的17%。自2004年以来，伊拉克一直是

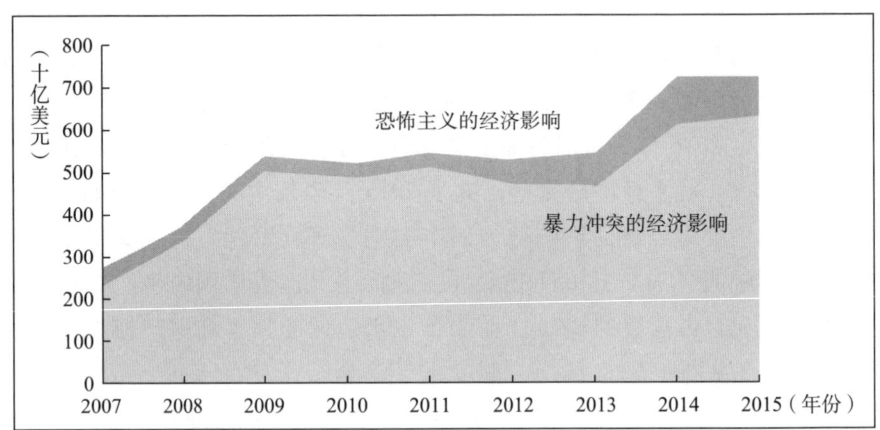

图 4.7　2007 – 2015 年暴力冲突和恐怖主义对经济的影响

资料来源：Institute of Economic Peace，IEP。

全球恐怖主义指数显示最受影响的国家。同样，阿富汗的恐怖主义造成的经济损失占该国 GDP 的 16.8% 。自从国际联军撤离以来，该国的暴力水平不断上升。

表 4.2　2015 年受恐怖主义经济影响的 10 个最严重的国家

排名	国家	恐怖主义经济损失占 GDP 的比重
1	伊拉克	17.30%
2	阿富汗	16.80%
3	叙利亚	8.30%
4	也门	7.30%
5	利比亚	5.70%
6	南苏丹	4.80%
7	尼日利亚	4.50%
8	巴基斯坦	2.80%
9	尼日尔	2.10%
10	中非共和国	2.10%

资料来源：Institute of Economic Peace，IEP。

旅游和旅游相关的服务如航空和运输，是最受恐怖主义影响的经济部门之一。自 2008 年到 2014 年，在没有发生针对游客的恐怖袭击的国家，旅游业对 GDP 增长的平均贡献为 3. 6% 。在那些蓄意袭击游客的国家，这一数字为 1. 9% 。2016 年全球恐怖指数报告显示，在没有针对游客的恐怖袭击的国家，旅游业对 GDP 的贡献是出现恐怖袭击时候的两倍。图 4. 8 显示了 2014 - 2015 年几个代表性国家旅游 GDP 的变化。法国和意大利为发达国家旅游业的变化提供了一个例子，突尼斯和摩洛哥则为发展中国家提供了类似的例子。法国在 2015 年经历了一系列重大恐怖袭击，自 2014 年到 2015 年，该国旅游业的 GDP 贡献下降了 17 亿美元。与此相比，在同一时期内，没有出现恐袭伤亡的意大利，其旅游业增长了 49 亿美元。同样，突尼斯在 2015 年遭遇了严重的苏塞海滩袭击后，损失了 12 亿美元的旅游收入，2015 年突尼斯游客比前一年减少了 100 万人。另一方面，摩洛哥是一个没有恐怖主义死亡的国家，从 2014 年到 2015 年，旅游收入增加了 4 亿美元。

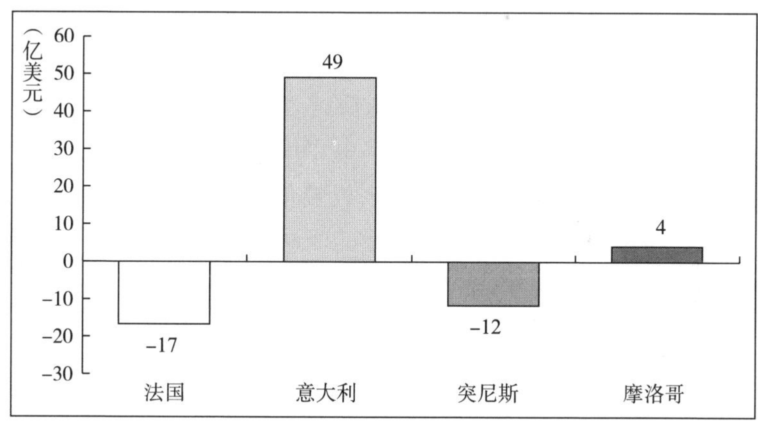

图 4. 8　恐怖主义对旅游收入的影响

资料来源：Institute of Economic Peace，IEP。

五、评估与展望

近十年全球恐怖主义袭击事件数量总体呈上升趋势，自 2011 年之后，恐怖主义袭击增势迅猛。恐怖袭击数量在 2014 年达到最多的 16840 起，近两年恐怖袭击数量略有下降。目前恐怖主义的主要活动区域仍然集中在南亚、北非、中东等战乱地区，战争冲突和恐怖犯罪交织在一起，民族矛盾、宗教冲突是导致恐怖犯罪活动的主要原因。目前看影响和破坏力较大的恐怖组织有“伊斯兰国”、塔利班、博科圣地、青年党等，势力最强的恐怖组织“伊斯兰国”长年活动在伊拉克，并向叙利亚扩散。伴随恐怖主义袭击数量的增加，恐怖组织也在全球范围内迅速扩展其活动范围，恐怖主义跨国活动越发频繁，网络平台为恐怖主义发展也提供了新的平台，恐怖组织利用网络平台招募成员、宣传恐怖思想、进行恐怖犯罪活动。恐怖主义势力的壮大迫使联合国和世界各区域国家重新审查反恐战略，全球联合反恐呈现新的态势。2016 年是《联合国全球反恐战略》颁布十周年，各国逐渐在反恐工作中把重心放在预防暴力极端主义措施上，力争从源头上减少恐怖犯罪活动。

恐怖主义的产生、发展与国际政治、经济乃至文化都有着复杂的关系，当今贫穷、战乱、不公平的国际秩序等种种影响恐怖主义产生和发展的根源难以在短时期内消除，因此在未来很长一段时期内恐怖主义还会在国际社会占据重要位置，在一段时间内可能还会有激化的迹象。但总体上，国际社会对反恐会有越来越多的共识，恐怖主义的更大扩散恐怕也会有不少的难度。由于恐怖主义的扩张，各方对和平与稳定的向往将面临挑战。如何在未来加强反恐合作，防止反恐“越反越恐”这一现象的出现恐怕也会成为国际社会越来越重视的方面，这其中在反恐工作中统一行动标准，不以“双重标准”措施应对恐怖主义，去极端化，注重消灭恐怖主义滋生的源头和诱因，推动建立综合性、国际性的体制，来共同应对所面临的恐怖威胁应是国际社会共同努力、共同应对新威胁和新挑战的努力方向。

5. 维和

王沙骋*

摘　要： 联合国的一项重要任务是维护国际和平与安全，维持和平行动是完成这一任务的重要方法之一。联合国维和行动开展以来，在维护世界和平与安全、缓解地区冲突、提供人道主义救助等方面起到了积极作用。2016 年联合国进行的维和行动有 16 项，非洲仍然是维和行动的最关键区域。在维和行动的执行上也面临着如东道国的支持不够、不对称信息等困难。作为一项全球性的和平行动，维和行动需要世界各国的努力和更好的合作。

关键词： 维和　联合国　地区冲突

2016 年是联合国成立 71 周年，距离联合国第一次维和行动已经 68 年，联合国维和行动自 1948 年开展以来，为维护世界和平与安全发挥了重要作用。

一、维和行动

2016 年，中东局势和非洲局势仍然在安理会议程上占据醒目地位，安

---

* 王沙骋（1977－　），北京大学/哈佛大学联合培养管理学博士，中央财经大学副教授、硕士生导师，研究方向为恐怖融资、国防金融、军民融合等。主持国家社科基金项目“我国反恐怖融资的情报监管机制研究”“我国面临的恐怖主义及情报主导反恐研究”等 7 项省部级以上课题。出版《网络恐怖主义与对策》等 3 部学术专著，在《中国软科学》等核心期刊发表学术论文 50 余篇。

基金项目： 中央财经大学全球经济与可持续发展研究中心战略安全与国家动员能力建设专项。

理会举行了关于叙利亚、伊拉克和也门的局势，巴勒斯坦问题，联合国脱离接触观察员部队和黎巴嫩的会议，定期监测阿富汗局势。安理会举行了关于布隆迪、南苏丹和利比亚的会议，定期审议乌克兰及其周边的局势，并继续监测联合国科索沃临时行政当局特派团及波斯尼亚和黑塞哥维那。截至2016年12月31日联合国的数据显示：自1948年以来执行的维和行动共计有71个（见附表5.1），目前正在进行的维和行动有16个（见表5.1）。时间跨度较长的有自1948年开始至今的联合国停战监督组织和1949年开始至今的联合国印度和巴基斯坦观察组。迄今共有来自120多个国家的近125000名维和人员参与了71项联合国维和行动，3000多名维和人员为履行使命献出了宝贵生命。

表5.1　2016年进行的联合国维和行动

地区	维持和平行动特派团
非洲	联合国马里多层面综合稳定特派团（马里稳定团）
	联合国南苏丹共和国特派团（南苏丹特派团）
	联合国阿卜耶伊临时安全部队（联阿安全部队）
	联合国组织刚果民主共和国稳定特派团（联刚稳定团）
	非盟－联合国达尔富尔混合行动（达尔富尔混合行动）
	联合国利比里亚特派团（联利特派团）
	联合国西撒哈拉全民投票特派团（西撒特派团）
	联合国中非共和国多层面综合稳定团（联中稳定团）
美洲	联合国海地稳定特派团（联海稳定团）
亚洲和太平洋地区	联合国印度和巴基斯坦观察组（印巴观察组）
	联合国阿富汗援助团（联阿援助团）
欧洲	联合国驻塞浦路斯维持和平部队（联塞部队）
	联合国科索沃临时行政当局特派团（科索沃特派团）
中东	联合国脱离接触观察员部队（观察员部队）
	联合国驻黎巴嫩临时部队（联黎部队）
	联合国停战监督组织（停战监督组织）

资料来源：联合国维持和平行动网站，http：//www.un.org/zh/peacekeeping/。

2016 年参加 16 个维和行动的总人数为 100376 人。其中联合国组织刚果民主共和国稳定特派团（联刚稳定团）兵力总数最多，为 22199 人，人员数占据了维和力量的五分之一。维和人员还主要部署于非盟 - 联合国达尔富尔混合行动（达尔富尔混合行动）、联合国南苏丹共和国特派团（南苏丹特派团）、联合国马里多层面综合稳定特派团（马里稳定团）等。

二、维和力量

联合国维和人员包括军事人员、警察人员以及文职人员，联合国没有自己的军事部队，依赖会员国派兵遣将。联合国军警人员主要来自非洲和亚洲国家，而西方国家正在增加各自的军警人员人数。2016 年 12 月的数据显示这一年共有 124 个国家为联合国提供军事人员和警察人员共计 100376 名。其中警察人员 12772 人，军事人员 85451 人，文职人员 2153 人（见图 5.1）。维和人员总数相比上一年的 107088 人有所下降，但仍然高于近十年维和力量的平均水平。非洲地区出兵参加维和的国家数和派遣的维和人员数目前都位于榜首。

整体来看，2016 年度各月维和人员数比较均衡，从 1 月到 12 月有少许减少，减少了 3700 名维和人员（见图 5.2）。

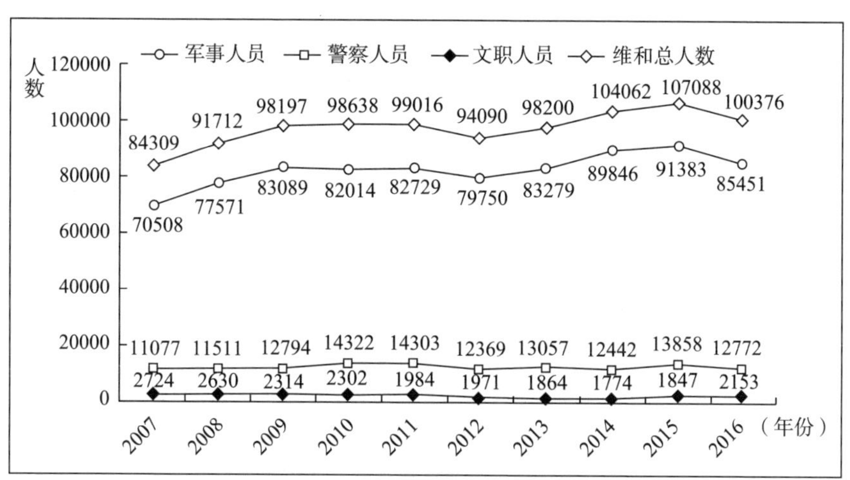

图 5.1　联合国维和人员统计（2007 - 2016）

资料来源：联合国维持和平行动网站，http：//www.un.org/zh/peacekeeping/。

冷和平

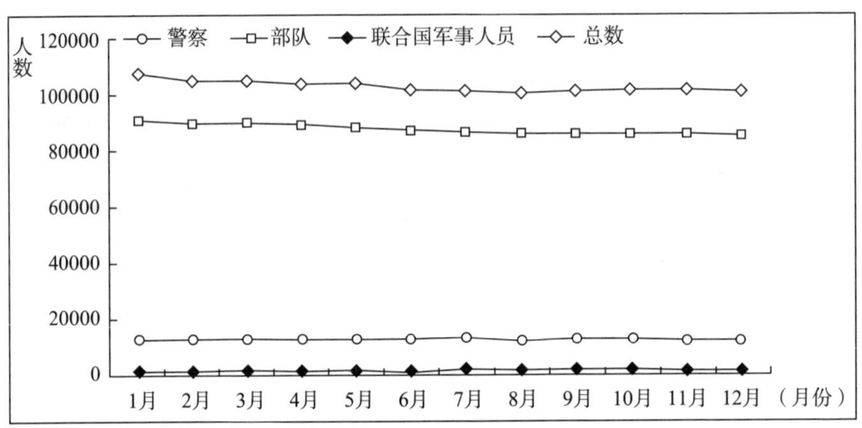

图 5.2　2016 年度维和人员统计

资料来源：联合国维持和平行动网站，http：//www.un.org/zh/peacekeeping/。

（一）维和力量地区与国家分布

2016 年共有 124 个国家为联合国提供军事人员和警察人员共计 100376 名。其中非洲地区出兵的国家数和派遣的维和人员数都位于榜首，共有 38 个国家为维和行动派遣了 49701 名维和人员，该地区出兵国数量占出兵国

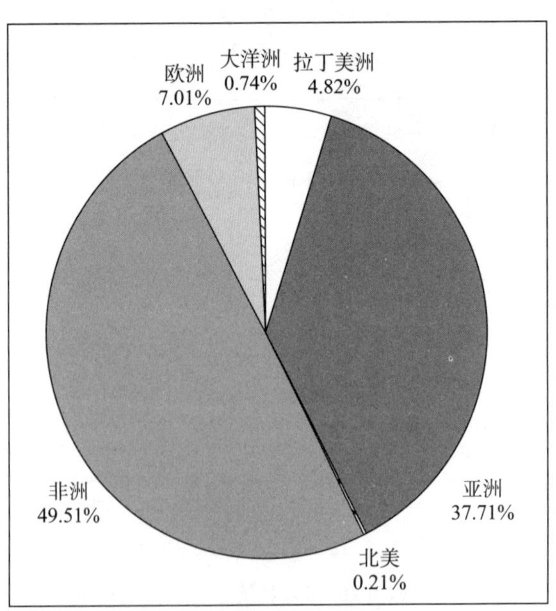

图 5.3　2016 年度维和人员地区分布

资料来源：联合国维持和平行动网站，http：//www.un.org/zh/peacekeeping/。

总数的 30.65%，派遣的维和人员数占维和人员总数的 49.51%。派遣维和人员数最多的十个国家里有六个来自非洲地区，其余四个来自亚洲地区，其中埃塞俄比亚为派遣维和人员数目最多的国家，共派遣 8295 人。亚洲地区 2016 年共有 24 个国家为联合国维和行动派遣 37858 名维和人员，该地区出兵国数量占出兵国总数的 19.35%，派遣的维和人员数占维和人员总数的 37.71%，伊朗和巴基斯坦 2016 年派遣维和人员数分别为 7710 人和 7156 人，出兵人员数位居第二和第三。欧洲地区 2016 年共有 38 个国家为维和行动派遣了 7034 人，拉丁美洲地区 2016 年共有 15 个国家为维和行动派遣 4839 人，北美地区 2016 年共有 15 个国家为维和行动派遣 206 人，大洋洲地区 2016 年共有 7 个国家为维和行动派遣 738 人（见图 5.3）。

（二）维和力量类别

联合国维和人员包括军事人员、警察人员以及文职人员，联合国没有自己的军事部队，依赖会员国派兵遣将。2016 年有包括警察人员 12772 人、军事人员 85451 人，文职人员 2153 人共计 100376 名维和人员在执行和平任务。

- **军事人员**

1948 年安理会授权向中东部署联合国军事观察员，负责监督以色列与其阿拉伯邻国签订的《停火协定》执行情况，此后联合国一直在部署军事人员从事和平行动。联合国军事人员可能受领的任务包括监督有争议的边界，监督和观察冲突后地区的和平进程，保障冲突区的安全，保护平民，通过培训和资助对国内军事人员提供协助，协助前战斗人员执行他们可能已经签署的和平协定。军事人员是维和力量的主力军，2016 年占到维和总人数的 85%（见图 5.4）。联合国军事部门的任务变得越来越复杂，因为他们干预的冲突不再仅仅涉及国家军队，而且有非正规部队、游击队甚至武装犯罪团伙。联合国维和行动的军事组成部分，越来越多地与其他实体的军事力量，如区域军事集团或国际军事联盟合作，共同在一个国家或地区执行一项国际和平战略。军事人员又分为作战部队、战斗志愿部队、后勤和服务支持力量。作战部队，一般包括步兵、坦克部队、作战飞机、进攻性和防御性的海军平台（舰艇、船只和潜艇）、海军陆战队和特种部队；战斗支援部队，包括炮兵和工程师、机载和海上监视平台以及指挥和控制设施；后勤和服务支持力量，包括通信、医疗支持、航空、陆地和海上运输能力。①

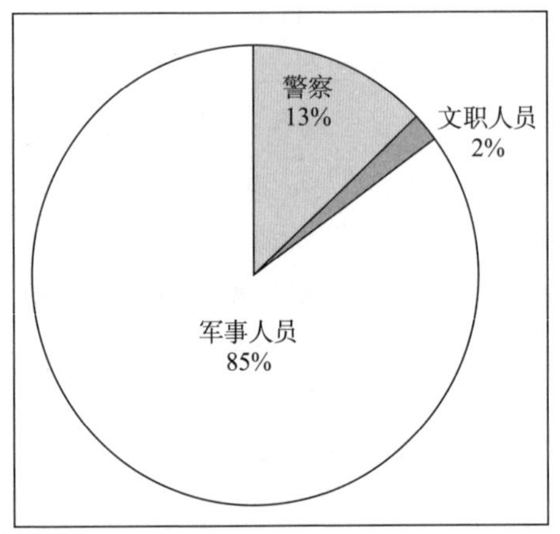

图 5.4　2016 年度维和人员类别分布

资料来源：联合国维持和平行动网站，http：//www. un. org/zh/peacekeeping/。

• 警察人员

1993 年民警维和行动出现，警察成为维和行动的一员。2000 年联合国维和行动小组为了改善联合国维和行动成立了警察部门。警务人员为东道国发挥了重要的技术咨询作用，并对非武装保护活动做出了积极贡献。

• 文职人员

民政是联合国维和的最大文职部分之一。目前在世界各地的联合国维和行动中有近 1000 个授权民政员额。民政部分通常部署在东道国周围外地办事处的地方一级，促进国家以下各级维和任务的执行，并致力于加强对和平而言必要的社会和公民条件。民政干事通常是特派团和地方对话者之间的主要联络人，起着跨特派团代表、地方一级的监测和调解的作用。他们向特派团团长提供关于当地环境的信息，进行冲突分析并对地方冲突发出预警，包括与保护平民努力有关的预警。冲突管理、建立信任和支持开拓政治空间是联合国维和的组成部分，也是民政工作的核心。除此之外，还要支持国家当局的恢复和扩大。

联合国派遣人数最多的十个国家和其派遣的各类维和人员情况见表 5.2。

① 汤蓓：《规则制定与联合国维和部队武力使用》，载《世界经济与政治》2015 年第 3 期。

表 5.2　2016 年度派遣维和人员数最多的十个国家和维和人员情况

国家	地区	警察人员	军事人员	文职人员	维和人员总数
埃塞俄比亚	非洲	62	68	8165	8295
印度	亚洲	899	59	6752	7710
巴基斯坦	亚洲	279	103	6774	7156
孟加拉国	亚洲	1160	67	5635	6862
卢旺达	非洲	974	53	5125	6152
尼泊尔	亚洲	727	67	4390	5184
塞内加尔	非洲	1360	17	2223	3600
布基纳法索	非洲	493	17	2530	3040
加纳	非洲	423	62	2450	2935
埃及	非洲	703	83	2083	2869

资料来源：联合国维持和平行动网站，http：//www. un. org/zh/peacekeeping/。

（三）维和力量性别分布

联合国安全理事会 2000 年第 1325（2000）号决议及其后历次决议通过以来，秘书处和联合国和平行动在推进妇女、和平与安全议程方面取得了一些进展。该议程包括让妇女更多地参与联合国特使主导的预防和调解工作，以及把性别层面纳入选举援助和平民保护等领域的政策和战略，妇女保护顾问确保更好地监测、分析和报告冲突中的性暴力。

1993 年妇女在部署的军警人员中的比例为 1%，2005 年联合国网站第一次对维和人员性别进行统计，从 2005 年到 2016 年维和人员中女性数量逐年有涨。截至 2016 年 12 月的数据显示：联合国部署的军警人员（军事人员和警察）中女性 3993 人，男性 94230 人，女性占总人数的比例达到 4.07%，其中警察人员中女性占比为 9.61%，军事人员中女性占比为 3.24%（见表 5.3）。领导和平行动的秘书长特别代表中有三名妇女，副秘书长特别代表中有三名妇女。部署了三个全部由女性组成的联合国维和警察部队：印度向利比里亚部署、孟加拉国向海地部署、萨摩亚向东帝汶部署。联合国一直致力于提高女性在维和人员中的比重，维持和平行动部（维和部）继续响应所有妇女、和平与安全任务授权中关于提倡部署更多妇

表 5.3　维和人员性别统计（2005－2016）

时间/年 维和人员		2005	2006	2007	2008	2009	2010	2011	2012	2013	2014	2015	2016
军事人员	女性人数	973	1173	1261	1662	2001	1930	2202	2230	2338	2732	2722	2766
	总人数	59677	62865	70508	77571	83089	82014	82729	79750	83279	89846	91383	85451
	女性占比	1.63%	1.87%	1.79%	2.14%	2.41%	2.35%	2.66%	2.80%	2.81%	3.04%	2.98%	3.24%
警察人员	女性人数	—	—	—	—	845	1380	1456	1227	1329	1180	1319	1227
	总人数	5991	8055	11077	11511	12794	14322	14303	12369	13057	12442	13858	12772
	女性占比	—	—	—	—	6.60%	9.64%	10.18%	9.92%	10.18%	9.48%	9.52%	9.61%
文职人员	女性人数	43	62	99	93	90	100	73	73	86	71	168	162
	总人数	2139	2686	2724	2630	2314	2302	1984	1971	1864	1774	1847	2153
	女性占比	2.01%	2.31%	3.63%	3.54%	3.89%	4.34%	3.68%	3.70%	4.61%	4.00%	9.10%	7.52%
维和总人数	女性人数	1016	1235	1360	1755	2936	3410	3731	3530	3753	3983	4209	4155
	总人数	67807	73606	84309	91712	98197	98638	99016	94090	98200	104062	107088	100376
	女性占比	1.50%	1.65%	1.61%	1.91%	2.99%	3.46%	3.77%	3.75%	3.82%	3.83%	3.93%	4.14%

资料来源：联合国维持和平行动网站，http：//www.un.org/zh/peacekeeping/。

女来增加女性维和人员数量的要求，目标是将军事人员中女性的比重提高到10%，警察人员中女性比重提高到20%。联合国2006年颁布的DPKO政策指令强调努力建设维和行动中的男女平等，确保所有维持和平活动中妇女、男子、女童和男童平等参与。这项政策针对的是所有类别的维持和平人员，包括文职、警察和军事人员。

女性维和人员可在维和地区发挥模范作用，她们通常在以男性为主导的社会鼓励妇女和女性争取自己的权利，并参与和平进程。部署女性维和人员还能够帮助进一步向当地妇女提供便利和支柱，提高包括妇女儿童在内的当地民众的安全意识，增强妇女的权能，减少冲突和对抗，扩大维和特派团现有技能和形式。由于维持和平行动逐步发展，涵盖了更广泛的人道主义做法，因此妇女成了维和人员大家庭中日益重要的一部分。

三、维和进展

联合国维持和平行动是国际社会用以促进国际和平与安全的一个有效手段。当前实行的多层面维和行动不仅仅是为了维护和平与安全，更有助于推进政治进程、保护平民、协助前战斗人员解除武装、复员和重返社会；支持宪法及选举进程，保护并推动人权，恢复法制和加强合法国家的权力。联合国建设和平活动旨在帮助国家走出冲突，减少再次陷入冲突的风险，并为建设可持续的和平与发展奠定基础。联合国建设和平架构包括建设和平委员会、建设和平基金与建设和平资助办公室组成。建设和平资助办公室通过提供战略性意见和政策指导协助并支持建设和平委员会，管理建设和平基金，协助秘书长协调联合国各机构为建设和平而努力。

2016年期间，联合国部署的16个维持和平特派团中有120多个会员国的大约125000名军警人员和文职人员，另有3600多名文职人员执行37项特别政治任务，联合国继续对世界许多地区的和平与安全做出重大贡献。一些驻有维和特派团的国家在过去一年中取得了进展，例如科特迪瓦成功举行选举，证明该国正在坚定地走向持久和平，并准备结束联合国参与的维和阶段的工作；马里签署了和平协定，提出了在北部施政和保障安全的新愿景；中非共和国举办班吉论坛并进行选举，为该国冲突过渡进入一个新阶段铺平了道路。在索马里，维和特派团继续与联邦政府、区域领导人和国际伙伴密切协调，就《临时宪法》审查工作、2016年选举进程协商等重大政治进程达成共识。在伊拉克，维和特派团继续与该国领导人、民间社会和其他各方进行斡旋，促进形成一个触及伊拉克社会各阶层的真正的包容各方的和解进程。大会和安全理事会分别就建设和平架构的审查通过了开创性决议［第70/262号、第2282（2016）号决议］。这两项决议提出“保持和平”现在必须是联合国行动的核心。这意味着在危机的每个阶段和在联合国工作的所有领域中，预防暴力冲突都必须得到优先考虑。两个机构在决议中还强调，必须与区域组织、次区域组织、国际金融机构等方协作，必须让妇女和青年等群体参加，同时必须采取以人为本的方法成功开展建设和平工作。建设和平委员会是在受冲突影响国家保持和平的一个关键平台，它继续在布隆迪、中非共和国、几内亚、几内亚比绍、利比里亚、塞拉利昂等国开展工作。在报告所述期间，委员会采纳了更灵活的工作方法，加强与区域组织和次区域组织的协作，并继续强调，国家和区域在埃博拉疫情结束后仍然有建设和平的需求。委员会着重论述了专题政策和区域优先事项，包括跨界和跨国挑战、建设和平筹资、青年和性别平等问题和过渡期工作，还讨论了布基纳法索、巴布亚新几内亚、索马里等几个国家在建设和平方面的需求和经验教训。建设和平基金2016年为14个国家拨款7790万美元，包括为中非共和国、几内亚比绍、马达加斯加、尼日尔、索马里等国的重点建设和平活动拨出大笔款项。

联合国维和行动实施以来，受到国际社会的普遍欢迎，特别是近几年来发展得非常快，但新时期维和仍面临一些问题和挑战：

东道国的支持 维和行动与它们的东道国政府之间出现紧张关系是时常发生的现象。维和部队在与苏丹和南苏丹、刚果民主共和国和西撒哈拉地区政府的接触中，分歧冲突都有发生。维持国际社会的和平与安全不是联合国一己职责，是各国各地区人民的重要使命，需要各国及区域政府积极配合联合国通力协作来维持世界和平。至关重要的是联合国和平行动与区域内其他伙伴一道，结合各自的比较优势，凝聚它们的力量，以促进和平与安全。

对平民的保护不够 维和行动在取得巨大进展的同时，无数的危机说明了维和行动的效果与期望存在差距。在朱巴，妇女和女孩在维和人员附近被强奸。村民们在本尼的可怕袭击中被砍死，离蒙斯科基地只有很短的距离。在卢旺达和斯雷布雷尼察20多年，尽管98%的维和人员都在执行平民保护任务，但蒙受苦难的人民仍然不减。维和行动不能在数量相对较少的广大地区提供全面保护，即使提高地区管理和沟通的效率，期望也总是有可能超过交付能力。[①] 应对这一基本的维和任务所面临的潜在系统性挑战，提高维和人员的装备和作战能力是至关重要的，但仅此还不够。保护平民是维和行动的一个直接目标，但是解决冲突是减少暴力的唯一持久的解决方案，这两者不应该分离，应当联系在一起。

维和行动中出现性虐待、剥削和暴力行为 维和行动中出现维和人员性虐待、剥削和暴力等令人发指的行为，维和部队本身成为对被要求保护的人的威胁。对此联合国与各会员国采取了坚定的行动措施——预防、问责、受害者援助。作为一个和平卫士，需要明白维和行动所带来的责任，无论是在海上还是在战乱地区。

专业化人才的匮乏 联合国维和人员最常见的兵种是步兵，现代的维和行动通常十分复杂，对所部属的人员要求极高，部署前需要进行大量培训。维和行动越来越需要称之为“支援人员”的专才，这些技术型士兵包括工程师，他们可以帮助海地进行震后重建或在南苏丹修路等；包括直升机和机组人员，可以帮助扩大和平行动影响范围，大大提高受关注的程度；其他专才包括运输公司、通信人员和医护人员。和平行动的未来应该包括迅速部署必要的专业技能、有效利用现代技术、情报（或信息），以及在地面形势变化时能够适应和改变姿态的能力，使维和行动成为一种灵活和现代化的工具，可用于应对地面上的一系列具体挑战。

四、热点维和地区

非洲、中东等仍是2016年联合国维和的热点地区，有的维和行动取得了巨大进展，有些还在积极推动之中。

（一）非洲地区

2016年安理会共对非洲进行了5次访问。在布隆迪，安理会听取了总统皮埃尔·恩库伦齐扎与反对派和民间社会分别对该国局势发表的完全对立的意见。安理会敦促开展包容各方的全国对话、停止暴力并继续遵守《布隆迪和平与和解协定》。在亚的斯亚贝巴期间，安理会与非洲联盟和平与安全理事会就布隆迪和索马里的局势举行了一次非正式对话。在3月3日

---

① 夏路：《联合国维和：集体安全》，《国际政治研究》2006年第3期，第75－87页。

至9日的第二次访问期间，安理会访问了西非，经停马里、几内亚比绍和塞内加尔。在马里，安理会集中关注了三个问题，即和平协议的加速执行、持续的恐怖主义威胁与联合国马里多层面综合稳定团的任务履行、给民众带来的和平红利等情况。在几内亚比绍，安理会强调了西非国家经济共同体对话和调解努力的重要性。在塞内加尔，安理会讨论了恐怖主义威胁升级和需要继续为该区域提供适当资助的问题。在5月17日至22日的第三次访问期间，安理会访问了非洲之角，继续对索马里的政治进程表示支持。这次访问中讨论的议题有非洲联盟驻索马里特派团、中东和平进程、“伊斯兰国”及利比亚。在9月2日至5日的第四次访问期间，安理会访问了南苏丹，经停亚的斯亚贝巴，与非洲联盟和政府间发展管理局举行会议。在亚的斯亚贝巴，安理会与伊加特主席及非洲联盟和平与安全理事会讨论了南苏丹局势。11月11日至14日的第五次访问重点关注了刚果民主共和国与选举进程有关的日益紧张的政治局势，访问重点也包括了安哥拉。

布隆迪局势 安理会针对布隆迪局势中充斥着暴力、煽动性言论和数十万人逃离布隆迪前往邻国等情况，2016年4月通过第2279（2016）号决议，请秘书长提出关于部署联合国警察人员以监测安全局势、促进尊重人权并推动法治的备选方案。2016年7月，安理会通过第2303（2016）号决议，核定在布隆迪部署最多228名联合国警察，用以监测安全局势，并资助联合国人权事务高级专员办事处。

科特迪瓦局势 安理会于2016年1月和4月举行了关于科特迪瓦的情况通报会。各位通报人在会上赞扬了和平选举周期，同时也强调指出，重建和经济复苏方面的进展超越了民族和解及起诉被控在危机期间实施犯罪的施害者方面的进展。维持和平行动部建议，联合国科特迪瓦行动（联科行动）开始撤出进程。在2016年4月28日第2284（2016）号决议中，安理会认可了秘书长定于2017年4月30日完成的撤离计划。在此之前，联科行动的任务是支持科特迪瓦安全部队保护平民并支持政府巩固该国的和平与稳定，同时帮助应对边界安全挑战。联科行动最迟于2017年6月30日结束工作。

非洲中部地区 安理会在2016年6月和12月听取了关于中部非洲区域的情况通报，这些通报突出介绍了上帝抵抗军（上帝军）和博科圣地造成的安全和人道主义危机，特别是前者在中非共和国实施的越来越多的袭击。2016年该区域有七个国家举行了总统选举。在这方面，安理会强调了联合国中部非洲区域办事处早期预警和斡旋的重要性。安理会敦促中部非洲区域办公室继续推动各区域行为体协调处理该区域的一系列挑战，包括几内亚湾的海盗活动、上帝抵抗军（上帝军）的持续挑战、博科圣地的威胁、中非共和国国内武装团体和偷猎。

刚果民主共和国 围绕选举事项出现的政治紧张局势仍是安理会 2015 年 10 月及 2016 年 1 月、3 月、7 月、10 月和 12 月的情况通报以及 2016 年 11 月对刚果民主共和国的访问所着重讨论的议题之一。在东部地区，安全局势仍然脆弱，联合国组织刚果民主共和国稳定特派团（联刚稳定团）继续进行自我调整，以实施最佳兵力投射，加强对平民的保护。2016 年 8 月和 12 月，安理会就刚果民主共和国东部安全局势向新闻界发表谈话，强烈谴责武装团体对平民和维和人员发动袭击。安理会主席于 2015 年 11 月和 2016 年 12 月分别就东部地区安全局势和与选举有关的政治僵局发表了两份声明。安理会通过第 2277（2016）号决议，将联刚稳定团的任期延至 2017 年 3 月 31 日。安理会决定维持联刚稳定团的现有最高兵员不变，但强调稳定团的撤出应逐步、渐进展开，并与刚果民主共和国政府和稳定团共同制定的具体目标挂钩。

索马里局势 安理会继续监测索马里的民主进程和与青年党的斗争。青年党继续实施袭击，安理会在 2015 年 9 月、11 月以及 2016 年 1 月、6 月向新闻界发表的谈话中对此进行了谴责。安理会在 2016 年 4 月、5 月向新闻界发表的谈话中表示，索马里已经在实现真正进展方面取得了长足的进步，但在法治和包容性政治方面仍然面临着挑战。索马里的人道主义状况仍然非常令人关切，数百万人需要援助。安理会第 2275（2016）号决议将联合国索马里援助特派团（联索援助团）的任期延至 2017 年 3 月 31 日。强调必须继续支持索马里的和平与和解进程以及定于 2016 年晚些时候开展的选举进程。安理会第 2246（2015）号、第 2316（2016）号决议延长了打击海盗活动的措施的期限，其中将打击索马里沿岸海盗和武装抢劫行为措施的期限每次延长 12 个月。

（二）中东地区

关于题为“中东局势，包括巴勒斯坦问题”的议程项目，安理会坚持了每月就其举行一次会议的惯例，讨论了中东和平进程包括以色列－巴勒斯坦问题以及黎巴嫩、也门和阿拉伯叙利亚共和国的局势。

以色列－巴勒斯坦问题　双方之间冲突持续不断，暴力恐怖事件愈演愈烈，使得实现两国解决方案的希望变得愈加渺茫。联合国秘书长敦促安理会在两国解决方案的可能性完全消失之前采取行动，称中东问题四方特使一直在与埃及、约旦、沙特阿拉伯、阿拉伯国家联盟、海湾合作委员会和其他主要国际伙伴讨论如何重启关于两国解决方案的谈判。拆除西岸建筑物的行动仍在继续，同样继续的还有对巴勒斯坦人的长期行政拘留。与此同时，加沙仍然面临着重建缓慢和安全事件时有发生的困扰。2016 年 11 月，主管人道主义事务的联合国副秘书长兼紧急救济协调员报告说，70% 的加沙居民都得到过某种形式的国际援助。由于以色列的限制，提供援助变得越来越困难。在向新闻界发表的谈话中，安理会谴责了 2016 年 6 月在特拉维夫发生的一起恐怖主义袭击事件。中东和平进程特别协调员表示因为和平会谈的前景渺茫，所以以色列定居点支持者的态度变得更加激进。安理会成员对定居点问题、暴力事件和两国解决方案的未来倍感关切，为此最终以 14 票赞成、1 票弃权于 12 月 23 日通过了第 2334（2016）号决议。在该决议中，安理会重申，以色列在巴勒斯坦领土建立定居点是非法的并对两国解决方案造成了威胁。安理会还谴责暴力行为，呼吁双方不要进行煽动行为或发表煽动性言论，并呼吁立即采取措施，防止针对平民的一切暴力行为，呼吁所有各方继续共同努力，在中东问题四方 2010 年 9 月 21 日声明所规定的时限内，启动可信的谈判，讨论中东和平进程中所有有关最终地位的问题。

叙利亚局势　阿拉伯叙利亚共和国是安理会关注的重点，安理会多次就化学武器和人道主义轨道举行会议。2015 年 8 月，安理会通过第 2235（2015）号决议，设立了为期一年的禁止化学武器组织－联合国联合调查机制，以尽可能查明在阿拉伯叙利亚共和国把化学品用作武器或安排、资助或以其他方式参与这一行为的个人、实体、团体或政府，该机制在 2015 年共发布了四份报告。

2015 年 11 月和 12 月，叙利亚国际支持小组在维也纳和纽约举行了一系列会议，会议结果促成安理会在 2015 年 12 月 18 日一致通过第 2254（2015）号决议，表示支持由联合国推动并由叙利亚人主导的政治进程，还支持全国范围的停火。2016 年安理会一直都在为实现持久停火做出各种努力。当年 2 月安理会通过第 2268（2016）号决议，认可叙利亚国际支持小组共同主席美国和俄罗斯促成的停止敌对行动协议。安理会继续收到关于第 2165（2014）、第 2139（2014）和第 2191（2014）号决议执行情况的月度情况通报，这些通报详述了人道主义局势持续恶化的情况。其在 2016 年 12 月 14 日的报告（S/2016/1057）中认为，阿拉伯叙利亚共和国各地的人道主义局势继续恶化，持续不断的冲突每天都给数百万平民，特别是受到攻击和无法获得援助的平民造成直接威胁。

阿勒颇市局势 阿勒颇市局势受到特别重视，尤其是在 2016 年下半年。从 2016 年 9 月 1 日至 2016 年底，安理会在十次会议上讨论过阿勒颇局势。安理会在 12 月 19 日通过第 2328（2016）号决议，请联合国监督阿勒颇的疏散情况，并要求所有各方为此目的以及为确保阿拉伯叙利亚共和国各地的平民得到保护，根据国际人道主义法，允许联合国及其执行伙伴安全、立即、不受阻碍地通行。

伊拉克问题 在 2016 年 2 月、5 月、7 月和 11 月审议伊拉克局势时，安理会成员讨论了包括打击“伊斯兰国”、民族和解以及人道主义局势在内的各种问题。安理会分别于 2016 年 1 月、5 月和 7 月向新闻界发表谈话，谴责伊拉克发生的恐怖主义袭击，并在 2016 年 7 月就伊拉克 – 科威特问题向新闻界发表谈话。安理会通过第 2299（2016）号决议，将联合国伊拉克援助团的任务期限延至 2017 年 7 月 31 日。

黎巴嫩局势 秘书处报称，黎巴嫩局势平稳但仍然脆弱。蓝线地带和联合国驻黎巴嫩临时部队行动区的局势依然平稳。安理会于 2016 年 5 月向新闻界发表谈话，并于 2016 年 7 月发表了一项主席声明，强烈敦促黎巴嫩选举新总统。在 2016 年 11 月发表的一项主席声明中，安理会欢迎米歇尔·奥恩当选黎巴嫩新总统，12 月 18 日黎巴嫩组建了民族团结政府。

也门局势 也门的人道主义和安全局势仍然是安理会议程上最重要的问题之一。正如也门问题特使伊斯梅尔·乌尔德·谢赫·艾哈迈德在他 2016 年最后一次情况通报中所说，也门在安全和人道主义两方面的局势都不稳定，经济形势也在恶化。2016 年 10 月安理会向新闻界发表谈话，谴责胡塞部队对一艘阿拉伯联合酋长国船只实施袭击，强调曼德海峡必须保持航行自由。2016 年 5 月启动了联合国核查和视察机制，以促进也门政府控制之外的也门港口的商业进口。

五、评估与展望

联合国维持和平行动自开展以来共进行了 71 次维和行动，2016 年仍在进行的维和行动有16项，其中8项位于非洲地区。2016年共有124个国家为联合国提供维和人员共计100376名，包括军事人员、警察人员、文职人员。2016年整体和平趋势向好，局部地区依旧动乱，“伊斯兰国”恐怖组织占据的伊拉克和叙利亚等中东地区仍然是维和行动的重点。非洲地区和平趋势也不容乐观，布隆迪境内的恐怖主义暴力导致数十万难民流入邻国，博科圣地长期威胁着尼日利亚的国家安全，不断制造恐袭，索马里和青年党的斗争依旧僵持，此外出现了围绕选举事项产生的政治紧张局势。

联合国维持和平行动尽管艰巨，但也取得了一些有效的进展。《联合全面行动计划》得到全面有效执行，对解决伊朗核问题、巩固地区和国际安全以及国际核不扩散体系有着重要的意义。科特迪瓦成功举行选举，联合国科特迪瓦行动（联科行动）开始撤出进程，证明该国正在坚定地走向持久和平，并准备结束联合国参与的维和阶段的工作；马里签署了和平协定，提出了在北部施政和保障安全的新愿景；中非共和国举办班吉论坛并举行了选举，为该国进入一个新阶段铺平了道路。在伊拉克，维和特派团继续对该国领导人、民间社会和其他各方进行斡旋，促进一个触及伊拉克社会各阶层的包容各方的和解进程。联合国维持和平行动着重加强与区域组织、次区域组织、国际金融机构等各方协作，努力让妇女和青年等群体参加，积极采取以人为本的方法来开展建设和平工作，这些都在2016年取得了较好的效果。

在局部地区冲突仍然存在、种族和宗教矛盾仍然尖锐、部分主权国家内部局势仍然紧张的今天，作为联合国历史上影响力较大的行动之一，维和行动由于受到各种主客观条件的制约，它的作用和力量是有限的，某些国际社会的目标期望并非目前联合国体制下力所能及的。联合国目前正进一步着力提高行动的有效性、尽力解决财政困境、加强维和队伍建设，促进维和行动的健康、有序发展。

6. 军力

池志培*

摘　要： 2016 年，地缘政治的紧张和竞争日渐重新回到了中心舞台，并与动荡的国内政治一起成为塑造各国军力发展和部署的最主要力量。近年来世界军事人力发展在数量上呈现了一定的稳定性，军力的发展更多是体现在武器装备上。在发展中国家中，武器装备上最重要的目标是实现机械化和现代化，而在发达国家中，则是维持对高新技术武器的持续投入和研发。常规武器上，美俄英法日等国都有新型武器的实验和投入使用，而遭受西方经济制裁以及能源价格下滑双重打击的俄罗斯严峻的经济形势一定程度上影响了其军备发展，但俄罗斯的战略雄心不会退却。由于影响世界军力变化的因素仍在起作用，2017 年乃至更长一段时期，世界主要国家军力会显强化的趋势。

关键词： 军事人力　战略武器　常规武器

---

* 池志培（1984－　），广东韶关人。2002－2009 年就读于北京大学哲学系，获哲学学士、硕士学位，同时辅修公共管理。2009 年 8 月至 2014 年 12 月就读于美国亚利桑那州立大学政治系，获政治科学博士学位。现为中央财经大学国防经济与管理研究院助理研究员，研究方向为国际关系理论、中美关系、技术与国家安全、对外投资的政治风险等。参与国家级、省部级纵向课题 4 项，主持有关课题 3 项。译著有“凤凰文库·海外中国研究系列”《认知诸形式：反思人类精神的统一性和多样性》，参译《和平的无形之手—资本主义、战争机器与国际关系理论》《城堡、战争与炸弹：军事史的经济学解读》。在《美国研究》、《国外社会科学前沿》、《军事经济研究》、*International Journal of Peace Economics and Peace Science* 以及重要国际会议上发表论文多篇。

基金项目： 中央财经大学全球经济与可持续发展研究中心战略安全与国家动员能力建设专项研究课题。

军力是综合国力中最为基础的部分，是一个国家应对抵御国内外威胁的最根本力量。在现代和未来战争中，虽然军队规模仍是军力的重要因素，但先进科技带来的优势在军力中所起的作用越来越大，军力优势越来越集中在少数军事强国手中，与其他国家的差距也越来越大。

一、全球军力态势

虽然军力是一个常见概念，经常见诸报刊、书籍和学者讨论之中，但少见对其精确的定义，而是往往直接就开始了对军力包含的内容的分析。一般而言，军力指军事资源和能力的总和，比如兵力、武器装备、军备开支、国防工业基础等。军力也可指整体作战能力，可以更宏观地包括对军队、武器等使用带来的效果，这样就不仅包括了武器等硬件设施，也包括了战略、指挥、经验、心理等方面的内容。如果说前一种对军力的理解是从能力（Capacity）的角度，那么后一种理解就更多地是从结果（Effectiveness）的角度来思考军力。我们经常看到的所谓一国的军力比另一国军力强，既可能指一国的军事装备、人员等方面比较强大，也可能指一国的军队能够战胜另一方。大多数时候，人们讨论的军力在这两种定义间游移。

从结果来考虑的军力概念过于复杂，因为决定军事行动效果的因素包罗万象，而且因时而异，很多因素也难以量化评估，所以本章中讨论的军力也以军事能力为主，侧重于武器装备、军事人员等方面可以测量的要素，但同时也试图包含一些非物质性的因素，包括军事战略等。鉴于本书其他章节已涉及军力的部分内容，包括对军费、军工、武器贸易等情况的讨论，所以本章对这些内容不再重复，本章军力的内容主要涵盖军事人力、主要的武器装备及其变化情况。

有许多机构试图对全球军力情况进行综合分析，这之中一个较为著名的是“全球火力指数”（GFP）。“全球火力指数”（GFP）尝试通过对超过50个指标的考量，来对世界各国军队实力进行一个排名。其在2016年的排名涵盖了126个国家和地区。排名前15位的国家及得分见图6.1，“全球火力指数”采用扣分方法，所以综合得分越低越好，0.00分为完美。[①] 尽管“全球火力指数”（GFP）排行榜仍存在很多的问题，但在没有更好指标的

---

① https：//web. archive. org/web/20161227180008/http：//www. globalfirepower. com/countries-listing. asp.

情况下，该指数也有一定程度的参考价值。按照“全球火力指数”数据库，在相关排行榜上排名世界前列的军事大国依次是美国、俄罗斯、中国、印度、法国、英国、日本、土耳其、德国、韩国等。

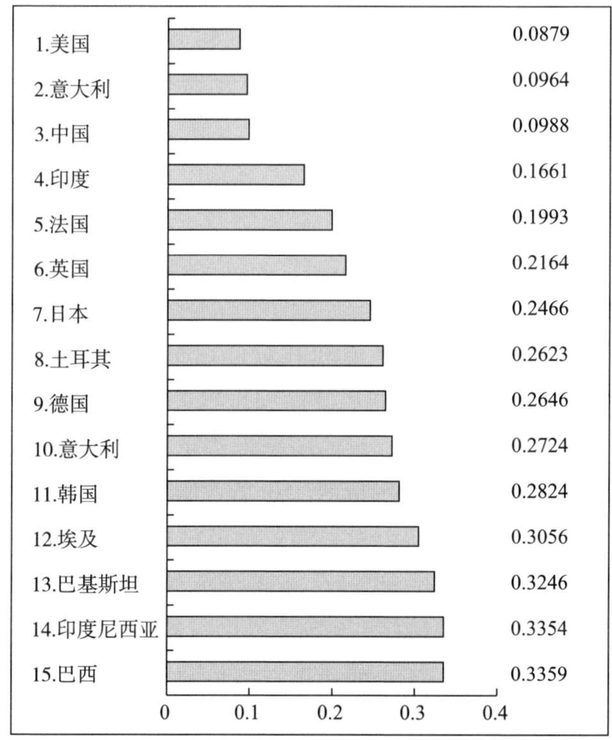

图 6.1 世界军力排名

资料来源：“全球火力排名”，https：//www. globalfirepower. com。

虽然从人类大历史的角度看，当今世界仍处于历史上前所未有的和平年代，[①] 但正如本书其他章节部分所显示的，各国依然面临着不同种类不同形式的安全威胁：各国的军事战略围绕各自的安全威胁和安全需求，同时也根据各自的国力以及世界技术发展的方向进行或多或少的调整。2016 年世界军力的一个重要特征是地缘政治紧张和竞争日渐重新回到了中心舞台，并伴随大国国内的政治动荡，而这两者的合力很可能重塑冷战以后形成的世界秩序。新的安全威胁以及传统地缘政治竞争的加剧使得诸多国家仍然

① Steven Pinker, *The better angels of our nature*: *Why violence has declined*, Penguin Books, 2012.

不敢放松军力发展，体现在世界军事人力的总体稳定、各国持续现代化其装备以及发展新兴武器的努力。新材料、网络、大数据以及人工智能等科技上的突破也将军力的发展带入了新领域和新阶段，而各国新的安全需求以及国家间近年来明显加剧的地缘政治竞争又使得国防部门对引入使用这些新技术有着极为迫切的需要。因此，各国都在各自的能力范围内加大了对装备的投入，对发展中国家而言，装备现代化是其主要追求的目标；而对发达国家，对各种尖端技术的投入和开发试验以维持技术优势则是其军力发展的重点关注。

二、安全形势、行动与战略

各国军力的发展与其安全环境和其对自身安全形势的认识判断有关。作为唯一超级大国美国在2016年面临的安全形势没有大的变化。美国依然深陷阿富汗战争的泥潭，而该地区的安全形势也没有得到改善，美国勉强维持着还未失败的局面。中东所谓的“伊斯兰国”大势已去，包括美国及其盟友武力支持的伊拉克军队以及叙利亚的反政府武装与俄罗斯及其支持的政府军一道逐渐压缩了其生存空间，但叙利亚内战依然没有停息的迹象。此外，美国还参与了非洲多国打击恐怖主义的行动。① 在中国南海，美国在1月、5月和10月共进行了3次的所谓“巡航自由”行动，加剧了地区局势的紧张。对美国而言，恐怖主义仍是其最紧迫的威胁之一，但是主要来自其极端化的国内恐怖分子，主要的事件包括2016年6月12日发生在佛罗里达州奥兰多的枪击案，造成50人死亡，53人受伤；2016年9月17日在纽约曼哈顿发生的爆炸造成29人受伤；2016年11月28日在俄亥俄州立大学发生的开车冲撞及伤害学生的事件，这些事件均为受伊斯兰极端思想影响的美国国内的“独狼”恐怖分子所为。朝鲜的核试验以及导弹试验的加速也使得其成了美国安全的最大隐忧，在特朗普胜选后的会面中，奥巴马明确告知特朗普朝鲜是美国的最为紧急的威胁。② 而俄罗斯在欧洲以及中东

---

① Helene Cooper, “U. S. Increases Antiterrorism Exercises With African Militaries”, *The New York Times*, May 26th, 2016.

② David Nakamura and Anne Gearan, “Obama warned Trump on North Korea. But Trump's ‘fire and fury’ strategy wasn't what Obama aides expected”, *the Washington Post*, August 9, 2017.

地区的活动，俄罗斯与美国之间的地缘政治争夺近年来的加剧以及中国的崛起使得大国政治重新成为关注点。

由于2016年是奥巴马两届任期的最后一年，国防部没有发布大的战略文件，但有两个文件值得注意。一个是2016年6月发布的《信息环境中的行动战略》（*Strategy for Operations in the Information Environment*）。信息环境指的是个人、组织和系统收集、处理、散布信息以及根据信息去行动的总和。① 这个战略关注的是美国如何通过信息来实现影响对手的决策和行动以及在各种军事行动中获得优势。在这个目标下，这份战略讨论了实现的手段以及支持手段，包括了人员与项目政策等的设置。而另一份战略关注的是美国极地安全利益的战略（*Report to Congress on Strategy to Protect United States National Security Interests in the Arctic Region*）。它聚焦于如何实现美国在北极地区的利益，讨论包括航行自由（主要是俄罗斯与加拿大对北极航道的控制）、国际合作以及美国在北极安全领域的投入与资源的不足（包括基础设施缺乏、有限的通信条件、缺少恢复人员的能力等）。此外，由于大国间地缘政治争夺的加剧，所谓的"第三次抵消战略"的讨论在2016年继续深化，这个2014年底正式提出的概念在2016年得到进一步阐发。为了维持美国在大国竞争中的优势，这个战略意图在大数据、人工智能、人机合作、网络等方面加大投入。

虽然继承了苏联大部分军事遗产，但是俄罗斯的军事力量经常为其国内的经济发展所累，不过其军力的强大依然不可小觑，2016年俄罗斯依然是世界上仅次于美国的第二大军事强国。尤其是在缺少其他政策手段的情况下，总统普京并不惮于使用武装力量。通过吞并克里米亚并支持乌克兰东部的反政府武装，同时出兵支持叙利亚政府军，普京领导的俄罗斯政府重新将其军事力量置于外交政策的中心。而俄罗斯的军事进击也很好地回应了那些轻蔑俄罗斯军力的西方言论。② 俄罗斯将北约东扩以及美国视为其安全的最大威胁，北约在接近俄罗斯边境地区的军事设施、美国在欧亚大陆上设置的导弹防御系统都是对俄罗斯国家安全的威胁。恐怖主义在近两三年来对俄罗斯安全的影响较小，2016年没有发生大规模的恐怖袭击事件。

---

① Department of Defense, *Strategy for Operations in the Information Environment*.

② 美国参议员军事委员会主席麦凯恩曾轻蔑地称俄罗斯不过是个加油站假装成的国家（"a gas station masquerading as a country"），参见 https://www.politico.com/story/2014/03/john-mccain-russia-gas-station-105061。

俄罗斯 2016 年主要的军事行动在叙利亚以及乌克兰，2015 年 9 月开始的在叙利亚的军事行动在 2016 年取得了进展，在俄罗斯的协助下，政府军收复了一些失地。2 月底联合国斡旋的叙利亚停火开始，而在 3 月普京即宣布俄罗斯在叙利亚的任务完成，并开始将俄军的主要力量撤出，但是他没有说明何时完成撤军，俄军在叙利亚的军事基地将维持正常运转。从 8 月开始，俄罗斯开始利用伊朗的基地对叙利亚目标进行空袭。9 月末开始俄罗斯空军协助叙利亚政府军进攻反政府武装控制的叙第二大城市阿勒颇，并在 12 月中重新夺回。俄罗斯唯一的航母库兹涅佐夫号也在 10 月进入了地中海支持在叙利亚的行动。

俄罗斯在乌克兰的行动并没有得到俄官方的确认，普京只是承认俄罗斯军方的情报人员在当地有活动。但是乌克兰和西方一直坚称俄罗斯直接或者间接支持乌克兰东部的武装分子，并提供了一些所谓的证据。俄罗斯在乌克兰边境增加了军事存在，建立了永久基地，并在其南部和西部军区新增了 3 个师，部署了更多的军事装备，包括 S－400 防空系统。①

作为一个军事大国，2016 年法国同样在世界多地都进行了军事行动。2015 年以来，法国遭受了多次恐怖袭击。2016 年最大的恐怖事件莫过于发生在法国尼斯的法国国庆日恐怖袭击，恐怖分子故意用卡车冲撞国庆日的庆祝人群，造成 86 死 434 伤的惨剧。“伊斯兰国”宣称对此次事件负责。法国在全球部署了 3 万名军人进行遏制恐怖主义极端势力的行动。其中主要有三个行动：

• **哨兵行动**（Opération Sentinelle） 即在法国境内部署军队以帮助警察和宪兵队维持国内秩序，防范恐怖袭击。但是由于法律对法国军队在法国本土行动的限制，这一行动存有一定的争议。2016 年 8 月部署士兵的数量从 13000 名减少到 7000 名，加上了 3000 名预备役人员。

• **巴尔赫内行动**（Operation Barkhane） 法国部署 3000 名士兵在非洲萨赫勒地区，以乍得首都恩贾梅纳为总部，在 5 个法国前殖民地布基纳法索、乍得、马里、毛里塔尼亚及尼日尔进行反恐行动。

① Kathleen Weinberger, “RUSSIAN BUILD-UP IN AND AROUND UKRAINE: AUGUST 12, 2016”, Inistitute for the Study of War, http://www.understandingwar.org/backgrounder/russian-build-and-around-ukraine-august－12－2016.

- **夏马风行动**（Opération Chammal） 对伊拉克和叙利亚境内的伊斯兰国目标进行空袭的军事行动。法国陆军还为 2016 年伊拉克军队重夺摩苏尔的战斗提供协助，大约派遣了 1000 名士兵参战和训练伊拉克士兵。同时戴高乐号航母也部署在叙利亚海岸以打击“伊斯兰国”目标。

2015 年 11 月英国政府发布了《国家安全战略与战略防御与安全评估》（*National Security Strategy and Strategic Defence and Security Review 2015*），阐述了英国到 2025 年国家安全面临的主要威胁以及所需要的资源。2016 年是这个计划颁布后的第一年，英国军队按照这个计划开始了初步的调整。但是 2016 年年中脱欧公投的意外通过使得这个战略面临着诸多新的不确定性，包括英国经济会受到多大的冲击，而这些冲击是否会影响到国防投入，同时英国与欧洲的防务合作是否会受到相应的影响。2016 年英国的最主要军事行动是对盘踞在叙利亚和伊拉克的“伊斯兰国”极端势力的打击。1000 余名士兵参与了这场名为“沙德尔行动”（Operation Shader）的军事行动。至 2016 年 12 月，英国皇家空军共进行了 1276 次空袭。[①] 此外，英国还有大约 500 名在阿富汗的北约部队，但并不承担作战任务。2016 年底大约有 4500 名英军在约 30 个国家进行 25 个军事行动。[②]

作为中国最大的邻国和最大的新兴国家之一，印度近些年来一直在积极扩充军备，试图在国际舞台上扮演更重要的角色。在印度国防部 2016 - 2017 年的年度报告中，印度对自身安全环境的关注集中在跨国恐怖主义以及邻国和环印度洋地区，既注意邻国及环印度洋国家的国内危机和不稳定因素，也注意整体环境的稳定。2016 年印军的军事行动主要有在国内东北部与反政府武装的战斗，与巴基斯坦在克什米尔的冲突。9 月印军侵入巴控克什米尔，打死了一些武装分子以及两名巴基斯坦士兵，并摧毁了一些武器。印度空军在 2016 年还进行了“危机救援行动”，用两架 C - 17 运输机将陷入危机中的南苏丹部分印度侨民撤出。

近年来日本在军事上一直动作不断，包括重新解释了与美军的集体自卫

---

① Christopher Hope, “RAF jets busiest for 25 years as they ‘pound’ Isil positions in Iraq and Syria”, *the Telegraph*, December 11, 2016.

② http: //www. telegraph. co. uk/news/2017/01/01/forces-have-first-year-since-1968-no-one-killed-operations/.

权，逐步增加军费开支，加强与亚太国家的军事合作等，甚至试图修改和平宪法。2015 年 10 月日本成立了防卫装备厅，负责武器装备的采购、研发等。在 2016 年的年度国防白皮书《日本防卫》中，日本对其周边安全环境的评估是愈加严峻、多重挑战和不稳定因素日趋现实和严重，日本认为这些挑战包括朝鲜半岛局势、中国崛起以及与中国在钓鱼岛等的争端、恐怖主义、南千岛群岛争端等。① 日美同盟是日本国家安全防务战略的基石，美国总统特朗普在 2016 年竞选期间多次批评日本的防卫政策，认为美国在同盟中负担过大，要求日本增加支出，引发了对同盟关系在其总统任职期间的担忧。日本首相在特朗普当选后第一时间到访纽约，多少减轻了这种担忧。

三、军队规模

世界军队人数的总量在 20 世纪 90 年代中期达到顶峰的 3000 余万人以后有轻微的下降，但这种下降并不持续，而且不时有所反转，总体维持在 2600 万人左右的规模。由于世界人口总数不断增加带来劳动人口的持续增加，军队人口占总劳动人口的比例有比较明显的下降趋势，在 2015 年时为 0.8%（见图 6.2）。随着武器技术水平的提高以及社会政治经济结构的变化，各国军队人力也面临着日益巨大的挑战，数量上的要求逐渐转变成对质量和结构的要求，而这也推动军队规模进一步调整。

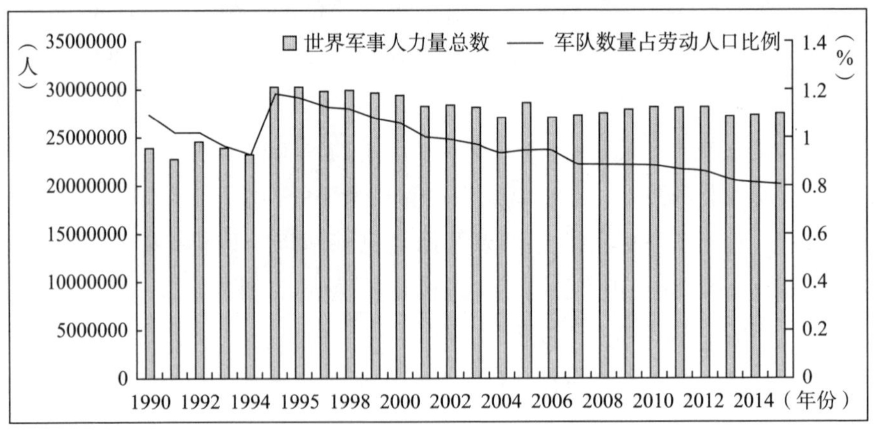

图 6.2 世界军事人力概况（1990－2015）

资料来源：世界银行。

① Defense of Japan，http：//www.mod.go.jp/e/publ/w_paper/2016.html.

军事大国美国的现役军队规模维持在140万人左右，2016年美国陆军有约46万人，海军32万多人，海军陆战队18万余人，空军有约31万人，美国国防部将海岸警卫队的约4万人也列入了现役（见表6.1）。奥巴马以退出在中东的战争为2008年首次当选的主题之一，所以在他上台后，美国的海外驻军逐年减少，这在陆军中体现得最为明显，陆军2008年驻扎海外的有17万余人，到了2016年只剩下了6万余人。海军及海军陆战队的海外驻军亦有大幅减少，但空军减少得较少，因为奥巴马时期美军的行动更多依赖空中打击，包括大量使用无人机打击恐怖组织与个人。

俄罗斯军队也努力将其兵源由义务兵逐步转成志愿兵。2016年5月，俄国防部长称俄罗斯目前志愿兵人数已超过了义务兵30%。2016年俄罗斯的总兵力为83万人，而普京在2016年命令要将俄军规模增加到100万。由于合同制志愿兵招募顺利，俄罗斯有望在2017年即达到这个规模。①

2016年法国军队共有20万余人，其中陆军10.8万余人，空军4.2万余人，海军3.6万余人，此外国防部雇用的文职人员有6万余人，预备役共有28100人。法军在全球范围内共有10个海外长期部署地，主要集中在其前殖民地以及法属海外领土。② 2016年对英军来说是幸运的一年，这是自1968年以来英国第一次在该年没有因军事行动阵亡的军人③。英国军队人员数量2016年没有大的变化，海军有38370人，陆军有121710人，空军有37070人，与2014年、2015年人数大体持平。④

印度拥有世界上第三大规模的军队，现役军人总计有139万多人，其中陆军120万人，海军58350人，空军127200人，海岸警卫队9550人。民兵武装有140多万人，此外有服预备役人员115多万人。日本自卫队在2016年3月时有227339人，其中陆上自卫队138610人，海上自卫队42052人，空中自卫队43027人，联合参谋办公室3650人。由于实行先军政策，朝鲜维持了一支相当数量的军队，有119万人，其中陆军102万人，海军6万人，空军11万人，还有民兵189000人。而朝鲜南边的韩国的军队则有625000人，整体规模约为朝鲜的一半。韩军包括49万人的陆军，7万人的

---

① IIS, The *Military Balance* 2017, Routledge, 186.

② Ministry of Defense, France. *Defense Key Figures* 2016.

③ http://www.telegraph.co.uk/news/2017/01/01/forces-have-first-year-since-1968-no-one-killed-operations/.

④ Ministry of Defense UK, *Defense Statistics*.

表 6.1　美国现役军人数（2008 – 2016）

年份	陆军		海军		海军陆战队		空军		海岸警卫队		合计	
	国内	国外	国内	国外	国内	国外	国内	国外	国内	国外	国内	国外
2008	361823	177852	260824	65860	148325	50090	247261	75639	40354	1008	1058587	370449
2009	374482	174534	263860	60380	163804	39271	251479	77368	41376	1050	1095001	352603
2010	400526	161454	267684	55455	158329	44284	252528	77114	40274	1053	1119341	339360
2011	402640	158797	262399	57742	159634	41393	251190	77631	40929	1082	1116792	336645
2012	435836	110221	257884	56456	164252	34568	258548	70264	40735	1114	1157255	272623
2013	429650	89387	271165	47522	161021	32794	259680	66066	38639	1165	1160155	236934
2014	421168	73613	272286	48199	153083	31908	245220	64120	38074	1196	1129831	219036
2015	407917	70381	260189	63526	159084	24113	244172	62829	37783	1020	1109145	221869
2016	394236	66372	283499	35286	149992	33428	249738	63366	38659	1033	1116124	199485

注：2013 年之前的数据为截至 9 月 30 日的数据，2013 年及之后的数据为当年 12 月 31 日的数据。

资料来源：美国国防部国防人力数据中心（Defense Manpower Data Center）。

海军，其中还包括 29000 名海军陆战队队员，空军有 65000 人。东南亚的越南军队有现役军人 482000 人，其中陆军有 412000 人，海军 40000 人，空军 30000 人，另外有预备役人员 500 万人。

四、武器装备

经过冷战的长期对峙，战略武器已达超饱和状态，经过一段短暂的战略武器控制措施后，目前各国战略武器大体维持在现有水平。美俄依然是核武最多的国家，应当注意的是近年来核武器的作用正在重新被审视，美国公布了雄心勃勃的核武器现代化项目，测试了新的运载工具，俄罗斯将升级其战略武器作为最重要的战略之一。2016 年伊朗核协议的签署为伊朗核问题的解决带来曙光，朝鲜核试验又给核军控的前景蒙上了阴影。

既然核武器很难用于实战，那么常规武器的作用就开始凸显。常规武器主要指各国陆、海、空军等使用的传统武器，传统并不意味着落后，一定程度上常规/传统武器反倒是真正能在战场上使用的武器。近年来世界各国愈加重视常规武器的研发，世界军事强国的常规武器仍处于世界领先水平。表 6.2 根据伦敦国际战略研究所的统计给出了世界主要大国主要武器装备数量情况。

在常规武器装备上，无论是在装备的性能还是在数量上美国都占有巨大的优势，尤其是在海上和空中力量上占据绝对优势，很多武器甚至比其他大国的总和还要多得多。海军和空军力量是军力投射能力的基础，所以美国的海空军力量也是其军力投射实现全球霸权的基础。这种绝对优势也并未减少美国对新武器研发的投入和采购，尤其是对海军和空军的投入。2016 年美国核心的采购和研发包括 F－35 战斗机、B－21 战略轰炸机、“弗吉尼亚”级核潜艇、“朱姆沃尔特”级驱逐舰、“福特”级航母等。陆军则由于 60% 的支出用于人员，只有 18% 的资金能用于装备改进，前景并不乐观。F－35 项目在 2016 年取得了一系列进展。2 月，意大利空军的一架 F－35 完成了第一次跨大西洋飞行；F－35C 完成了第四轮测试；而 F-35B 在“美利坚”号航母上完成了第三和第四轮的测试；交付空军的 F－35A 则在 8 月宣布进入作战序列。作为一款多国联合研发的机型，F－35 在 2016 年首次交付了日本、荷兰、英国和以色列。空军计划中的长程战略轰炸机

表 6.2　大国主要武器装备数量（2016）

武器	美国	俄罗斯	中国	英国	法国	印度
洲际弹道导弹	450	324	62			
可发射洲际弹道导弹的核潜艇	14	13	4	4	4	
轰炸机	257	239	150			
步兵装甲车	3336	5900	3800	760	630	2500
主战坦克	2831	2950	6740	227	200	3024
火炮	6833	5281	13380	642	262	9682
攻击潜艇	54	49	52	7	6	14
航空母舰	10	1	1		1	1
巡洋舰、驱逐舰、护卫舰	93	32	78	19	23	28
两栖舰船	31		4	6	3	1
战术飞机	3476	1065	1913	207	273	759
攻击直升机	760	340	246	50	55	19
重/中型运输直升机	2606	374	368	108	172	45
重/中型运输机	683	177	79	43	46	39
空中加油机以及多用途加油/运输机	521	15	16	14	14	6
空中预警控制机	107	18	24	6	7	6
重型无人飞行器	637	不详	4	10	7	13

资料来源：*Military Balance 2017*，伦敦国际战略研究所。

在 2016 年正式定名为 B－21，即 21 世纪的第一款轰炸机，① 以逐步取代老化的 B－52 和 B－1。作为第五代的全球精确打击平台，B－21 的最终规模可能在 100 架至 200 架之间，而直到 2025 年以后才能开始用于空军的行动。作为美国最新并可能在 21 世纪上半叶占据主导地位的“弗吉尼

① “New B－21 bomber named ‘Raider’：U. S. Air Force”，*Reuters*，September 20，2016.

亚”级潜艇2016年有一艘入列服役（“伊利诺伊”号SSN－786），并有两艘下水（“华盛顿”号SSN－787以及“科罗拉多”号SSN－788），这一级别的核潜艇按计划将一直服役至2060年以后。“朱姆沃尔特”级的第一艘同名的驱逐舰（DDG－1000）在2016年10月15日正式开始服役，并有另一艘“迈克尔·蒙索尔”号（DDG－1001）下水。但是“朱姆沃尔特”号的入列并不顺利，在正式服役后的首次航行中就出现故障失去动力，不得不由拖船拖过巴拿马运河，并在经过维修后到达加利福尼亚州圣迭戈的军港。而美军最新的“福特”级航母在2016年则经历了一系列的挫折，不断发现的新问题使得交付日期一再推后，五角大楼在8月不得不再进行一次独立项目审查。①

俄罗斯的陆军装备数量不逊于美国，但在海、空军上有较大的差距，俄罗斯相较于除美国外其他国家而言在装备上具有一定的优势。由于近年来油价低迷以及受到西方国家的联合制裁，俄罗斯经济发展受到比较大的影响，很多武器装备现代化的努力受到一定的影响，如海军建造新的核潜艇和水面舰艇的计划被推迟。2016年俄罗斯空军测试了新一代T－50战机的又一架原型机，但是交付部队使用预计要在2020年以后。

在常规武器上，法国的装备数量要显著地少于美俄中印几个大国，与英国大致相当，但是其武器技术水平仍处于世界一流水平，这从其武器出口可见一斑，法国是仅次于美俄的武器出口大国。法军在2016年继续进行其一系列的装备升级计划，包括陆军的装甲车、主战坦克，以及新的信息指挥系统（SICS）、无人机，海军在2016年也接收了新型护卫舰“隆格多克”（Languedoc）号，第一架具有实战能力的空客“阿特拉斯”A－400M运输机也在2016年6月交付了法国空军。②

英国与法国类似，其装备规模相较美俄中等大国较小但是技术先进。2016年7月11日，英国国防部宣布采购50架新型的AH－64Es“阿帕奇”攻击直升机，逐步取代现有的AH－64D型（计划在2023－2024年完成）。“机警”号核潜艇（HMS Artful S121）、第三艘“机敏”级核潜艇在2016年

① Sam LaGrone，“Pentagon Conducting New Review of Gerald R. Ford Carrier Program”，*USNI News*，August 30，2016，https：//news. usni. org/2016/08/30/pentagon-conducting-new-review-ford-carrier-program.

② Craig Hoyle，“France receives first A400M with tactical capability”，*Fightglobal*，JUNE 22，2016.

3 月 18 日正式入列皇家海军服役。2016 年英国空军宣布订购 3 架“阵风战斗机”和 20 架“护卫者”无人机，3 月美国国务院批准了英国空军订购 9 架 P-8 海上巡逻机的计划，而后者在 6 月与波音签订了购买合同，并计划自 2019 年开始交付，一架 A330 和 3 架 A400M 运输机也在 2016 年交付了空军。

作为一个发展中国家，印度的常规武器仍处于现代化过程中，其装备数量规模比较庞大，但是一流的装备不多。2016 年印度陆军的投入主要用于火箭、榴弹炮以及单兵装备，包括头盔等。这也说明其陆军的现代化程度不高。印度海军则有一艘反潜巡洋舰（INS Kadmatt）、一艘驱逐舰（INS Chennai）、两艘快艇（INS Tarmugli 和 INS Tihayu）入列服役，同时有一个海军特种部队基地在维沙卡帕特南投入使用。2016 年 7 月 1 日，印度空军组建了第一个由印度国产的“光辉”轻型战斗机组成的飞行中队。9 月 23 日印度空军与法国签订了 36 架“飓风”战斗机的采购合同，印度对旧有的“幻影”2000、米格-29、安-32 等机型的升级也在进行之中。印度采购的 C-130、“阿帕奇”攻击直升机也将在今后两三年内交付。①

日本的常规武器规模虽然不大，但技术比较先进，且由于美日同盟的原因，大量使用了美制装备。在最新的全球火力排名中，日本的军力排在了第 7 位，日本自卫队在反潜和防空作战上处于比较高的水平。②日本正在进行新一轮的军备采购与升级，重点加强力量投射、移动以及情报等能力。2016 年 12 月，日本接收了第一架 F-35 战机，三菱研发的第五代战机“心神”也在 4 月进行了第一次试飞。10 月日本海上自卫队下水了最新的“朝日”驱逐舰③，该舰采用了新的声呐系统，反潜能力更为突出。

朝鲜与韩国之间一直以对方为主要的假想敌，双方在常规武器上的差距巨大，朝鲜在武器数量上占有一定优势（见表 6.3），韩国则在武器性能上有较大的优势。

---

① Ministry of Defense, Government of Inidian, *Annual Report 2016-2017.*

② The International Institute of Strategic, *Military balance 2017*, Routledge, 2017.

③ " New, fuel-efficient MSDF destroyer Asahi launched in Nagasaki", *the Japan Times*, OCT 20, 2016.

表 6.3　朝韩主要武器种类数量对比

武器种类	韩国	朝鲜
坦克	2400	4300
装甲车	2700	2500
大炮	5700	8600
多管火箭发射系统	200	5500
地对地导弹	60	100
水面战斗舰艇	110	430
两栖舰艇	10	250
扫雷艇	10	20
支援船只	20	40
潜艇	10	70
战斗机	410	810
侦察机	60	30
运输机	50	330
教练机	180	170
直升机	690	290

资料来源：《韩国国防白皮书 2016》。

近年来越南也在积极现代化它的军队，尤其是近年来越南经济得到较快发展，国防支出增加，使得军队可有更多资源来更新换代武器系统，① 特别是海军。作为东南亚最大的武器进口国，越南传统上从俄罗斯购入武器，2016 年年初越南接收了从俄罗斯购置的总共 6 艘中的第五艘“基洛”级潜艇，并开始国产化俄罗斯的 Kh－35 反舰导弹。2016 年越南海军还接收了两艘俄制的用于反潜作战的“猎豹”级护卫舰②，越南订购的第五艘和第六艘“塔伦土尔”级导弹护卫舰也在 2016 年初下水，③ 越南海军也部署了俄罗斯

① Zachary Abuza and Nguyen Nhat Anh, “Vietnam's Military Modernization”, *the Diplomat*, October 28, 2016.

② Franz-Stefan Gady, “Vietnam to Receive 2 Russian Anti-Submarine Warfare Ships in 2016”, *the Diplomat*, May 18, 2016.

③ “Last Two Project 12418 Tarantul-class Corvettes for Vietnam Navy to be Launched in Spring 2016”, *Navy Recogniztion*, February 5, 2016.

冷和平

的 K－300P 移动岸防导弹系统，[①] 并在 2016 年 1 月与印度签订协议，在越南南部建立卫星站，共享数据。[②] 随着与西方关系的改善，越南也逐步转向从西方购入新式武器，包括从欧洲和加拿大购入军用飞机，2016 年奥巴马政府解除了全部美国越战后实施的对越南的武器禁运，对将来越南的武器装备来源估计会产生较大影响。

五、评估与展望

2016 年地缘政治竞争的加剧、恐怖主义的持续肆虐以及以民粹势力为代表的国内政治运动等构成了各国军力调整的主导因素。在新一轮科技浪潮的推动下，世界军事人力的发展在近几年逐渐转向了以质量为主的道路，而包括美国在内的军事大国都面临着军事人力改革的巨大压力。同时，各大国也在致力于更新或制订计划升级其战略武器，主要包括对核武器以及运载工具的现代化。常规武器上，美俄英法日等国都有新型武器的实验和投入使用；对于遭受西方经济制裁以及能源价格下滑双重打击的俄罗斯而言，严峻的经济形势也严重影响到了其对国防的投入。印度与越南这些发展中国家也致力于现代化其武器装备，从发达国家中购入现代装备。

2017 年这些塑造世界军力变化的因素依旧在起作用，地缘政治的争夺将更加激烈。抱有强烈孤立主义倾向的特朗普上台后，美国在世界其他地区的军事部署是否会受到大的影响尚难预知，但其竞选时誓言大力增强美国军事力量，所以其就职后增加美国的军事开支将是大概率的事件。俄罗斯的经济状况比 2016 年难以有大的转变，在面临巨大财政压力的情况下，估计其在国外的行动以及对国防的投入都将面临回缩的压力。英国退欧的决定为其新军事战略的实施带来了巨大的不确定性，一旦英国与欧盟之间就退欧难以达成协议，英国经济可能遭受重创，军力衰退可能进一步加剧。亚太地区的安全形势非常复杂，由于多方势力的卷入以及朝鲜强硬推动核武器发展可能使本地区国家不得不投入更多的资源用于发展军力，而经济实力的增长也使该地区国家能够有更多资源投入发展军力。

---

① "Vietnam People's Navy deploys Bastion-P Mobile Coastal Defense Systems in drills", *Navy Recogniztion*, August 17, 2016.

② Sanjeev Miglani and Greg Torode. "India to build satellite tracking station in Vietnam that offers eye on China", *Reuter*, January 25, 2016.

7. 军费

侯 娜*

摘 要： 军费是战略与经济形势的晴雨表。2016 年全球军费有所增加，总额高达 16880 亿美元，比 2015 年增长约 0.36%。全球不同地区差别较大，亚洲、大洋洲、东欧和北非的军费有所增加，而中美洲和南美洲、加勒比海地区以及中东和撒哈拉以南非洲部分地区军费则明显下降。全球军费支出最多的前五个国家军费总额高达 11520 亿美元，占全球的 60.2%。2016 年军费支出趋势反映了世界许多地区不断升级的冲突和紧张态势，这一趋势在 2017 年可能得到延续。

关键词： 军费 军费负担 冲突

军费是战略与经济形势的晴雨表，深刻反映了全球战略与经济力量的格局和变化。2016 年，一方面，全球战略安全依然受到冲突和暴力的持续困扰，地区局势动荡，热点地区冲突加剧；另一方面，虽然全球经济整体

---

* 侯娜（1979 - ），英国伯明翰大学博士，中央财经大学国防经济与管理研究院副院长、副教授，中国财政发展协同创新中心研究员；研究方向：国防费、国防预算、国防经济前沿。主编、参编和参译 *Cooperation for a Peaceful and Sustainable World*（Ⅱ）、《国防经济学》、《国防经济学前沿专题》、《国防预算与财政管理》、《和平经济学》等著作，出版专著 *Arms Race, Military Expenditure and Economic Growth in India*。在 *Defense and Peace Economics*、*Peace Economics*, *Peace Science and Public Policy* 等国际期刊发表论文多篇。主持国家自然科学基金、北京市国民经济动员等项目研究。

基金项目： 此项研究得到国家自然科学基金项目“国防支出与经济增长的理论拓展和实证研究”（71403308）资助。

呈现温和复苏态势，但由于油价暴跌等影响，一些国家的经济形势严重恶化。因此，2016 年全球军费支出总额持续了 2015 年的增长态势，不过不同地区与国家的军费开支则是升降趋势并存。

一、全球军费态势

从近几年的变化趋势看，2012 - 2014 年全球军费总额连续三年小幅下降，平均每年降速为 0.70% 。2015 年，全球军费止跌回升。根据斯德哥尔摩国际和平研究所（SIPRI）最新报告，2016 年全球军费总额达 16880 亿美元，比 2015 年增长了约 0.36% ，2016 年全球军费总体呈现增长态势（如图 7.1 所示）。2016 年全球军费总额占全球国内生产总值（GDP）的比例，即全球“军事负担”与 2015 年的 2.3% 相比，略微有所下降，为 2.2% ①。2016 年，按当前价格计算，全球人均军费支出为 227 美元。

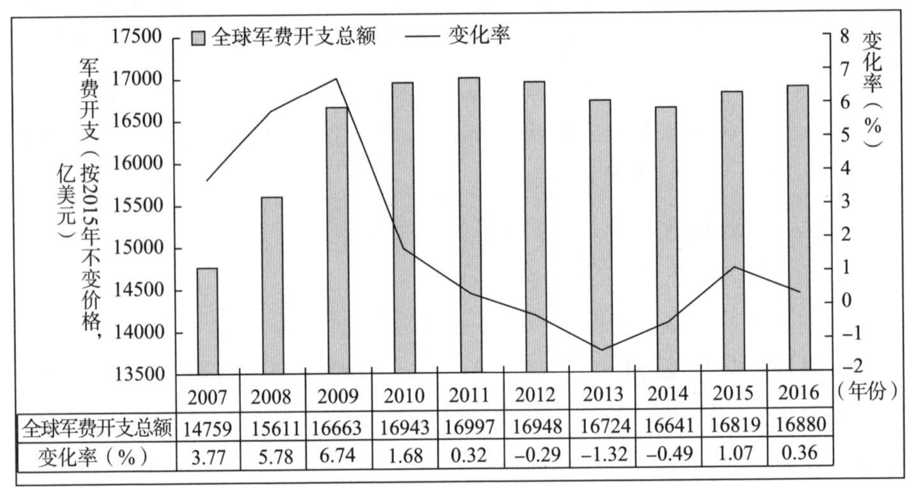

	2007	2008	2009	2010	2011	2012	2013	2014	2015	2016
全球军费开支总额	14759	15611	16663	16943	16997	16948	16724	16641	16819	16880
变化率（%）	3.77	5.78	6.74	1.68	0.32	-0.29	-1.32	-0.49	1.07	0.36

图 7.1　2007 - 2016 年全球军费支出总额及其年度变化率

资料来源：图中所用数据系根据斯德哥尔摩国际和平研究所（SIPRI）军费支出数据库中的军费数据，整理计算得来。

2016 年全球除了拉丁美洲军费下降了 7.76% ，非洲军费略微下降了 1.25% 之外，其他地区均呈现增长态势，分别为亚洲（4.75% ）、欧洲

① 2016 年，根据 SIPRI 数据库提供的数据，全球不到三分之一国家的军事负担超过了世界平均水平，不到一半国家的军事负担超过了 1.5% 。

（2.82%）、北美洲（1.70%）、大洋洲（1.67%）（见图 7.2）。由于缺乏黎巴嫩、卡塔尔、叙利亚、阿联酋和也门的军费支出数据，因此图中暂没有分析中东的情况。

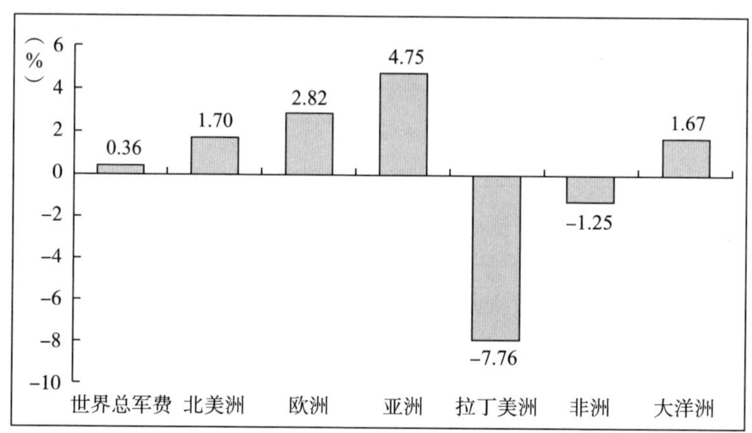

图 7.2　2015－2016 年军费支出变化（按地区分类）

资料来源：图中所用数据系根据斯德哥尔摩国际和平研究所（SIPRI）军费支出数据库中的军费数据，整理计算得来。

在 2007 年至 2016 年十年间，亚洲军费支出持续增长，增长了 66.37%，平均增长率达到了 5.98%，其中 2009 年的增长率更是高达 13.23%，2013 年之后增长率呈现下降态势，增速减缓。欧洲在这十年间军费支出增长了 5.72%，平均增长率为 0.83%，其中 2010 年（－2%）和 2013 年（－1.89%）为负增长。非洲的军费支出增长了 47.74%，前 8 年持续增长，2014 年峰值为 420.93 亿美元①，直到 2015 年和 2016 年，军费支出才分别下降了 5.75% 和 1.25%，平均变化率为 4.76%。大洋洲的军费支出十年间增长了 26.84%，2011－2013 年为负增长，其他年份均为增长态势，平均变化率为 3.07%。

与 2007 年相比，2016 年北美洲和拉丁美洲的军费支出分别下降了 4.83% 和 0.32%。北美洲十年间军费支出的峰值为 2010 年的 7758 亿美元，自 2011 年至 2015 年，连续五年下降，至 2016 年开始反弹，平均变化率为 －0.08%。拉丁美洲的军费支出时升时降，十年间有 5 年为负增长，2014 年起连续三年下降，平均变化率为 0.18%（见图 7.3、7.4）。

---

① 本章之后军费数据，按 2015 年不变价格计算。

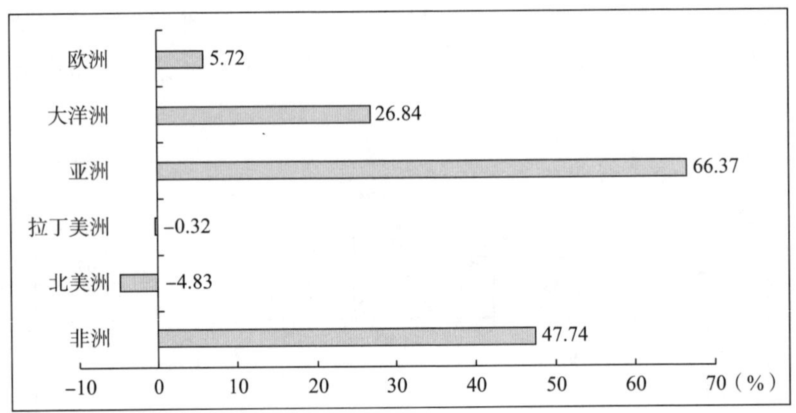

图 7.3　2007－2016年军费支出变化（按地区分类）

资料来源：图中所用数据系根据斯德哥尔摩国际和平研究所（SIPRI）军费支出数据库中的军费数据，整理计算得来。

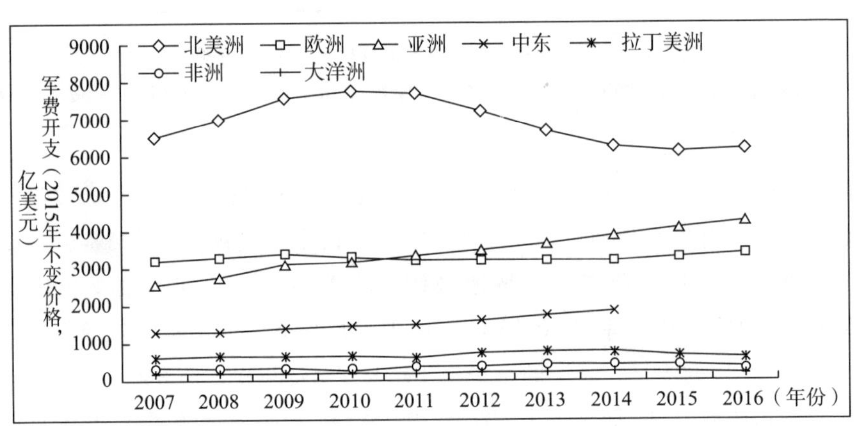

图 7.4　2007－2016 年不同地区军费支出

资料来源：图中所用数据系根据斯德哥尔摩国际和平研究所（SIPRI）军费支出数据库中的军费数据，整理计算得来。

各洲和地区在世界军费总额中的占比有所变化。北美洲 2010 年军费一度占到了接近全球总额的一半（46%），2016 年该洲军费占全球军费总额的 37%；亚洲军费占全球军费总额的比例在 2012 年超过了欧洲，并持续上升至 2016 年占全球军费总额的四分之一（25%），而同年欧洲军费占全球军费总额的比例为 20%（见图 7.5）。

2016 年，北美洲、亚洲和欧洲的军费总额占到了全球的 82%（见图 7.6）。

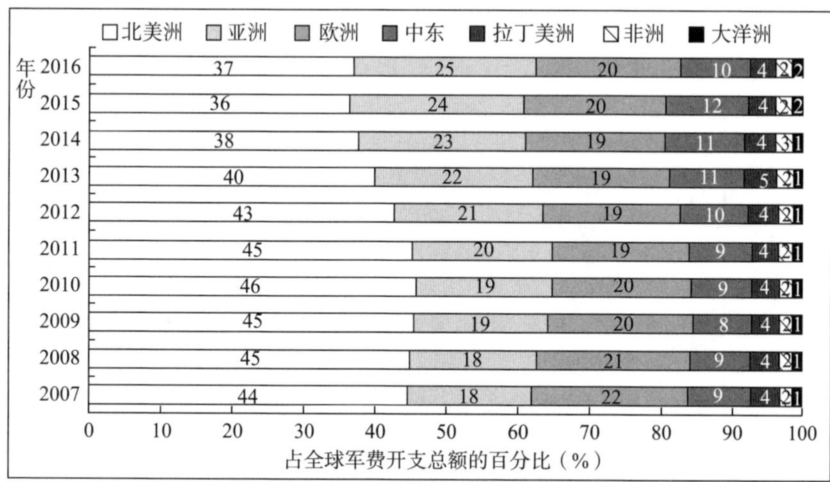

图 7.5　2007－2016 年地区军费占全球军费总额的百分比

资料来源：图中所用数据系根据斯德哥尔摩国际和平研究所（SIPRI）军费支出数据库中的军费数据，整理计算得来。

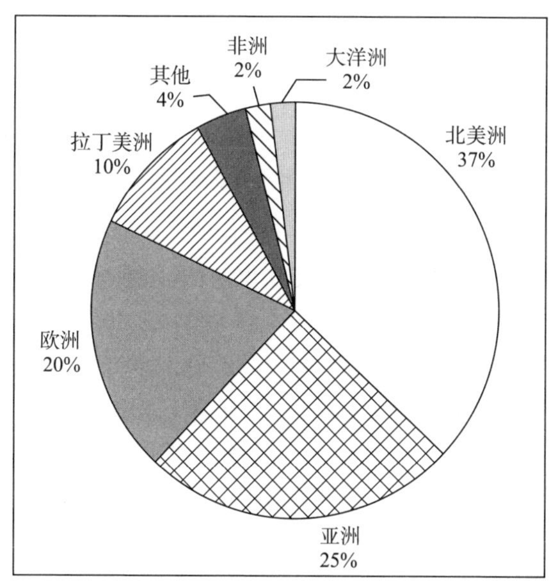

图 7.6　2016 年地区军费占全球军费总额的百分比

资料来源：图中所用数据系根据斯德哥尔摩国际和平研究所（SIPRI）军费支出数据库中的军费数据，整理计算得来。

2016 年全球军费支出前 20 位的国家军费支出总额高达 14279.6 亿美元，占全球军费支出总额的近 85%。排在第一位的美国的军费支出占世界总额的 36%（见图 7.7），是排名第二的中国的近 3 倍，比排在其后 8 个国家军费支出的总和还多。

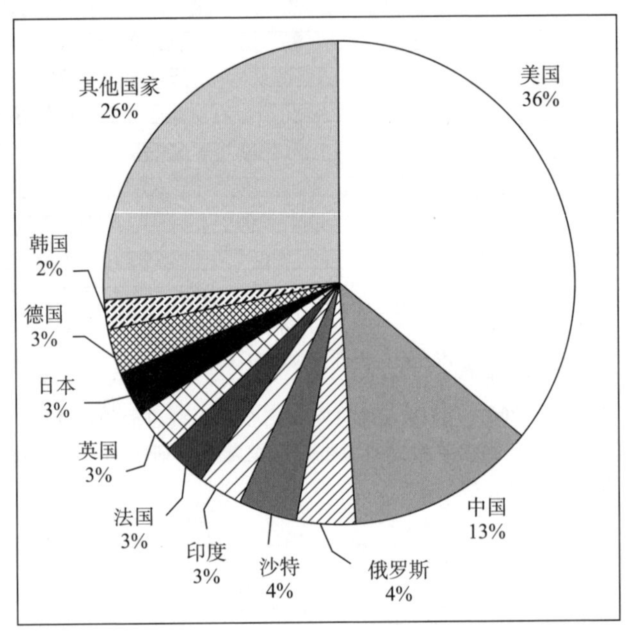

图 7.7　2016 年军费支出最高的十个国家占全球军费总额的比例

资料来源：图中所用数据系根据斯德哥尔摩国际和平研究所（SIPRI）军费支出数据库中的军费数据，整理计算得来。

如表 7.1 所示，2016 年全球军费支出前 20 位国家中军费支出增幅最大的国家是伊朗，其军费支出较 2015 年增长了 16.9%，其次是意大利（10.6%），扭转了自 2008 年以来的下降趋势。印度的军费支出则增长了 8.5%，使其排序从 2015 年的全球第 7 位跃升至全球第 5 位。全球军费支出前 20 位国家中，除沙特、巴西和土耳其外，军费支出均有所增长。由于油价的下跌，军费支出降幅最大的国家是沙特（-29.6%），排名与 2015 年相比从全球第 3 位降至第 4 位，而俄罗斯尽管受到油价大幅下跌的影响，军费支出依然保持了 5.9% 的增长率，其排序与沙特对调，升至全球第 3 位。巴西和土耳其的军费支出也分别下降了 7.2% 和 5.7%。2007-2016 年，军费支出增幅最大的国家分别是阿尔及利亚（168.6%）、阿联酋（123%），降幅最大的国家是西欧的西班牙（-18.1%）、意大利（-15.5%）和英国（-12.0%）。

表 7.1 2016 年军费支出最高的 20 个国家

排序	国家	2016 年军费支出（亿美元）	2015 - 2016 军费支出年变化率（%）	2007 - 2016 年军费支出变化率（%）	军费支出占世界军费总额的比例（%）	人均军费支出（美元）	军费负担（2007 年）	军费负担（2016 年）
1	美国	6111.9	1.7	-4.8	36.0	1886.2	3.8	3.3
2	中国	[2151.8]	5.4	117.7	[13.0]	[155.7]	[1.9]	[1.9]
3	俄罗斯	692.5	5.9	86.6	4.1	483.1	[3.4]	5.3
4	沙特	[636.7]	-29.6	20.4	[3.8]	1978.2	8.5	[10.0]
5	印度	559.2	8.5	53.8	3.3	42.1	2.3	2.5
6	法国	557.5	0.6	2.8	3.3	862.4	2.3	2.3
7	英国	482.5	0.7	-12.0	2.9	741.3	2.2	1.9
8	日本	461.3	1.1	2.5	2.7	365.4	0.9	1.0
9	德国	410.7	2.9	6.8	2.4	509.3	1.2	1.2
10	韩国	367.8	2.3	34.5	2.2	728.8	2.5	2.7
11	意大利	279.3	10.6	-15.5	1.7	467.4	1.6	1.5
12	澳大利亚	246.2	1.4	29.0	1.5	1012.7	1.8	2.0
13	巴西	236.8	-7.2	18.2	1.4	113.0	1.5	1.3
14	阿联酋	[228.0]	-	123.0	[1.3]	[2504.4]	[3.3]	[5.7]
15	以色列	179.8	6.2	18.6	1.1	2193.8	6.7	5.8
16	加拿大	151.6	1.2	-6.7	0.9	417.8	1.2	1.0
17	西班牙	148.9	0.4	-18.1	0.9	323.6	1.4	1.2
18	土耳其	148.0	-5.7	9.7	0.9	185.9	2.4	2.0
19	伊朗	126.9	16.9	-7.3	0.8	158.4	3.0	3.0
20	阿尔及利亚	102.2	2.3	168.6	0.6	252.7	2.9	6.7
前 20 小计		14279.6	-	-	84.8%	-	-	-
世界总额		16858.8	-	14.37	100%	227	2.3	2.2

注：[ ] 中的数据代表的是 SIPRI 的估计值；由于阿联酋 2016 年的军费支出数据缺乏，相关数据使用 2014 年的数据，变化率为 2007 - 2014 年的变化率。此只代表 SIPRI 观点，中国数据应以国家公布为准。

资料来源：表中所用数据系根据斯德哥尔摩国际和平研究所（SIPRI）军费支出数据库中的军费数据，整理计算得来。

就人均军费支出看，全球军费支出前20位国家中最高的十个国家的人均值都超过了千美元。排名第一的阿联酋的人均军费支出更是全球平均水平的十倍之多。美国的人均军费支出为1886.2美元，在北约国家中，其人均军费支出最高。排名前十的国家中，有六个位于中东，中东的人均军费支出远远高于全球其他地区与国家（见图7.8、表7.2）。

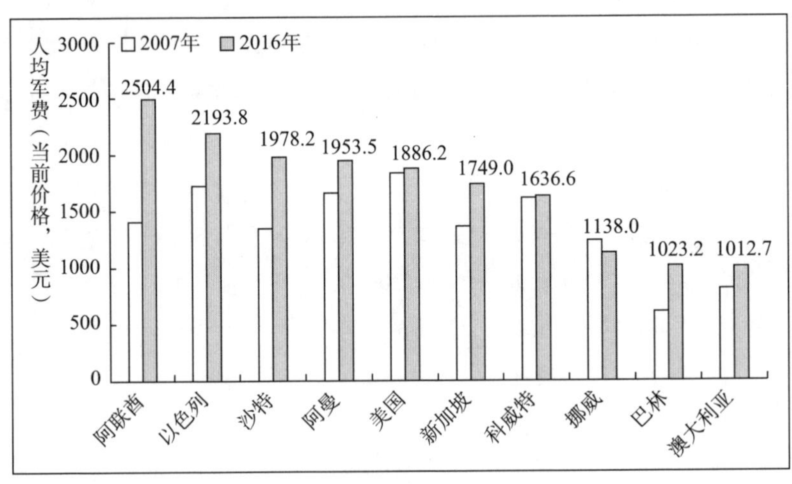

图7.8 2016年全球人均军费支出最高的十个国家

注：由于阿联酋2016年的军费支出数据缺乏，阿联酋的人均军费支出用的是2014年的数据2504.4美元。

资料来源：图中所用数据系根据斯德哥尔摩国际和平研究所（SIPRI）军费支出数据库中的军费数据，整理计算得来。

从军事负担即军费支出占国内生产总值（GDP）的比例看，2016年全球有10个国家的军费支出占其GDP的比例高于4.5%（见图7.9），13个国家的军事负担高于4%。① 其中军事负担最高的阿曼，比例高达16.7%，沙特的军事负担也超过了其GDP的十分之一。与2007年相比，只有以色列的军事负担有所下降，其他国家的军事负担均有所上升。值得关注的是，除了阿曼以外，军事负担排在前十的其他国家在2016年无一例外地卷入了军事冲突，可见冲突对于军事负担的影响非常显著。

① 除了图7.9中的10个国家之外，还有个别国家的军事负担高于4%，分别是约旦（4.45%）、毛里塔尼亚（4.06%）、阿塞拜疆（4.04%）。

表 7.2　2016 年人均军费支出最高的 20 个国家及其 2007－2016 年人均军费支出

单位：美元，当前价格

排序	国家	2007 年	2008 年	2009 年	2010 年	2011 年	2012 年	2013 年	2014 年	2015 年	2016 年
1	阿联酋	1407.8	1677.0	1795.7	2101.5	2196.0	2125.0	2606.3	2504.4	..	..
2	以色列	1733.2	1987.0	1924.8	1962.1	2032.5	1915.9	2158.4	2280.5	2078.8	2193.8
3	沙特	1359.8	1429.3	1505.6	1610.7	1685.8	1915.4	2219.1	2614.8	2764.3	1978.2
4	阿曼	1667.9	1740.6	1625.6	1662.9	2077.1	3479.1	2991.7	2585.3	2236.9	1953.5
5	美国	1846.3	2040.0	2176.1	2253.1	2277.1	2175.3	2017.1	1909.3	1852.3	1886.2
6	新加坡	1377.3	1537.1	1518.1	1596.6	1718.9	1730.7	1729.1	1742.7	1676.4	1749.0
7	科威特	1621.3	1637.7	1460.8	1417.0	1665.1	1737.5	1585.6	1554.0	1413.9	1636.6
8	挪威	1245.7	1335.2	1282.6	1328.6	1459.9	1423.6	1454.1	1424.7	1116.0	1138.0
9	巴林	625.9	645.2	692.0	668.2	791.3	886.5	998.7	1083.2	1047.0	1023.2
10	澳大利亚	819.3	871.9	870.9	1047.6	1179.9	1144.3	1066.8	1091.5	1003.0	1012.7
11	文莱	862.9	950.6	903.6	993.4	1039.9	1014.2	1001.4	1264.5	1002.0	940.3
12	法国	977.9	1059.4	1067.7	981.3	1021.1	944.5	977.6	992.1	859.4	862.4
13	英国	1079.1	1063.7	930.8	926.1	954.2	920.1	889.1	920.0	832.3	741.3
14	韩国	575.2	537.5	503.5	573.9	627.9	644.1	689.2	744.6	724.4	728.8
15	丹麦	763.8	871.3	785.2	811.3	810.3	789.6	749.7	718.4	593.4	617.7
16	芬兰	570.0	680.3	674.0	633.4	694.8	664.1	694.4	656.9	554.4	587.9
17	瑞士	466.2	536.0	524.2	525.6	627.6	572.4	619.9	561.8	544.8	558.8
18	荷兰	697.3	749.1	731.9	674.7	697.9	618.8	608.4	612.6	512.1	545.1
19	瑞典	697.7	653.0	544.2	627.3	668.4	654.2	678.4	675.6	550.9	540.2
20	卢森堡	602.6	488.0	449.3	539.8	494.2	446.0	474.7	501.3	486.9	510.8

注：阿联酋的人均军费支出 2015 年与 2016 年的数据缺失，因此排名按照阿联酋 2014 年的人均军费支出。需要注意的是，2014 年沙特（2614.8）和阿曼（2585.3）的人均值高于阿联酋。

资料来源：表中所用数据系根据斯德哥尔摩国际和平研究所（SIPRI）军费支出数据库中的军费数据，整理计算得来。

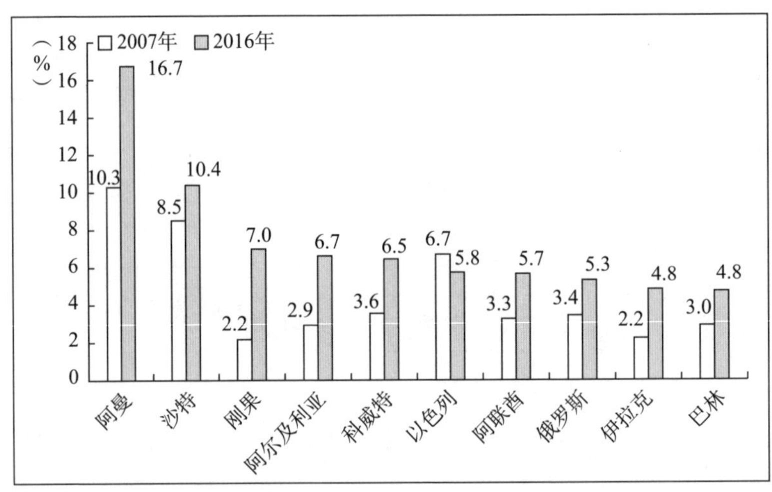

图 7.9　2016 年全球军事负担最高的十个国家

注：由于阿联酋 2016 年的军费支出数据缺乏，阿联酋的军事负担用的是 2014 年的数据 5.7%。

资料来源：图中所用数据系根据斯德哥尔摩国际和平研究所（SIPRI）军费支出数据库中的军费数据，整理计算得来。

二、主要国家和地区军费情况

2016 年军费支出趋势既反映了世界许多地区不断升级的冲突和紧张态势，也与经济形势或得益于增长带来的资源可获得或受到油价下跌引起经济下滑的资源约束密切相关。

（一）美洲

2015－2016 年美洲的军费支出增加了 0.8%，总额为 6828.3 亿美元，其中北美洲的军费支出增加了 1.7%，总额为 6217.4 亿美元，占美洲军费支出的 89.7%。南美洲、中美洲和加勒比地区的军费支出分别下降了 7.5% 和 9.1%，因此美洲军费支出的变化趋势主要由北美洲或美国的军费支出变动主导。与 2007 年相比，美洲的军费支出下降了 4.4%，其中北美洲和南美洲的军费支出分别下降了 4.8% 和 5.5%，而中美洲和加勒比地区的军费支出增加了 50.1%。2007 年至 2016 年的十年间，北美洲的军费支出在 2010 年达到峰值，南美洲的军费支出在 2013 年达到峰值后，持续下降，而中美洲和加勒比地区的军费支出在持续上升至 2015 年后，在 2016 年首次下降（见图 7.10）。

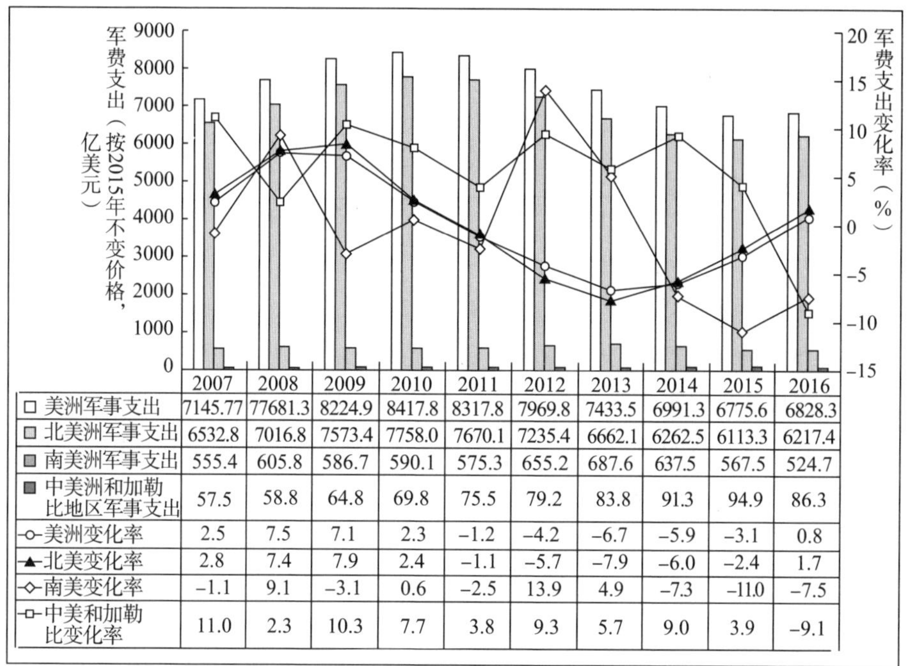

	2007	2008	2009	2010	2011	2012	2013	2014	2015	2016
□ 美洲军事支出	7145.77	77681.3	8224.9	8417.8	8317.8	7969.8	7433.5	6991.3	6775.6	6828.3
▨ 北美洲军事支出	6532.8	7016.8	7573.4	7758.0	7670.1	7235.4	6662.1	6262.5	6113.3	6217.4
▩ 南美洲军事支出	555.4	605.8	586.7	590.1	575.3	655.2	687.6	637.5	567.5	524.7
■ 中美洲和加勒比地区军事支出	57.5	58.8	64.8	69.8	75.5	79.2	83.8	91.3	94.9	86.3
-○-美洲变化率	2.5	7.5	7.1	2.3	−1.2	−4.2	−6.7	−5.9	−3.1	0.8
-▲-北美变化率	2.8	7.4	7.9	2.4	−1.1	−5.7	−7.9	−6.0	−2.4	1.7
-◇-南美变化率	−1.1	9.1	−3.1	0.6	−2.5	13.9	4.9	−7.3	−11.0	−7.5
-□-中美和加勒比变化率	11.0	2.3	10.3	7.7	3.8	9.3	5.7	9.0	3.9	−9.1

图 7.10　2007－2016 年美洲军费支出及其变化率

资料来源：图中所用数据系根据斯德哥尔摩国际和平研究所（SIPRI）军费支出数据库中的军费数据，整理计算得来。

由于从阿富汗撤军和受 2011 年《预算控制法案》的影响，美国军费连续五年下降，2016 年形势扭转，其军费支出按现行价格计算共计 6112 亿美元，比 2015 年实际增加 1.7%，相较 2007 年仍下降了 4.8%。2013 年以及 2015 年美国国会达成的协议减轻了《预算控制法案》对军费支出的影响，加上国际局势不稳定以及美国经济形势有所好转，导致了 2016 年美国军费支出的反弹。居高不下的军费预算凸显了美军在全球的军事投放，美国宣称新增长部分是为了应对朝鲜半岛的所谓“威胁”、阿富汗战事和中东反恐等需要，增加军力部署投入，也包括一些新装备、新武器的研发投入。①

南美洲军费支出的下降，一方面归因于地区较好的安全环境，另一方面则是由于巴西的经济问题以及石油价格的下跌对石油出口国经济不利影

① 《美国军费开支为何“飙高”?》，《人民日报（海外版）》2017 年 09 月 23 日第 10 版，http：//paper. people. com. cn/rmrbhwb/html/2017－09/23/content_1807280. htm。

冷和平

响的加剧。作为地区最大的军费支出国，巴西由于经历了经济危机而进一步削减了7.2%的军费预算。石油价格下跌将委内瑞拉拖入了经济混乱的泥潭，从而在2016年削减了29亿美元的军费支出，与2015年相较，军费支出下降了56%，占南美洲军费支出下降总额的68%。同样由于石油出口缩减降低了政府的收入，厄瓜多尔和秘鲁的军费支出也分别下降了13%和20%。与南美洲大多国家削减军费支出相反，阿根廷和哥伦比亚的军费支出在2015－2016年却分别增加了12%和8.8%。

在中美洲和加勒比地区，墨西哥的军费支出占地区总额的70%以上，因此2015－2016年军费支出总额的变化主要取决于墨西哥军费支出的变动。近年来墨西哥利用军事力量打击毒品卡特尔，从而军费支出不断增长。然而，由于石油价格的持续低迷以及高额的政府债务，墨西哥在2015－2016年削减了11%的军费支出。①

（二）欧洲

2016年欧洲军费支出总额达3420亿美元，占全球总额的20%，相较2015年增加了2.8%，而与2007年的军费开支相比仅增加了5.7%。2015－2016年西欧、东欧和中欧的军费支出均有所增加，其中东欧的增幅最大，为3.5%。2007－2016年，东欧的军费支出飙升了77.6%，中欧国家的军费支出仅仅增加了4.2%，而西欧的军费支出削减了6.2%。因此，欧洲在这十年间军费支出的增长主要归因于东欧国家军费支出的快速增长。西欧军费支出占欧洲总额的比例从2007年的80.2%降至2016年的71.2%，而东欧军费支出的占比从2007年的13.4%上升至2016年的22.6%（见图7.11）。

全球军费支出最高的前20个国家中，有五个位于西欧，分别是法国（第6位）、英国（第7位）、德国（第9位）、意大利（第11位）、西班牙（第17位）。这五个国家军费支出的总和占全球总额的11.2%。2016年由于德国总理默克尔的推动以及受到极端伊斯兰暴力武装的影响，德国的军费支出增加了2.9%。意大利由于通过国内采购的形式支持其地方军火工业，2016年的军费支出增加了10.6%。

---

① 参见Nan Tian et al，"Global developments in military expenditure，" *SIPRI*，2017，Oxford，2017。

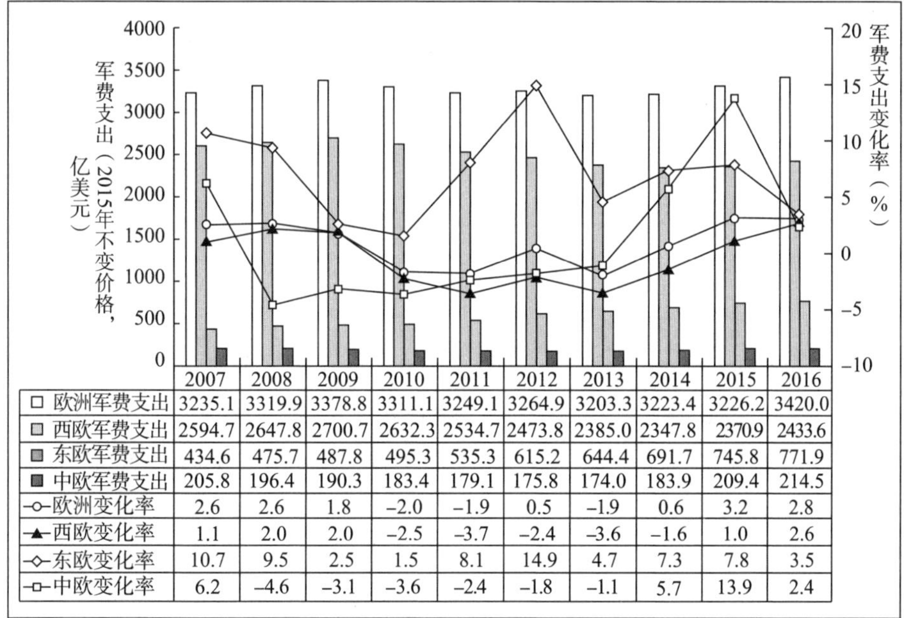

	2007	2008	2009	2010	2011	2012	2013	2014	2015	2016
□ 欧洲军费支出	3235.1	3319.9	3378.8	3311.1	3249.1	3264.9	3203.3	3223.4	3226.2	3420.0
■ 西欧军费支出	2594.7	2647.8	2700.7	2632.3	2534.7	2473.8	2385.0	2347.8	2370.9	2433.6
■ 东欧军费支出	434.6	475.7	487.8	495.3	535.3	615.2	644.4	691.7	745.8	771.9
■ 中欧军费支出	205.8	196.4	190.3	183.4	179.1	175.8	174.0	183.9	209.4	214.5
-○-欧洲变化率	2.6	2.6	1.8	-2.0	-1.9	0.5	-1.9	0.6	3.2	2.8
-▲-西欧变化率	1.1	2.0	2.0	-2.5	-3.7	-2.4	-3.6	-1.6	1.0	2.6
-◇-东欧变化率	10.7	9.5	2.5	1.5	8.1	14.9	4.7	7.3	7.8	3.5
-□-中欧变化率	6.2	-4.6	-3.1	-3.6	-2.4	-1.8	-1.1	5.7	13.9	2.4

图 7.11　2007－2016 年欧洲军费支出及其变化率

资料来源：图中所用数据系根据斯德哥尔摩国际和平研究所（SIPRI）军费支出数据库中的军费数据，整理计算得来。

由于中欧最大的军费支出国波兰在 2015 年的军购支付，使得当年中欧军费支出增长了 13.9%，2016 年回归到了近年来的平均变化，中欧的军费支出在 2015－2016 年上升了 2.4%。2007 年至 2016 年十年间，中欧军费支出仅增加了 4.2%。乌克兰危机之后，中欧部分国家感到俄罗斯的威胁增加，部分国家增加了军费支出，其中拉脱维亚和立陶宛增幅最大，在 2015－2016 年分别增加了 44% 和 35%。

在东欧，俄罗斯 2016 年的军费支出为 692.5 亿美元，相较 2015 年上升了 5.9%，较 2007 年上升了 86.6%。2016 年俄罗斯的军事负担高达 5.3%，是自冷战结束后（1992 年以来）的最高值并位居全球军事负担最高国家的第 8 位。当前，俄罗斯经济正面临着由于油价下跌和自 2014 年起的经济制裁的双重不利影响，高额的军费支出进一步加剧了其经济负担。原本俄罗斯的军费支出预期在 2016 年会有所下降，然而 2016 年底，俄罗斯政府支付给俄罗斯军火生产商 118 亿美元，使得其军费支出呈现了上升的态势。除去这笔支付，俄罗斯的军费支出在 2016 年相较 2015 年下降了 12%。2016 年乌克兰的军费支出为 35 亿美元，相较 2015 年下降了 3.8%。由于 2016 年间冲突依然不断，预计下一年乌克兰的军费支出将会有所增长。尽管亚美尼亚和阿塞拜疆依然处于冲突状态，但两个国家均在2016年削减了军费支出，亚美尼亚的军费开支削减了5.5%，而由于受到石油价格下跌的严重影响，阿塞拜疆的军费支出大幅下降了36%。①

（三）亚洲和大洋洲

2016年亚洲与大洋洲的军费支出总额达到了4563亿美元，其中亚洲为4297.3亿美元，大洋洲为265.7亿美元。2015－2016年亚洲军费支出增长了4.8%，大洋洲军费支出增长了1.7%，而且所有次地区的军费支出均呈现增长的态势，增长最快的是中亚和南亚，增长率为6.4%。2007－2016年的十年间，亚洲军费支出增长了66.4%，大洋洲军费支出增长了26.8%，其中东亚地区的军费支出增长幅度最大，达到了73.7%（见图7.12、图7.13）。

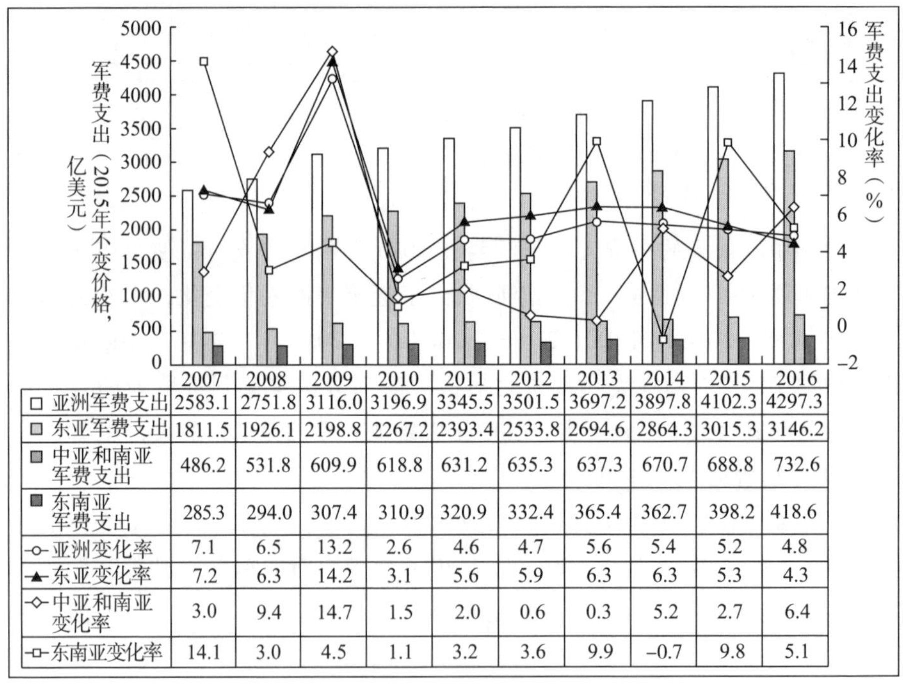

	2007	2008	2009	2010	2011	2012	2013	2014	2015	2016
□ 亚洲军费支出	2583.1	2751.8	3116.0	3196.9	3345.5	3501.5	3697.2	3897.8	4102.3	4297.3
■ 东亚军费支出	1811.5	1926.1	2198.8	2267.2	2393.4	2533.8	2694.6	2864.3	3015.3	3146.2
■ 中亚和南亚军费支出	486.2	531.8	609.9	618.8	631.2	635.3	637.3	670.7	688.8	732.6
■ 东南亚军费支出	285.3	294.0	307.4	310.9	320.9	332.4	365.4	362.7	398.2	418.6
-○- 亚洲变化率	7.1	6.5	13.2	2.6	4.6	4.7	5.6	5.4	5.2	4.8
-▲- 东亚变化率	7.2	6.3	14.2	3.1	5.6	5.9	6.3	6.3	5.3	4.3
-◇- 中亚和南亚变化率	3.0	9.4	14.7	1.5	2.0	0.6	0.3	5.2	2.7	6.4
-□- 东南亚变化率	14.1	3.0	4.5	1.1	3.2	3.6	9.9	−0.7	9.8	5.1

图7.12 2007－2016年亚洲军费支出及其变化率

资料来源：图中所用数据系根据斯德哥尔摩国际和平研究所（SIPRI）军费支出数据库中的军费数据，整理计算得来。

① 参见Nan Tian et al，“Global developments in military expenditure”，*SIPRI*，2017，Oxford，2017。

全球军费支出最高的前 20 个国家中，有五个位于亚洲与大洋洲，除中国外，印度居第 5 位，日本居第 8 位，韩国居第 10 位，澳大利亚居第 12 位，这五个国家军费支出的总和占全球总额的 22.7% 。印度 2016 年的军费支出为 559.2 亿美元，相较 2015 年增长了 8.5% ，逆转了自 2010 年以来的低增长或负增长的态势。2007 年至 2016 年的十年间印度的军费支出增加了 53.8% ，平均增速为 4.7% 。2016 年日本的军费支出为 461.3 亿美元，相较 2015 年增长了 1.1% ，增速是近五年来最高值，相较 2007 年增长了 2.5% 。

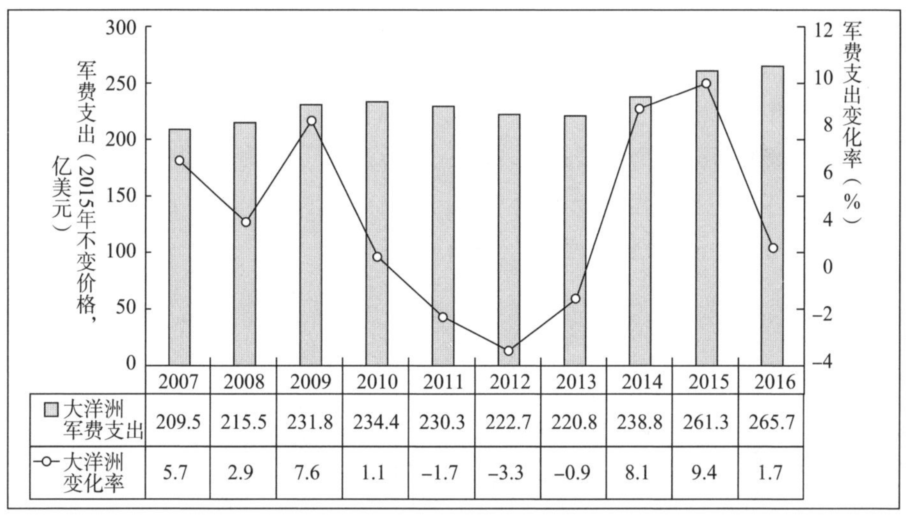

	2007	2008	2009	2010	2011	2012	2013	2014	2015	2016
□大洋洲军费支出	209.5	215.5	231.8	234.4	230.3	222.7	220.8	238.8	261.3	265.7
-o-大洋洲变化率	5.7	2.9	7.6	1.1	-1.7	-3.3	-0.9	8.1	9.4	1.7

图 7.13　2007 -2016 年大洋洲军费支出及其变化率

资料来源：图中所用数据系根据斯德哥尔摩国际和平研究所（SIPRI）军费支出数据库中的军费数据，整理计算得来。

值得注意的是，一方面，亚洲的安全局势仍然存在诸多不安定因素：朝核危机与朝鲜半岛的对峙、中日就钓鱼岛领土问题的争端、印度与巴基斯坦的冲突等，这些争端与对峙使得亚洲多数国家的政府寻求通过增强军事能力的现代化来保证国家安全，从而推动了军费支出的增长；另一方面，亚洲大多数国家依然保持了良好的经济增长，这就使得这些国家的军费支出拥有经济资源的保证，并可在保持军事负担稳定的情况下增加军费支出，即军费支出增长与经济增长基本保持同步。因此，大多数亚洲国家的军事负担自 2002 年以来，基本维持在不变的水平①。

① 参见 Nan Tian et al,"Global developments in military expenditure", *SIPRI*, 2017, Oxford, 2017。

（四）非洲

2016 年非洲的军费支出为 391.8 亿美元，相较 2015 年下降了 1.2%，2014－2015 年非洲军费支出下降了 5.7%，而在 2003－2014 年，非洲的军费支出依然保持着增长的态势。与 2007 年相比，非洲的军费支出增长了 47.7%（见图 7.14）。北非的军费支出依然保持增长，2015－2016 年增长了 1.5%，2007－2016 年的十年间增长了 144.4%。该地区的阿尔及利亚是非洲最大的军费支出国，2016 年的军费支出为 102.2 亿美元，是全球军费支出排第 20 位的国家。2015－2016 年阿尔及利亚的军费支出仅增长了 2.3%，是近年来增长最小的一年，主要是由于石油价格下跌导致政府收入下降从而影响了该国军费支出的增速。2007－2016 年阿尔及利亚军费支出的平均增速为 12.7%，十年间增长了 168.6%。

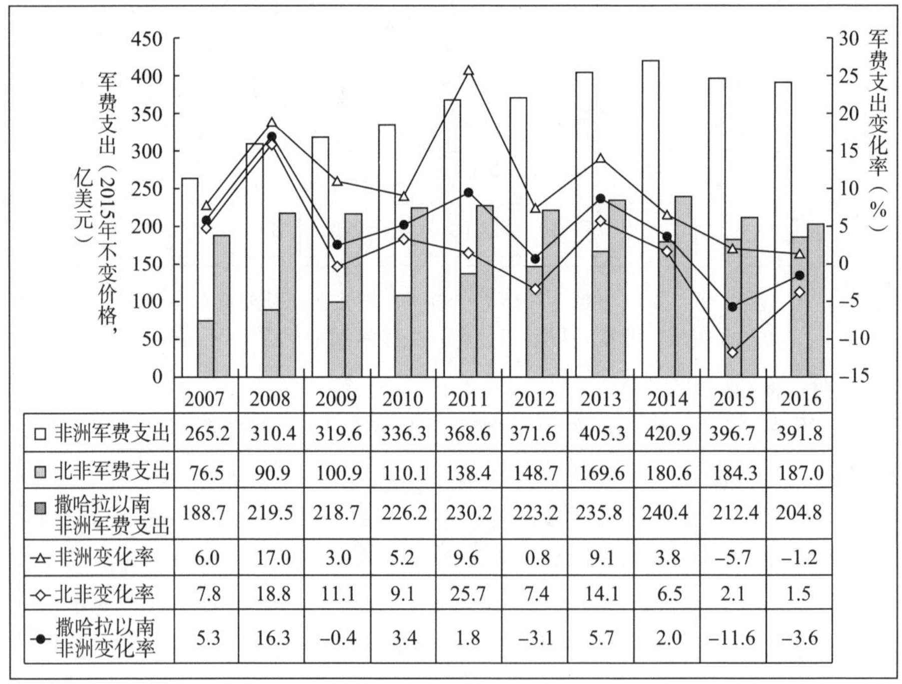

	2007	2008	2009	2010	2011	2012	2013	2014	2015	2016
□ 非洲军费支出	265.2	310.4	319.6	336.3	368.6	371.6	405.3	420.9	396.7	391.8
■ 北非军费支出	76.5	90.9	100.9	110.1	138.4	148.7	169.6	180.6	184.3	187.0
■ 撒哈拉以南非洲军费支出	188.7	219.5	218.7	226.2	230.2	223.2	235.8	240.4	212.4	204.8
△ 非洲变化率	6.0	17.0	3.0	5.2	9.6	0.8	9.1	3.8	−5.7	−1.2
◇ 北非变化率	7.8	18.8	11.1	9.1	25.7	7.4	14.1	6.5	2.1	1.5
● 撒哈拉以南非洲变化率	5.3	16.3	−0.4	3.4	1.8	−3.1	5.7	2.0	−11.6	−3.6

图 7.14 2007－2016 年非洲军费支出及其变化率

资料来源：图中所用数据系根据斯德哥尔摩国际和平研究所（SIPRI）军费支出数据库中的军费数据，整理计算得来。

相反，撒哈拉以南非洲的军费支出在 2015－2016 年下降了 3.6%。由于石油价格的下跌而引致的严重经济问题，南苏丹和安哥拉的军费支出分别下降了54%和10%，从而使得这个地区的军费支出下降。撒哈拉以南非洲的军费支出在2007－2016年的增幅为8.5%，尽管撒哈拉以南非洲一些国家依然经历着冲突，但与2014－2015年相比，军费支出的增速明显下降。如刚果民主共和国的军费支出相较2014－2015年有了43%的增加，2015－2016年仅增加了2.4%。位于非洲大陆新的“恐怖带”——萨赫勒（Sahal）地带①的马里、乍得、塞内加尔等国，由于受到“博科圣地”（Boko Haram）、“伊斯兰国”北非分支等极端组织发起的恐怖袭击影响，② 军费支出呈现了上升的态势。

博茨瓦纳是为数不多的从未经历军事冲突的非洲国家之一，然而2015－2016年，由于该国军事现代化的推进，军费支出增长了40%，达1.52亿美元。2016年尼日利亚的军费支出为17亿美元，尽管尼日利亚进行了针对“博科圣地”的大规模军事行动，但其军事支出与2015年相比仅仅增加了1.2%，当然，一些学者认为，由于军事采购中存在的受贿问题，尼日利亚的军费支出数据并不可靠。③

（五）中东

2007－2014年中东的军费支出总额持续增长，增幅为41.6%，达到了1869.2亿美元（见图7.15）。中东数据可获得国家的2016年军费支出总额与2015年相比降低了17%，与2007年相比依然增加了19%。尽管在2016年除了阿曼之外，中东其他所有国家都卷入了至少一起军事冲突，然而石油价格的下跌对地区几个军费支出大国的影响显著，因此中东地区的军费支出下降了。④

---

① 非洲萨赫勒地带是南部撒哈拉沙漠和中部苏丹草原交会的半沙漠地带，西起大西洋、东抵红海，是北非和撒哈拉以南非洲之间的分隔带，囊括尼日尔、乍得、苏丹、南苏丹北部及厄立特里亚以及塞内加尔北部、毛里塔尼亚南部、马里及阿尔及利亚南部边缘、布基纳法索和尼日利亚北部等11个国家和地区。

② 详见刘青建、方锦程：《非洲萨赫勒地带恐怖主义扩散问题探析》，《现代国际关系》2014年第11期。

③ 参见 Nan Tian et al, “Global developments in military expenditure”, *SIPRI*, 2017, Oxford, 2017。

④ 参见 Nan Tian et al, “Global developments in military expenditure”, *SIPRI*, 2017, Oxford, 2017。

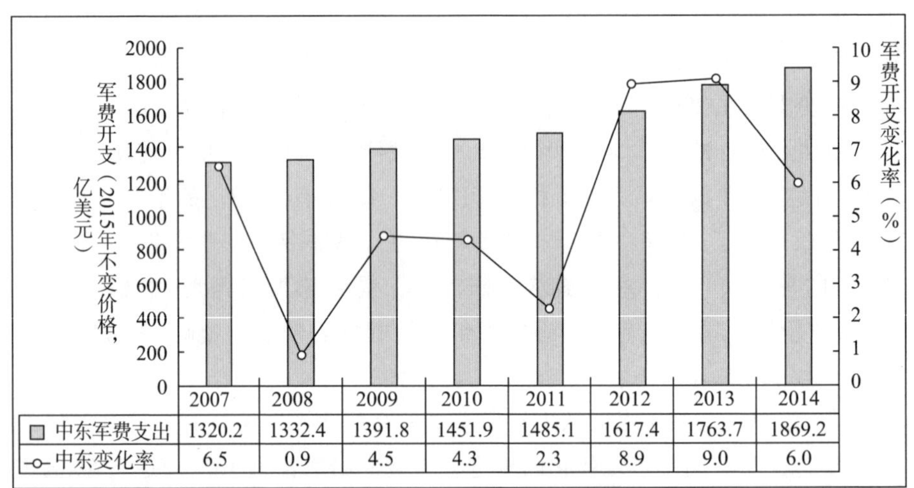

	2007	2008	2009	2010	2011	2012	2013	2014
中东军费支出	1320.2	1332.4	1391.8	1451.9	1485.1	1617.4	1763.7	1869.2
中东变化率	6.5	0.9	4.5	4.3	2.3	8.9	9.0	6.0

图 7.15　2007 – 2014 年中东军费支出及其变化率

资料来源：图中所用数据系根据斯德哥尔摩国际和平研究所（SIPRI）军费支出数据库中的军费数据，整理计算得来。

大多数中东国家的军事负担，远远高于世界平均军事负担。2016 年可获得数据的中东国家的平均军事负担为 6%，接近世界平均军事负担 2.2% 的三倍。阿曼的军事负担更高达 16.7%，是全球军事负担最高的国家。沙特阿拉伯的军事负担位居全球第二高，达到了 10.4%。全球军事负担最高的前十名国家中，有 7 个位于中东，即阿曼、沙特阿拉伯、科威特、以色列、阿联酋、伊拉克和巴林。因此，中东高额的军事负担具有“传染效应”，该地区的军事负担可能超出了实际需求。

沙特阿拉伯 2016 年的军费支出为 636.7 亿美元，是中东最大的军费支出国且其军费水平远超该地区的其他国家，是全球第 4 大军费支出国。2007 年至 2016 年十年间沙特阿拉伯的军费支出增加了 20.4%，2016 年其军费支出是自 2002 年以来的首次削减，与 2015 年相比，降低了 29.6%。伊朗的军费支出在 2007 – 2016 年下降了 7.3%，然而在 2015 – 2016 年，由于经济制裁的取消使得伊朗的经济获益，从而使其政府能够增加军费支出，军费支出上升了 17%。2016 年以色列的军费支出为 179.8 亿美元，是全球第 15 大军费支出国，2015 – 2016 年以色列军费支出增长了 6.2%，而 2007 – 2016 年其增幅为 18.6%。土耳其的军费支出为 148 亿美元，是全球第 18 大军费支出国，2007 – 2016 年增幅为 9.7%，2015 – 2016 年其军费支出下降了5.7%。①

三、评估与展望

2016年全球军费总额达16880亿美元②，比2015年增长了约0.36%。而从全球不同地区看，其军费支出则有升有降，亚洲、大洋洲、东欧和北非的军费支出总体有所增加，而中美洲和南美洲、加勒比海地区以及中东和撒哈拉以南非洲部分地区的军费支出则明显下降。

战略安全威胁、冲突、恐怖主义袭击和经济因素等诸多因素引起了不同国家2016年军费支出的增加。全球军费支出最多的几个国家中，美国遥遥领先，达6111.9亿美元（增幅1.7%，占世界总额的36%）；俄罗斯达692.5亿美元（增幅5.9%，占世界总额的4.1%）。与2015年相比，沙特军费支出削减了29.6%，其排名从2015年的全球第3位降至第4位。印度的军费支出增长了8.5%，排序从2015年的全球第7位跃升至全球第5位。2016年全球军费支出最多的前五个国家的军费支出总额高达101520亿美元，占全球的60.2%。2016年军费支出增幅最大的五个国家是拉脱维亚（增幅44%）、博茨瓦纳（增幅40%）、立陶宛（增幅35%）、菲律宾（增幅20%）和马里（增幅18%）。中欧国家拉脱维亚和立陶宛，增幅尤其大。亚洲地区菲律宾大幅增加了军费。位于非洲南部的博茨瓦纳军费支出增长了40%，而饱受极端组织恐怖袭击折磨的马里，军费支出也增长了18%。

相反，有一些国家在2016年大幅削减了军费支出，降幅最大的五个国家是委内瑞拉（降幅56%）、南苏丹（降幅54%）、阿塞拜疆（降幅36%）、伊拉克（降幅36%）和沙特（降幅30%）。自2014年底起，石油价格的下跌，使得这些经济依赖石油出口的国家收入减少，经济下滑，政府不得不大幅削减了军费支出。值得注意的是，这些国家的经济结构缺乏多元化，政府亦无法采取合适的财政政策刺激经济，因此即使依然面临内战、军备竞赛或与邻国冲突的不稳定局势，这些国家也不得不削减军费支出，因此，经济形势特别是恶劣的经济状况对军费支出的影响，尤为重要。

依然严峻的冲突和态势预计将使得2017年的全球军费支出总量持续上

---

① 参见 Nan Tian et al, "Global developments in military expenditure", *SIPRI*, 2017, Oxford, 2017。

② 按2016年不变价格。

升，然而受限于低迷的经济发展以及油价依然难以恢复高位，全球军费至多小幅上涨或基本与2016年的总量持平。美国2017年的国防预算倘若依旧按照2016年奥巴马政府提交的方案，将与2016年的军费支出基本持平，然而特朗普上台时承诺要重新打造最强的军队，因此其军费估计会较大幅度上涨。由于经济持续低迷以及高额的战争支出，俄罗斯的军费支出在2017年有可能呈现下跌的态势。亚太地区的安全形势依然错综复杂，加上良好的经济业绩，估计整个亚洲地区的军费总量会继续上升。欧盟国家受难民问题与恐怖主义威胁相互交织影响日益明显，相应的军费支出会有上升。石油价格的下跌对中东地区几个军费支出大国的影响会持续加力，加之冲突对经济的严重破坏，预计中东的军费支出会延续2016年的下降态势。非洲以及南美洲预计也会由于石油价格的下跌而引致政府收入大幅减少，而不得不继续削减军费支出。然而，由于战略与经济等多重因素的相互交织和作用，估计未来很长一段时间内全球军费仍会在高位运行。

8. 军工

郝朝艳*

摘　要：受全球经济低迷和国防预算限制的影响，世界军工生产呈不断下滑态势。2015 年、2016 年全球军工生产及销售依旧呈现垄断格局，军工生产主要集中在美国、西欧等经济发达国家，美国防务企业无论在数量还是规模上都占据主导地位。2015 年、2016 年防务领域内的企业并购数量不断增加，2015 年防务企业并购数量及并购金额达到了 2011 年以来的最高值，2016 年众多大型防务企业回归并购市场，对防务市场结构产生了深远影响。随着世界范围内恐怖主义活动大肆蔓延以及局部区域争端频繁不断，全球军工生产在 2017 年会继续保持上升势头，世界百强企业构成和排名，以及防务市场结构会出现一些较为明显的变化，但全球武器生产的国家结构、地区结构仍会相当稳定。

关键词：军工　军火生产　防务企业

* 郝朝艳（1977－　），北京大学经济学博士，中央财经大学国防经济与管理研究院学术委员会副主任委员、副教授、硕士生导师，主要研究方向为国防工业、军火贸易、冲突经济学。出版《产权改革与股权拍卖机制设计》《冲突经济学：理论、模型与方法》、*Cooperation for a Peaceful and Sustainable World* 等中外文专著，主持《冲突经济学原理》《现代国防工业》《政府在国防工业中的三重角色》等一系列有影响力的专业图书的翻译工作，在《经济研究》《世界经济》《中国军事科学》等国内外期刊发表多篇学术论文。先后赴美国、韩国、泰国等进行学术访问或国际交流。

基金项目：中央财经大学全球经济与可持续发展研究中心战略安全与国家动员能力建设专项。

军事工业与政治、经济大背景息息相关。军费支出水平、武器技术发展、国际合作情况以及各国经济发展和战略考量，都影响军事工业的发展和结构调整，2015－2016 年全球军事工业正处在深刻调整、变化之中。

一、全球态势

2008 年全球性金融危机爆发后，世界经济增长乏力，贸易持续低迷，金融市场动荡加剧。军火生产受全球经济和国防预算限制的影响，近年来呈不断下滑态势。

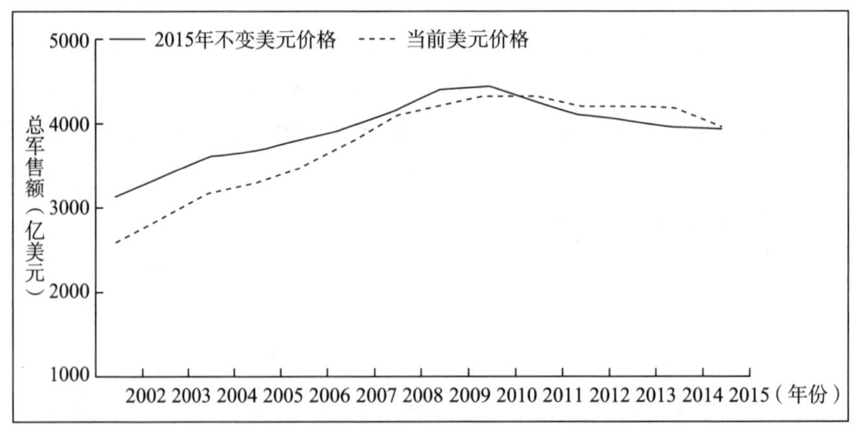

图 8.1　2002－2015年“SIPRI 100强”军火生产和军事服务公司总军火销售额

资料来源：The SIPRI Top 100 Arms-Producing and Military Services Companies, *SIPRI*, 2015。

按照长期追踪全球军事工业发展的独立防务智库斯德哥尔摩国际和平研究所（SIPRI）提供的数据，自 2011 年起至 2015 年以实际值算，世界 100 家最大的军火生产和军事服务公司（不含中国军工企业）（以下简称为“SIPRI 100 强”）的军火和军事服务总销售额逐年减少（见图 8.1）。从冷战后的最高点即 2010 年的 4330 亿美元，降低到 2015 年的 3710 亿美元，降幅为 14.3%。不过全球军火销售额下滑的速度在 2015 年有所减缓，2015 年军售额比 2014 年仅减少 0.6%，即 290 亿美元。尽管如此，相比 2002 年，2015 年“SIPRI 100 强”军火销售总额仍增长了 37%（见表 8.1）。

表 8.1　2002－2015年“SIPRI 100强”军火销售额

年份	2002	2007	2008	2009	2010	2011	2012	2013	2014	2015	2002－2015
军火销售（按当前价格和汇率计算）											
总额(亿美元)	2000	3490	3890	4050	4190	4180	4030	4050	4000	3710	
变化率（%）		11.4	11.6	4.0	3.5	－0.1	－3.6	0.4	－1.2	－7.3	86
军火销售（按不变价格和汇率计算）											
总额(亿美元)	2700	3720	3970	4280	4330	4090	3900	3820	3730	3710	
变化率（%）		5.3	6.7	7.7	1.2	－5.4	－4.6	－2.1	－2.5	－0.6	37

注：表中所列数据是各年度“SIPRI 100 强”军火生产和军事服务公司军火销售总额。由于这些公司主要根据年度军火销售额进行排名，因此每年进入“SIPRI 100 强”的公司也有所不同。

资料来源：SIPRI 军火工业数据库。

全球军火销售额的下跌趋势在 2016 年出现了反转。2017 年 7 月，美国防务新闻网（Defense News）公布了 2016 年世界百强军工企业。如表 8.2 所示，这些企业在 2016 财政年度的防务业务收入总计达到了 3650 亿美元，比 2015 财年增加了 84 亿美元，增幅为 2.3% 。此外，这百家企业对于防务业务的整体依存度也有所提升，防务业务收入在总收入中所占比例从 2015 年的 31.9% 上升到了 2016 年的 34.1% ，这也是防务业务依存度指标连续升高的第五年。应当说明的是，和任何其他数据库一样，不同数据库的数据来源和处理方式并非完全一样。美国防务新闻网的年度报告以财政年度，而非自然年度为时间单位。由于统计范围和时间范围上存在较大差异，美国防务新闻网的世界军工企业百强榜单与“SIPRI 100 强”军火生产和军事服务公司榜单，尽管公司排名方面存在着某些相似性，但具体数据仍不可直接比较。

表 8.2　2008－2016 财年美国防务新闻网世界百强军工企业防务业务收入总额

年份	2008	2009	2010	2011	2012	2013	2014	2015	2016
总额（亿美元）	3861	4000	4188	4143	4012	3955	3857	3567	3650
变化率		3.6%	4.7%	－1.0%	－3.2%	－1.4%	－2.5%	－7.5%	2.3%
防务收入占比	37.8%	37.9%	32.8%	30.1%	28.3%	30.6%	31.4%	31.9%	34.1%

注：防务业务收入额以当年价格表示。

资料来源：根据美国防务新闻网公布的各财年世界百强军工企业数据计算得到。

由于美国军工企业无论在数量还是规模上都占据着主导地位，其军火销售额较大幅度的变化左右了全球军火销售的变化趋势。例如，相比 2014 年，

2015 年世界主要武器生产国中只有美国和日本的军火销售额降低了（见图 8.2）。2015 年全球军火销售额下滑主要是由美国军火销售额减少造成的，美国的军火销售额相较 2014 年下降了 2.9%，这同样也是美国公司军火销售额连续下滑的第五年。而在美国防务新闻网发布的数据中，美国防务企业的防务收入在 2016 财年达到了 2207 亿美元，比上一年度增加了 3.8%，即约 80 亿美元，由此也带动了世界百强军工企业总防务业务收入的止跌回升。

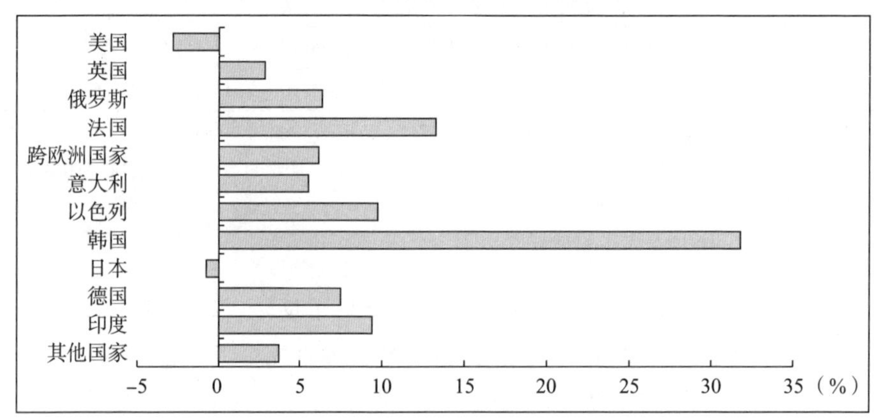

图 8.2　2014－2015年主要武器生产国军火销售额变化率

资料来源：The SIPRI Top 100 Arms-Producing and Military Services Companies，*SIPRI*，2015。

二、地区结构

全球军火生产和销售在国家之间、地区之间的分布是极为不平衡的。美国和西欧国家垄断着全球绝大部分的武器生产，美国企业在全球军火生产与销售中占据着主导地位。除了没有中国的数据外，进入 2015 年“SIPRI 100 强”的军火生产和军事服务公司共来自 21 个国家，按照总军火销售额从大到小依次是：美国、英国、俄罗斯、法国、意大利、以色列、韩国、日本、德国、印度、瑞典、土耳其、瑞士、新加坡、波兰、澳大利亚、乌克兰、巴西、加拿大、挪威和比利时。其中，美国公司有 39 家，西欧公司有 27 家，它们在 2015 年的军火销售额为 3054 亿美元，这是“SIPRI 100 强”军火生产和军事服务公司年度总军火销售额的 82.4%①。如果将俄罗斯也计算在内，那么美洲和欧洲进入 2015 年“SIPRI 100 强”的军火生产和军事服务公司就垄断了全球 90% 以上的军火生产（见表 8.3）。

---

① 西欧公司是表中“西欧和中欧”中除去波兰和土耳其两国的公司。

表 8.3　2015 年 “SIPRI 100 强” 军火生产和军事服务公司军火销售的地区结构

地区	国家	公司数量	军火销售额（亿美元）		占100强销售总额的比例（%）	
			2015 年	2014 年	2015 年	2014 年
北美	美国	39	2096.8	2158.9	56.56%	58.92%
	加拿大	1	7.6	6.8	0.21%	0.19%
	小计	**40**	**2104.4**	**2165.7**	**56.8%**	**59.1%**
南美	巴西	1	8.1	11.3	0.2%	0.3%
	小计	**1**	**8.1**	**11.3**	**0.2%**	**0.3%**
西欧和中欧	英国	9	394.4	383.5	10.64%	10.47%
	法国	6	213.7	188.9	5.76%	5.15%
	跨欧洲	1	128.6	121.3	3.47%	3.31%
	意大利	2	106.9	101.5	2.88%	2.77%
	德国	3	56.0	52.1	1.51%	1.42%
	瑞典	1	26.4	22.0	0.71%	0.60%
	瑞士	2	16.9	16.9	0.46%	0.46%
	挪威	1	7.3	7.3	0.20%	0.20%
	比利时	1	6.6	3.7	0.18%	0.10%
	波兰	1	11.9	12.1	0.32%	0.33%
	土耳其	2	18.9	17.2	0.51%	0.47%
	小计	**29**	**987.6**	**926.6**	**26.6%**	**25.3%**
东欧	俄罗斯	11	301.3	283.8	8.13%	7.74%
	乌克兰	1	8.7	6.8	0.23%	0.19%
	小计	**12**	**310.0**	**290.6**	**8.4%**	**7.9%**
亚洲和大洋洲	日本	3	61.6	62.1	1.66%	1.69%
	澳大利亚	1	9.8	10.5	0.26%	0.29%
	新加坡	1	16.6	18.4	0.45%	0.50%
	印度	3	55.0	50.3	1.48%	1.37%
	韩国	7	76.9	58.4	2.07%	1.59%
	小计	**15**	**219.9**	**199.7**	**5.9%**	**5.5%**
中东	以色列	3	77.1	70.3	2.08%	1.92%
	小计	**3**	**77.1**	**70.3**	**2.1%**	**1.9%**
总计		**100**	**3707.1**	**3664.1**	**100.00%**	**100.00%**

注：被归为“跨欧洲”的公司是欧洲宇航防务集团（EADS）公司，该公司是由位于法国、德国和西班牙的公司组成的联合体。因此，在这里被归为“西欧和中欧”地区。

资料来源：根据“The SIPRI Top 100 Arms-Producing and Military Services Companies, *SIPRI*, 2015”相关数据计算得到。

进入到“SIPRI 20 强”的军火生产和军事服务公司也都全部来自美国、西欧与俄罗斯（见表 8.4）。

表 8.4　2015年“SIPRI 20强”军火生产和军事服务公司

公司名称	国家	2015 年排名	2014 年排名	2015 年军火销售额（亿美元）	2014 年军火销售额（亿美元）	2015 年军售额占总销售额百分比	2015 年总利润（亿美元）	2015 年总雇员数（人）
洛克希德·马丁	美国	1	1	364.4	365.2	79.0%	36.1	126000
波音公司	美国	2	2	279.6	283.3	29.1%	51.8	161400
BAE 系统公司	英国	3	3	255.1	239.0	93.3%	14.6	82500
雷声公司	美国	4	4	217.8	214.0	93.7%	20.7	61000
诺斯罗普·格鲁曼	美国	5	5	200.6	196.8	86.3%	19.9	65000
通用动力	美国	6	6	192.4	186.2	61.1%	29.7	99900
空中客车集团	跨欧洲	7	7	128.6	121.3	18.0%	29.9	136570
联合技术	美国	8	8	95.0	130.4	15.6%	43.6	197200
芬梅卡尼卡	意大利	9	9	93.0	88.2	64.5%	5.8	47160
L－3 通信	美国	10	10	87.7	98.2	83.8%	2.8	38000
泰利斯	法国	11	12	81.0	71.9	51.9%	9.0	62190
亨廷顿·英格尔斯工业公司	美国	12	13	67.4	66.9	96.0%	4.0	35500
金刚石－安泰	俄罗斯	13	11	66.2	64.2	95.0%	..	..

续表

公司名称	国家	2015 年排名	2014 年排名	2015 年军火销售额（亿美元）	2014 年军火销售额（亿美元）	2015 年军售额占总销售额百分比	2015 年总利润（亿美元）	2015 年总雇员数（人）
赛峰公司	法国	14	17	50. 2	42. 9	26. 0%	16. 4	70090
哈里森公司	美国	15	29	49. 2	31. 1	65. 9%	3. 2	21000
劳斯莱斯	英国	16	16	47. 9	50. 4	23. 5%	16. 5	50500
联合航空公司	俄罗斯	17	14	46. 1	44. 5	79. 8%	-17. 9	..
贝克特尔公司	美国	18	19	46. 0	45. 4	14. 2%	..	53000
联合造船厂	俄罗斯	19	15	45. 1	43. 5	86. 7%	2. 3	..
博思·艾伦·汉密尔顿	美国	20	23	39. 0	39. 1	72. 2%	2. 9	22600

注："..”表示缺失数据。

资料来源：The SIPRI Top 100 Arms-Producing and Military Services Companies，*SIPRI*，2015。

在“SIPRI 100 强”军火生产和军事服务公司中，隶属于经济发展水平较高的 OECD 国家的公司多达 87 家，它们提供了全球军火销售额的近 90%，军火销售额为 3317.4 亿美元。由此可见，北半球是军火生产能力的核心所在地，军火生产目前仍集中在经济发展水平较高的国家。

全球军火工业的垄断格局在 2016 年依旧明显。如表 8.5 所示，美国防务新闻网 2016 财年世界百强军工企业共来自 23 个国家，其中美洲企业有 44 家（美国有 42 家）、欧洲（含俄罗斯）36 家、亚洲有 18 家、非洲和大洋洲各有 1 家。类似地，在前 20 强中，除去韩国企业韩华公司外，其余企业也全部位于美国、西欧与俄罗斯。而韩华公司也是在 2015 年与泰利斯进行并购之后，才开始在军火销售方面表现不俗的。

表 8.5　2016 财年美国防务新闻网世界前 20 强军火生产公司

公司名称	国家	2016 年排名	2015 年排名	2016 年防务收入（亿美元）	2015 年防务收入（亿美元）	较 2015 年变化率	2016 年防务收入占总收入比例
洛克希德·马丁	美国	1	1	434.7	406.0	7%	92%
波音公司	美国	2	2	295.0	303.9	-3%	31%
BAE 系统公司	英国	3	3	236.2	252.8	-7%	91%
雷声公司	美国	4	4	223.8	216.2	4%	93%
诺斯罗普·格鲁曼	美国	5	6	202.0	176.0	15%	82%
通用动力	美国	6	5	197.0	191.5	3%	63%
空中客车集团	跨欧洲	7	7	123.2	127.8	-4%	17%
L-3 通信	美国	8	9	88.8	87.7	1%	84%
莱昂纳多	意大利	9	8	85.3	93.2	-9%	64%
泰利斯	法国	10	10	83.6	78.6	6%	50%
金刚石-安泰	俄罗斯	11	11	74.1	69.7	6%	100%
联合技术	美国	12	13	68.9	67.8	2%	12%

续表

公司名称	国家	2016 年排名	2015 年排名	2016 年防务收入（亿美元）	2015 年防务收入（亿美元）	较 2015 年变化率	2016 年防务收入占总收入比例
亨廷顿·英格尔斯工业公司	美国	13	12	67.8	68.8	-1%	96%
联合航空公司	俄罗斯	14	16	56.4	46.4	21%	80%
劳斯莱斯	英国	15	14	47.4	47.9	-1%	25%
德事隆集团	美国	16	18	44.1	41.6	6%	32%
霍尼韦尔	美国	17	15	43.8	47.2	-7%	11%
Leidos 公司	美国	18	23	42.5	32.5	31%	60%
韩华集团	韩国	19	38	42.15	31.0	36%	10%
哈里森公司	美国	20	17	42.13	44.0	-4%	71%

资料来源：Defense News，“Top List for 2017”，http：//people.defensenews.com/top-100/。

（一）美国

美国拥有全世界最大的军事工业。尽管与 2014 年相比，2015 年美国军火生产和军事服务公司的军火销售额下降了，但进入“SIPRI 100 强”的美国企业仍有 39 家（见表 8.6），这些美国公司占“SIPRI 100 强”军火生产和军事服务公司总军火销售额的 56.6%，远超过了全球第二大军火生产国英国（2015 年其军火销售额占“SIPRI 100 强”的百分比为 10.6%），甚至比整个欧洲（包括西欧、中欧、东欧）全部军火销售额的 1.6 倍还多。

2015 年有 7 家美国公司位列“SIPRI 100 强”军火生产和军事服务公司前 10 位。洛克希德·马丁仍然是世界上最大的军火生产公司，2015 年的军火销售额高达 364.4 亿美元，占“SIPRI 100 强”全部军火销售额的 9.8%。接下来依次是波音（占比 7.5%）、雷声（占比 5.9%）、诺斯罗普·格鲁曼（占比 5.4%）、通用动力（占比 5.2%）、联合技术（占比 2.6%）和 L-3 通信（占比 2.4%）。

冷和平

表 8.6　2015年“SIPRI 100强”军火生产和军事服务公司中的美国公司

公司名称	2015 年排名	2014 年排名	2015 年军火销售额（亿美元）	2014 年军火销售额（亿美元）	2015 年军火销售额在全球占比	2015 年总利润（亿美元）	2015 年总雇员数（人）
洛克希德·马丁	1	1	364.4	365.2	9.8%	36.1	126000
波音公司	2	2	279.6	283.3	7.5%	51.8	161400
雷声公司	4	4	217.8	214.0	5.9%	20.7	61000
诺斯罗普·格鲁曼	5	5	200.6	196.8	5.4%	19.9	65000
通用动力	6	6	192.4	186.2	5.2%	29.7	99900
联合技术	8	8	95.0	130.4	2.6%	43.6	197200
L-3 通信	10	10	87.7	98.2	2.4%	2.8	38000
亨廷顿·英格尔斯工业公司	12	13	67.4	66.9	1.8%	4.0	35500
哈里森公司	15	29	49.2	31.1	1.3%	3.2	21000
贝克特尔公司	18	19	46.0	45.4	1.2%	..	53000
博思·艾伦·汉密尔顿	20	23	39.1	39.1	1.1%	2.9	22600
德事隆集团	21	20	36.5	44.6	1.0%	7.0	35000
霍尼韦尔	23	18	33.8	47.6	0.9%	47.7	129000
Leidos 公司	26	26	30.2	33.9	0.8%	2.4	18000
通用电气	27	27	29.9	32.1	0.8%	-61.3	333000
科学应用公司	31	28	28.5	31.7	0.8%	1.2	15000
CACI 国际	34	35	25.3	27.3	0.7%	1.4	19900
罗克韦尔-柯林斯	38	46	22.2	22.3	0.6%	6.9	19500
AECOM	40	30	21.5	30.8	0.6%	-1.6	92000
CSRA	41	-	20.7	..	0.6%	0.9	18000
惠普公司	42	41	20.0	23.0	0.5%	45.5	287000
通用原子技术公司	44	57	19.7	16.3	0.5%	..	..

续表

公司名称	2015 年排名	2014 年排名	2015 年军火销售额（亿美元）	2014 年军火销售额（亿美元）	2015 年军火销售额在全球占比	2015 年总利润（亿美元）	2015 年总雇员数（人）
Orbital ATK	56	38	16.3	23.4	0.4%	2.0	12300
美泰科技国际公司	57	56	14.2	16.9	0.4%	0.5	..
GenCorp 公司	59	69	12.2	11.8	0.3%	-0.2	4820
Vectrus	61	71	11.8	11.7	0.3%	..	13000
雅各布斯工程集团	62	73	11.5	11.4	0.3%	3.0	64000
英吉利缇控股公司	64	86	11.0	9.3	0.3%	-2.3	9800
戴恩国际公司	70	67	9.9	13.0	0.3%	-1.3	12000
奥什卡什公司	74	55	9.4	17.3	0.3%	2.3	13300
特朗普集团	77	78	8.9	10.1	0.2%	2.6	14600
库比克集团	82	97	8.6	8.0	0.2%	0.2	8300
穆格公司	83	90	8.6	8.6	0.2%	1.3	10690
福陆公司	84	59	8.5	15.0	0.2%	4.1	38760
航空与航天公司	86	99	8.3	7.9	0.2%	..	3620
特利丹技术公司	89	106	8.1	7.4	0.2%	2.0	9200
麻省理工学院	90	96	8.0	8.0	0.2%	..	12110
安良科学与技术公司	91	103	7.6	7.7	0.2%	..	2700
太平洋建筑师和工程师公司	99	-	6.5	4.8	0.2%	..	15000
小计			2096.8	2158.9	58.2%	279.1	2091200

注：“..”表示缺失数据；“-”表示没有排名数据。

资料来源：SIPRI 军火工业数据库，https://www.sipri.org/databases/armsindustry。

2010 年以来，由于军事需求的减少，位于美国的许多大型军火生产和军事服务公司开始剥离它们的军事服务活动。在这个过程中，成立了一些新的、小型军事服务公司，这些小型公司通过不断整合，其收入规模随之逐年增长。2015 年美国有三家公司新晋成为“SIPRI 100 强”公司，分别是

CSRA（第41位）、英吉利缇控股公司（Engility，第64位）和太平洋建筑和工程师公司（Pacific Architects and Engineers，PAE，第99位），所有这三家公司都是纯粹的军事服务型公司。

（二）西欧

西欧和中欧地区是继美国之后，在“SIPRI 100强”中拥有军火生产和军事服务公司数量最多、军火销售额最大的地区。但与美国不同的是，2015年该地区29家最大的军火生产和军事服务公司军火销售额较前一年增加了6.6%，达98.8亿美元，扭转了西欧和中欧地区军火销售额在2013年和2014年连续两年减少的趋势。

西欧的大型军火生产企业主要集中在英国、法国、德国和意大利。英国的BAE系统公司，由法国、德国和西班牙公司组成的联合体——欧洲空中客车集团以及意大利的芬梅卡尼卡集团都进入了军火销售“SIPRI 100强”的前十位，分别排在第三、第七和第九位。

表8.7　2015年“SIPRI 100强”军火生产和军事服务公司中的英国公司

公司名称	2015年排名	2014年排名	2015年军火销售额（亿美元）	2014年军火销售额（亿美元）	2015年军火销售额在全球占比	2015年总利润（亿美元）	2015年总雇员数（人）
BAE系统公司	3	3	255.1	239.0	6.9%	14.6	82500
劳斯莱斯	16	16	47.9	50.4	1.3%	16.5	50500
巴布科克国际集团	22	25	34.0	33.1	0.9%	5.8	..
斯科公司	55	49	16.3	20.3	0.4%	..	103230
吉凯恩集团	73	81	9.5	9.2	0.3%	..	50000
奎蒂纳克公司	75	80	9.1	9.2	0.2%	1.6	6210
美捷特公司	80	89	8.7	8.3	0.2%	4.7	11930
空中加油机集团	94	102	7.0	7.2	0.2%	1.5	..
超级电子集团	95	108	6.8	6.9	0.2%	0.38	4840
小计			**394.4**	**383.5**	**10.6%**	**45.1**	**309210**

注：“..”表示缺失数据。

资料来源：The SIPRI Top 100 Arms-Producing and Military Services Companies, *SIPRI*, 2015。

2015 年英国有 9 家公司进入了“SIPRI 100 强”，它们的军火销售额总计为 394.4 亿美元，约占全球军火销售额的十分之一。与 2014 年相比，英国在 2015 年逆转了军火销售额下降的趋势，总军火销售比上一年增长了 2.8%。BAE 系统公司近十年来一直稳居全球前三大军火生产商之列，2015 年的军火销售额高达 255.1 亿美元，与第二大军火生产商波音公司在全球占军火销售额的占比相差不到 10%，更是占据了全部英国企业军火销售额的 65%，是在全球占主导地位且稳定的大型防务供给商（见表 8.7）。

2015 年进入“SIPRI 100 强”军火生产和军事服务公司的法国公司共有 6 家，军火销售额共计 213.7 亿美元，与 2014 年相比增加了 13.1%。法国军火销售额在全球军火销售总额中所占比例由 2014 年的 4.7% 上升至 2015 年的 5.8%。法国军火生产企业军火销售额在 2015 年的强劲增长，主要是由于武器出口增加了，特别是向埃及和卡塔尔的武器出口带动了军火生产的增长，如达索航空公司军火销售额变动中有 65% 是来自于出口的贡献。法国军火销售额在 2015 年的大幅上涨也是西欧军火销售增长的主要动力（见表 8.8）。

表 8.8　2015年“SIPRI 100强”军火生产和军事服务公司中的法国公司

公司名称	2015 年排名	2014 年排名	2015 年军火销售额（亿美元）	2014 年军火销售额（亿美元）	2015 年军火销售额在全球占比	2015 年总利润（亿美元）	2015 年总雇员数（人）
泰利斯	11	12	81.0	71.9	2.2%	9.0	62190
赛峰公司	14	17	50.2	42.9	1.4%	16.4	70090
DCNS	24	22	33.2	32.8	0.9%	0.64	12770
CEA	45	43	19.5	19.2	0.5%	-0.38	15700
达索航空公司	47	66	18.5	11.0	0.5%	5.4	12150
奈科斯特公司	63	65	11.3	11.0	0.3%	..	3320
小计			**213.7**	**188.9**	**5.8%**	**31.0**	**176220**

注：“..”表示缺失数据。

资料来源：The SIPRI Top 100 Arms-Producing and Military Services Companies，*SIPRI*，2015。

2015 年意大利有两家，德国有三家公司进入了“SIPRI 100 强”军火生产和军事服务公司名录。意大利两家公司芬梅卡尼卡和芬坎蒂尼在 2015 年的军火销售额为 93 亿美元和 14 亿美元，排名第 9 位和第 58 位。德国进入

“SIPRI 100 强”的莱茵金属公司、克森克虏伯公司和马劳斯－马菲·魏格曼公司的排名分别为第 30 位、第 46 位和第 85 位，军火销售额总计 56 亿美元，比上一年度增长了 7.6%，占全球军火销售额的 1.5%。

（三）俄罗斯

俄罗斯于 2009 年开始的大范围、雄心勃勃的国家军备计划对俄罗斯军火公司的武器生产及军火销售产生了积极的促进作用。2009 年以来俄罗斯武器制造商的军火销售额一直在稳步攀升，这主要得益于俄罗斯武装力量的军事采购，2015 年亦是如此。如表 8.9 所示，2015 年“SIPRI 100 强”军火生产和军事服务公司中有 11 家俄罗斯公司，它们的军火销售额共计达 301.3 亿美元，占全部 2015 年“SIPRI 100 强”军火销售额的 8.1%，比 2014 年增长了 6.2%。

表 8.9　2015年“SIPRI 100强”军火生产和军事服务公司中的俄罗斯公司

公司名称	2015 年排名	2014 年排名	2015 年军火销售额（亿美元）	2014 年军火销售额（亿美元）	2015 年军火销售额在全球占比	2015 年总利润（亿美元）	2015 年总雇员数（人）
金刚石－安泰	13	11	66.2	64.2	1.8%	..	..
联合航空公司	17	14	46.1	44.5	1.2%	－17.9	..
联合造船厂	19	15	45.1	43.5	1.2%	2.3	..
俄罗斯直升机公司	25	24	33.0	28.2	0.9%	6.9	41800
战术导弹公司	35	34	23.9	20.4	0.6%	2.4	44060
联合仪器制造公司	48	42	18.5	16.7	0.5%	0.46	41500
高精密度系统公司	49	37	17.7	17.1	0.5%	2.5	27300
联合发动机公司	50	45	17.2	16.2	0.5%	0.07	88500
无线电电子技术集团	51	44	16.8	16.3	0.5%	1.6	50700
乌拉尔车辆制造股份有限公司	66	63	10.2	10.5	0.3%	－1.7	..
RTI 集团	98	93	6.6	6.1	0.2%	..	..
小计			**301.3**	**283.8**	**8.1%**	**－3.2**	**293860**

资料来源：The SIPRI Top 100 Arms-Producing and Military Services Companies, *SIPRI*, 2015。

这 11 家公司中，高精密度系统公司（High Precision System）、RTI 集团和联合仪器制造公司（United Instrument Manufacturing Corporate）是于 2014 年才首次进入“SIPRI 100 强”的。除排名第 66 位的乌拉尔车辆制造股份有限公司之外，其余 10 家俄罗斯军火生产企业在 2015 年的军火销售额都有了不同程度的增长。然而，这 11 家公司在“SIPRI 100 强”中的排名较 2014 年均有所下滑。军售额的不断增长体现了俄罗斯政府加强对本国军事采办的承诺，但自 2014 年以来，俄罗斯的经济困境使军售额增长率相比之前大大降低了（2013 年至 2014 年增长了 48.4%）。

（四）新兴军火生产国和其他主要军火生产国

近年来，巴西、印度、韩国和土耳其等国开始重视武器装备本土化生产，以建立重要的本国武器生产能力为目标，在武器采办方面进一步提高了自给自足能力，并大力支持武器装备出口。[①] 此外，还有一些主要军火生产国，如澳大利亚、以色列、日本、波兰、新加坡和乌克兰，这些国家的军火生产企业已具有成熟的在某些时候甚至重要的武器生产能力。

2015 年新兴武器生产国和其他主要军火生产国的防务公司的军火销售额在“SIPRI 100 强”中占比为 9.5%，军火销售额总计为 344.6 亿美元。与 2014 年相比，其他主要军火生产国的军火销售额增加了 3%，而新兴国家的军火销售额增加了 15.9%（见表 8.10）。

在其他主要军火生产国中，澳大利亚、日本、波兰和新加坡四国的军火销售额在 2015 年均有所下降。其中，新加坡唯一的“SIPRI 100 强”公司——新加坡工程公司（Singapore ST's Engineering）的军火销售额下滑得最为严重，较 2014 年降低了 9.9%，主要原因是新加坡对武器装备的需求减少了。而与之相反的是，乌克兰唯一的“SIPRI 100 强”企业——乌克兰国防工业公司（UkrOboronProm）的军火销售增长得最为显著，较 2014 年增加了 19.6%，主要是由于冲突导致乌克兰军事开支大幅增长，进而增加了对军用车辆、弹药、通信和电子设备的采购。此外，以色列有三家公司进入

---

① 斯德哥尔摩国际和平研究所从 2013 年的“SIPRI 100 强”军火生产和军事服务公司中也将巴西、印度、韩国和土耳其定义为“新兴军火生产国”，而将澳大利亚、以色列、日本、波兰、新加坡和乌克兰定义为“其他守成国家”（other established producer）。

2015 年“SIPRI 100 强”，其军火销售额也较 2014 年增长了近 10%，在世界军火生产中的占比也有小幅提升。

表 8.10　2015 年其他主要军火生产国和新兴军火生产国的军火销售情况

地区	国家	公司数量	军火销售额（亿美元）		占100强销售总额的比例（%）	
			2015 年	2014 年	2015 年	2014 年
其他主要军火生产国	以色列	3	77.1	70.3	2.08%	1.92%
	日本	3	61.6	62.1	1.66%	1.69%
	澳大利亚	1	9.8	10.5	0.26%	0.29%
	新加坡	1	16.6	18.4	0.45%	0.50%
	波兰	1	11.9	12.1	0.32%	0.33%
	乌克兰	1	8.7	6.8	0.23%	0.19%
	小计	**10**	**185.7**	**180.3**	**5%**	**4.92%**
新兴军火生产国	巴西	1	8.1	11.3	0.22%	0.31%
	印度	3	55.0	50.3	1.48%	1.37%
	韩国	7	76.9	58.4	2.07%	1.59%
	土耳其	2	18.9	17.2	0.51%	0.47%
	小计	**13**	**158.9**	**137.1**	**4.29%**	**3.74%**
总计		**21**	**344.6**	**317.4**	**9.29%**	**8.66%**

资料来源：The SIPRI Top 100 Arms-Producing and Military Services Companies, *SIPRI*, 2015。

在新兴军火生产国中，韩国的军火生产和销售在 2015 年表现得尤为抢眼（见表 8.11）。韩华公司甚至在美国防务新闻网 2016 财年世界百强防务企业排名中跃升至第 19 位（见表 8.5）。

2015 年韩国有 7 家公司进入了“SIPRI 100 强”军火生产和军事服务公司之列，所有这些公司的军火销售总计为 76.9 亿美元，比 2014 年增长了 31.7%。这一方面体现出韩国国防部对武器装备需求的迅速增加，另一方面也得益于韩国 2015 年在武器出口市场上取得的不俗成绩。其中，LIG Nex1 公司的军火销售额较 2014 年增加了 34.7%，韩国航空工业公司（Korea Aerospace Industry）的军火销售额增加了 51.7%。而军火销售额增速最快的则是造船公司大宇造船海洋株式会社（DSME），从 2014 年的 3.8 亿美元猛增至2015年的10亿美元，翻了一番还多。这种快速增长也使得大宇造船海洋株式会社首次跻身于“SIPRI 100强”军火生产和军事服务公司之列。此外，生产弹药和推进器的丰山公司（Poongsan）和武器系统制造商韩华－泰利斯公司（Hanwha Thales）也是韩国2015年新晋“SIPRI 100强”的军火生产和军事服务公司。

表8.11　2015年“SIPRI 100强”军火生产和军事服务公司中的韩国公司

公司名称	2015年排名	2014年排名	2015年军火销售额（亿美元）	2014年军火销售额（亿美元）	2015年军火销售额在全球占比	2015年总利润（亿美元）	2015年总雇员数（人）
LIG Nex1	52	64	16.8	12.5	0.5%	0.7	3150
韩国航空工业公司	54	72	16.5	10.9	0.4%	1.6	3530
韩华泰科公司	65	76	10.8	9.7	0.3%	-0.9	4190
大宇造船海洋株式会社	67	-	10.0	3.8	0.3%	-27.2	13200
韩华公司	71	83	9.8	8.9	0.3%	1.1	..
丰山公司	96	-	6.6	6.6	0.2%	0.7	..
韩华－泰利斯	100	-	6.4	6.2	0.2%	0.3	1860
小计			**76.9**	**58.4**	**2.1%**	**-23.8**	**25930**

注：“－”表示没有排名数据。

资料来源：The SIPRI Top 100 Arms-Producing and Military Services Companies, *SIPRI*, 2015。

而其余三个新兴军火生产国在2015年的军火生产和销售表现得并不一致。印度和土耳其分别有三家和两家企业进入了2015年“SIPRI 100强”军火生产和军事服务公司之列，与2014年相比，军火销售额分别增加了9.3%和10.2%。而巴西只有一家公司——巴西航空工业公司（Embraer）进入了“SIPRI 100强”，军火销售额在2015年为8.1亿美元，相比2014年减少了28.1%，在“SIPRI 100强”中的排名也从2014年的第66位下滑至2015年的第88位。

三、市场结构

冷战结束后，随着需求的下降，全球国防工业出现了大规模的整合，在美国、英国、比利时、挪威等国家许多防务企业进行了合并、重组甚至是跨国并购。

（一）市场集中度

市场集中度是衡量某个行业中企业数目和企业相对规模之间存在差异的指标，它能够在一定程度上体现出企业的市场势力和市场的竞争程度。以市场份额表示的行业集中率和赫芬达尔－赫希曼指数（Herfindahl-Hirschman Index，以下简称为“HHI 指数”）① 是最常用的市场集中度计量指标。表 8.12 给出了根据 2015 年不变美元价格计算得到的行业集中率（即市场份额）和 HHI 指数。从中可以看到，21 世纪最初几年是全球军火生产最为集中的几年，前 3 大至前 50 大军火生产企业军火销售额的市场份额基本都在 2002 年和 2003 年前后达到了最高值，之后缓慢下降，直至 2015 年才略有升高。无论从市场份额和市场集中度指数，还是从各个公司的排名看，近年来，尤其是前 10 大军火生产和军事服务公司是非常稳定的。前 5 大公司基本占据全部军火销售额的三分之一左右，前 10 大公司占据全部军火销售额的一半左右，而前 50 大公司提供了全球近九成的军火销售。洛克希德·马丁、波音、BAE 系统、雷声、诺斯罗普·格鲁曼、通用动力等军火巨头也一直稳稳地居于前 10 大军火生产和军事服务公司之列。

表 8.12 中，根据军火销售额计算的市场集中度与根据总销售计算的差异较大。这种差别在前 3、前 5、前 10 和前 20 大公司中体现得更加明显。军火销售额反映出的市场更为集中，而总销售额体现的市场则更加分散。这表明主要承包商国防销售的专门化程度提高了。2015 年“SIPRI 100 强”总军火销售额占总销售额的比例只有 30.6%。

① HHI 指数以某个行业/市场上所有企业的市场份额的平方和来表示，体现了企业规模的离散度。其中市场份额可以用总收入或总资产来计算。

表 8.12　2002－2015 年全球军火生产的市场结构变化

	2002	2003	2004	2005	2006	2007	2008	2009	2010	2011	2012	2013	2014	2015
按 2015 年不变美元军火销售额计算														
前 3	0.32	0.30	0.28	0.27	0.26	0.26	0.24	0.24	0.24	0.23	0.23	0.23	0.23	0.24
前 5	0.45	0.42	0.41	0.41	0.40	0.39	0.36	0.36	0.36	0.34	0.34	0.33	0.33	0.36
前 10	0.61	0.60	0.59	0.59	0.58	0.57	0.55	0.55	0.54	0.52	0.51	0.50	0.49	0.52
前 20	0.73	0.73	0.73	0.73	0.73	0.71	0.69	0.69	0.68	0.65	0.65	0.65	0.65	0.66
前 50	0.89	0.89	0.89	0.89	0.89	0.89	0.88	0.88	0.87	0.86	0.86	0.86	0.86	0.86
HHI	0.05	0.05	0.05	0.05	0.04	0.04	0.04	0.04	0.04	0.03	0.03	0.03	0.03	0.04
按 2015 年不变美元总销售额计算														
前 3	0.09	0.12	0.11	0.11	0.13	0.12	0.10	0.12	0.11	0.11	0.11	0.11	0.12	0.14
前 5	0.12	0.16	0.16	0.15	0.18	0.17	0.15	0.17	0.16	0.15	0.15	0.15	0.15	0.18
前 10	0.21	0.27	0.27	0.24	0.29	0.28	0.25	0.31	0.30	0.29	0.28	0.29	0.30	0.33
前 20	0.39	0.52	0.51	0.49	0.60	0.58	0.38	0.57	0.55	0.49	0.47	0.39	0.43	0.44
前 50	0.83	0.83	0.64	0.69	0.80	0.78	0.74	0.76	0.77	0.77	0.72	0.72	0.79	0.82
HHI	0.07	0.06	0.06	0.06	0.05	0.05	0.05	0.04	0.04	0.04	0.04	0.04	0.04	0.04

注：“前 3”、“前 5”、“前 10”、“前 20” 和 “前 50” 分别表示前 3 大、前 5 大、前 10 大、前 20 大和前 50 大军火生产和军事服务公司以军火销售额或总销售额计算的累积市场份额。

资料来源：根据 2002－2015 SIPRI Top 100 计算得到。

由于 SIPRI 数据所覆盖的各类武器装备之间并非完全可以相互替代，将全部防务产品与服务当作一个市场并不恰当，因此 HHI 指数的绝对数值大小无法直接解读为世界军火生产和销售市场竞争程度的高低。但从近年来 HHI 指数逐渐减小的变化趋势上，我们可以判断军火生产公司的竞争程度确实有所提升。

（二）防务公司并购

尽管依据 “SIPRI 100 强” 军火生产和军事服务公司的军火销售额和总销售计算的市场集中度近些年来并未出现过很大的波动，但事实上全球军火生产和军事服务领域的企业整合与并购每年都在频繁发生。特别是在 2015 年，全球防务领域内的企业并购数量和金额稳定增长。根据《简氏防务周刊》（*Jane's Defence Weekly*）所发布的数据，在2015年防务企业并购交易涉及金额总计264亿美元，比2014年增加了60亿美元左右；并购交易134起，比2014年增加了18起，达到了2011年以来的最高水平。

2016年，虽然防务企业并购的次数较2015年增加了1起，但并购涉及的总金额却比2015年减少了46%，为141.4亿美元。相应地，2016年涉及金额超过5亿美元的防务企业并购交易约占全部交易的8%，较2015年下降了10%（见图8.3）。

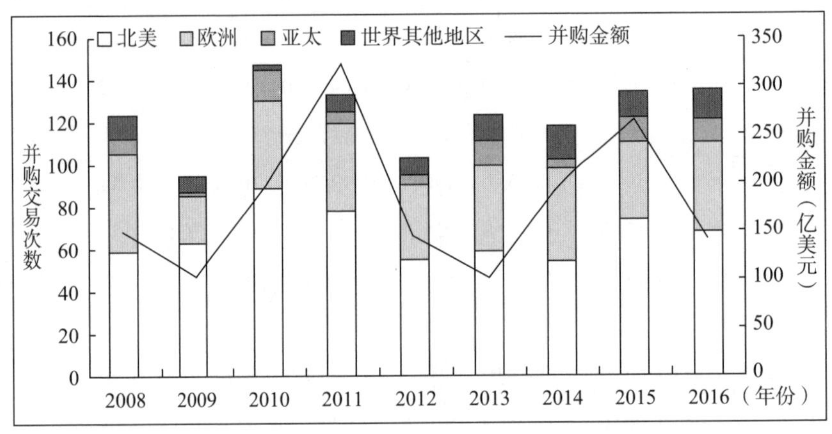

图8.3 2009－2016年防务企业并购中目标企业分布及并购金额

资料来源："Mergers and Acquisitions 2016: Full-year Report", *Jane's Defence Weekly*。

2014年前，并购活动主要集中在防务供应链的中低端，并购也主要由中低端的买家发起，大型防务企业参与的并购活动较为有限。这也解释了为什么尽管并购频繁发生，但军火生产的市场集中度却几乎没有变化。2015年的防务企业似乎延续了这种趋势：位于供应链上层的大型防务企业参与了不到三分之一的并购活动，这一比例在2014年是41%，且最高峰在2010年，为49%（见图8.4）。但2016年这一特点似乎有所变化，一个明显的表现是大型防务企业回归了。波音、芬梅卡尼卡［现在已更名为莱昂纳多（Leonardo）］、亨廷顿·英格尔斯（Huntington Ingalls）、L－3通信（L－3 Communications）、马劳斯－马菲·魏格曼（Krauss-Maffei Wegmann）、萨博（Saab）和特力丹（Teledyne）等公司在2016年作为收购方参与了防务领域的企业并购。

2015年全球防务企业并购中，有十分之一的并购案（13件）涉及金额超过了5亿美元（见图8.5）。这些较大规模的并购往往有大型企业参与。

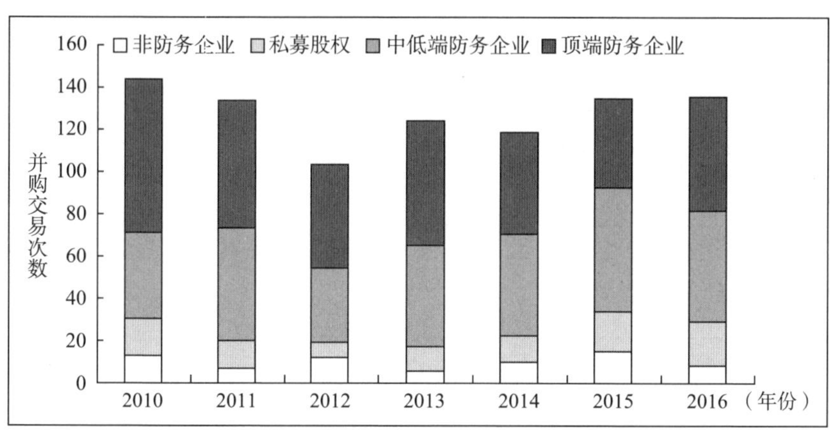

图 8.4　2010 -2016 年防务企业并购中买方公司类型分布

资料来源："Mergers and Acquisitions 2016：Full-year Report"，*Jane's Defence Weekly*。

例如洛克希德·马丁斥资 90 亿美元购买了飞机制造商西科斯基飞机公司（Sikorsky），吉凯恩集团花费了 7.8 亿美元购买了荷兰的福克技术公司（Fokker），哈里斯公司（Harris Corporation）通过现金加股票交易方式以大约 47 亿美元的价格收购了从 ITT 分拆出来的生产通信网络、监控系统和电子展设备产品的埃克里斯（Exelis）公司。

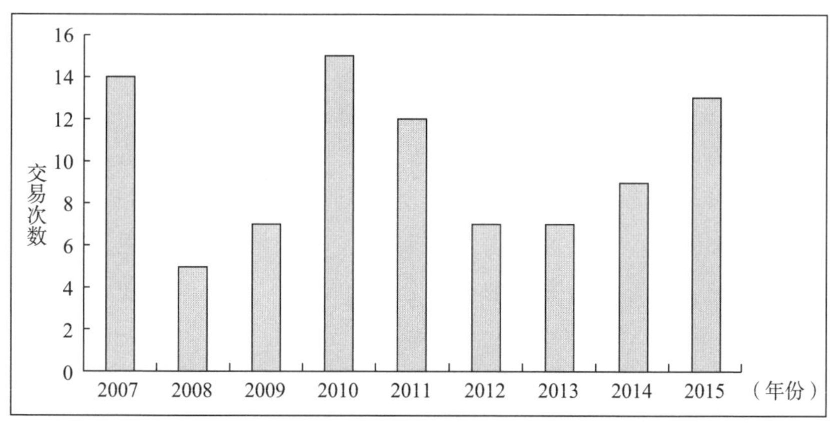

图 8.5　2007 -2015 年全球防务企业并购涉及金额超过 5 亿美元的交易数量

资料来源："Mergers and Acquisitions 2016：Full-year Report"，*Jane's Defence Weekly*。

2015 年 70% 的并购交易发生在同一国家的买方公司和目标公司之间，跨国并购的比例低于 2008 -2014 年的平均水平 36%（见图 8.6）。这与前十年的防务企业并购形成了鲜明对比。那时，受《购买美国货法案》

（*Buy American Act*）的影响，为了进入美国这个拥有全球最大军事需求的市场，许多防务企业特别是欧洲的防务企业必须通过收购美国本地公司，成为一家美国公司后，才能进入美国国防采办程序，因此出现了较多的跨国并购。近些年来，由于市场增长限制了对外直接投资（如印度），或者由于投资并非最可行的市场进入策略，跨国并购数量不断减少。2016 年似乎也延续了这种趋势，63% 的防务企业并购发生在同一国家内，与前五年的平均水平（65%）几乎持平。

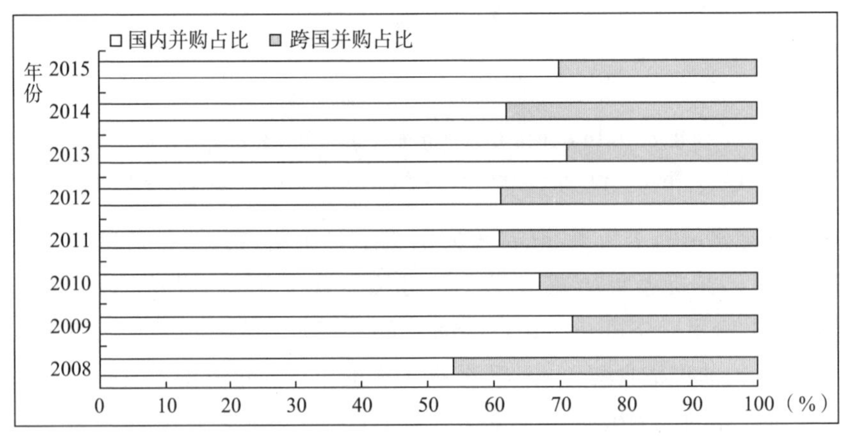

图 8.6 2008－2015 年全球防务企业并购中跨国并购所占比例

资料来源：“Mergers and Acquisitions 2016：Full-year Report”，*Jane's Defence Weekly*。

同 2014 年类似的是，2015 年大多数并购（所有并购中有 82%）的目标公司位于欧洲或北美，这一数字略低于 2008－2012 年的平均值 88%。非欧美国家公司参与的防务企业并购数量增加表明，一些新兴市场，特别是印度、土耳其和阿拉伯联合酋长国等国家之间的合作在不断加强。2016 年的情况也是如此：所有收购案中的目标公司有一半位于美国或加拿大（这一比例在 2015 年是 55%），欧洲公司占到目标公司的 31%（这一比例在 2015 年是 27%），而位于世界其他地方的目标公司仅占 18%（这一比例在 2015 年是 19%）。

从目标公司所属领域的分布情况看（见图 8.7），2015 年的防务企业并购出现最多的领域与航空部门有关，包括从子系统生产、维护、修理和大修服务到最终平台的生产，例如 L－3 通信公司收购了 CTC 航空公司的飞行员训练部门。此外，网络安全和 C^4ISR（包括从雷达系统到卫星通信技术）产品也是防务企业并购的重要内容。发生在网络安全或政府 IT 市场方面的并购大约占到 2015 年全球防务企业并购数量的 14%，这与前三年的情况基本持平，但相较于 2010 年的 25% 和 2011 年的 26% 则大大下降了。

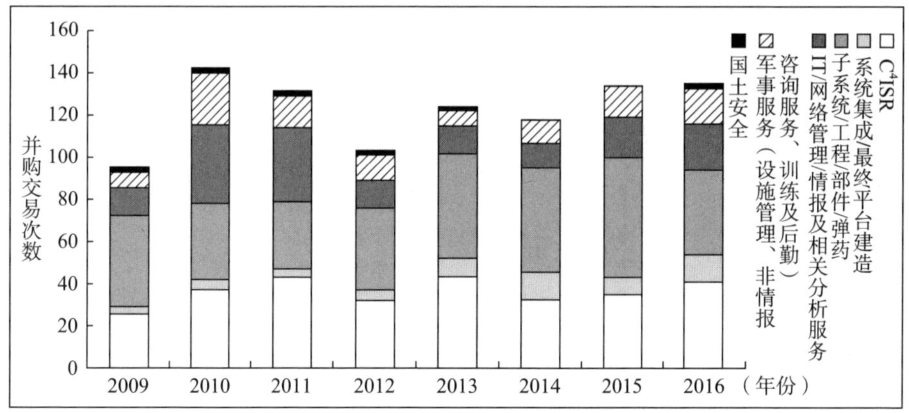

图 8.7　2009－2016 年全球防务企业并购目标企业所属部门分布

资料来源："Mergers and Acquisitions 2016：Full-year Report"，*Jane's Defence Weekly*。

与 2015 年相比，C^4ISR 和电子部门领域发生的并购在 2016 年有所增加，占 2016 年全部并购数量的 30%，较 2015 年增长了 4 个百分点。同样，网络安全和情报领域的并购也增加了，占 2016 年全部并购数量的 16%，达到了 2011 年以来的最高值。而工程服务和子系统制造领域的并购在 2016 年主要由供应链低端的公司推动，该领域中的并购占 2016 年全部并购数量的 30%，较 2015 年（43%）和 2014 年（42%）则有较大减少。航空领域的并购占 2016 年全部并购数量的 19%，陆地系统领域在 2016 年仍未发生企业并购。据《简氏防务周刊》的数据，2015 年、2016 年全球防务领域十大并购案分别见表 8.13、表 8.14。

表 8.13　2015 年全球防务领域十大并购案

买方公司		目标公司			金额（亿美元）
名称	国家	名称	国家	所属领域	
伯克希尔·哈撒韦公司	美国	精密机件公司	美国	飞机零部件生产商（其10% 的产品销往军事市场）	372
丹纳赫公司	美国	颇尔公司	美国	军工与民用工业中的过滤产品	138
洛克希德·马丁	美国	西科斯基飞机公司	美国	直升机的设计与生产	90

续表

买方公司		目标公司			金额（亿美元）
名称	国家	名称	国家	所属领域	
哈里斯	美国	埃克里斯（Exelis）公司	美国	航空与防务服务和技术——于 2011 年从 ITT 公司剥离出来	47.5
BBA 航空公司	英国	地标航空公司	美国	航空服务（包括给美国国防部提供加油服务）	20
雷声	美国	韦伯森斯（Websense）公司	美国	网络安全	15.7
美铝	美国	RTI 国际金属公司	美国	为防务和航空市场提供专门的钢铁产品	15
科学应用国际公司	美国	希特信息系统（Scitor）公司	美国	情报服务	7.9
吉凯恩集团	英国	福克技术公司	荷兰	航空系统	7.8

资料来源："Mergers and Acquisitions 2016：Full-year Report"，*Jane's Defence Weekly*。

表 8.14　2016 年全球防务领域十大并购案

买方公司		目标公司			金额（亿美元）
名称	国家	名称	国家	所属领域	
BBA 航空公司	英国	地标航空公司	美国	卡莱尔集团	20.6
KKR 公司	美国	空中客车防务电子公司	法国/德国	空中客车集团	12.5
TransDigm 集团	美国	数据服务公司	美国	贝尔曼资本	10
劳斯莱斯	英国	涡轮推进器工业公司	西班牙	SENER	8.0
特力丹技术公司	美国	E2V	英国	LSE-listed	7.8
史密斯集团	英国	莫弗检测公司（Morpho Detection）	法国	赛峰集团	7.1
韩华公司	韩国	斗山（Doosan DST）	韩国	斗山集团及其投资者	6.1
俄罗斯直接投资基金/中东无人机基金	俄罗斯	俄罗斯直升机公司	俄罗斯	俄罗斯国家技术集团（Rostec）	6.0
法罗里奥公司	西班牙	Broadspectrum	澳大利亚	Market listed	5.8
凯洛格·布朗·路特公司	美国	怀尔（Wyle）	美国	N/A	5.7

资料来源："Mergers and Acquisitions 2016：Full-year Report"，*Jane's Defence Weekly*。

四、评估与展望

自2011年开始，受全球经济低迷和国防预算限制的影响，世界军火生产呈不断下滑态势。但全球军火销售额的下滑速度在2015年有所减缓，并在2016年止跌回升。2015年除美国和日本外，世界主要武器生产国的军火销售额都有所增长，其中以俄罗斯、韩国的增长最为瞩目。全球军火生产及销售依旧呈现垄断格局，军火生产主要集中在美国与西欧等经济发达国家。美国、西欧国家和俄罗斯提供了全球90%以上的武器装备和军事服务。美国作为最大的武器和军事服务供给国，拥有全球最多的百强防务企业以及最大规模的军火生产，其军火销售额的变化左右着全球军火销售总量的变动趋势。各国的军火生产和军火销售主要受到经济能力及政府军事采办承诺的影响。此外，从世界百强防务企业的整体数据看，防务业务收入占总收入比例近年来连续升高。

与前几年相比，2015年、2016年防务领域发生的企业并购在数量上不断增加。特别是2015年，防务企业并购数量和涉及金额都达到了2011年以来的最高值。2016年有众多大型防务企业参与了收购活动，这是2016年出现的新特点。C^4ISR、网络安全和航空领域都会成为近年来防务企业并购发生的重点领域。防务企业并购改变了军火生产的市场结构，是一些小型防务企业扩展业务，提升竞争力的重要途径。反映市场结构和市场竞争情况的HHI指数虽然没有大幅波动，但从近年来逐渐减小的变化趋势上，大致可以认为全球军火生产公司的竞争程度确实有所提升。

随着世界范围内恐怖主义活动大肆蔓延以及局部区域争端频繁不断，相关各国在武器装备建设方面的投入连年增长，全球军火生产和销售预计在2017年会继续保持上升势头。从目前来看防务领域内的企业并购仍会频繁发生，随着大型防务企业的参与，预计2017年世界百强企业构成和排名以及防务市场结构会出现一些较为明显的变化，但全球武器生产的国家结构、地区结构仍会相当稳定。

9. 军贸

郝朝艳*

摘　要： 2016年是全球军火贸易规模连续增长的第八年，达近二十年来的最高值。飞机、舰船、装甲车和导弹是交易量最大的武器类型。2012－2016年美国、俄罗斯等前五大武器出口国共占据全球军火贸易总额的74.3%，其中美国、俄罗斯提供了56.5%的武器出口。相比全球武器出口市场，主要常规武器进口国的武器进口集中度则要低得多。沙特阿拉伯是2016年武器进口最多的国家，也是武器进口增长最快的国家。印度、阿拉伯联合酋长国、阿尔及利亚等是主要常规武器进口国，越南、印度尼西亚、伊拉克和埃及的武器进口近年来有较大规模增长。

关键词： 军火贸易　武器出口　武器进口

---

* 郝朝艳（1977－　），北京大学经济学博士，中央财经大学国防经济与管理研究院学术委员会副主任委员、副教授、硕士生导师，主要研究方向为国防工业、军火贸易、冲突经济学。出版《产权改革与股权拍卖机制设计》《冲突经济学：理论、模型与方法》、*Cooperation for a Peaceful and Sustainable World* 等中外文专著，主持《冲突经济学原理》《现代国防工业》《政府在国防工业中的三重角色》等一系列有影响力的专业书籍的翻译工作，在《经济研究》《世界经济》《中国军事科学》等国内外期刊发表多篇学术论文。先后赴美国、韩国、泰国等进行学术访问或国际交流。

基金项目： 中央财经大学全球经济与可持续发展研究中心战略安全与国家动员能力建设专项。

国际军火贸易是国家政治、军事、经济活动的对外延伸与扩展，已日益成为国际政治、国际关系中的一个重要变量，对国际战略格局与地区形势产生着重要影响。近年来，全球军火交易额稳步上升，特别是在一些热点地区不断升温，对全球安全结构和地区安全态势造成重大影响，也为世界和平与发展带来不可小视的影响。①

一、全球军火贸易态势

军火贸易最大的买主是各国政府。20 世纪 60 年代中期以前，军火转让主要通过军事援助的方式进行；60 年代中期以后，经济因素增加，大量军火开始进入国际贸易领域。

（一）总量

2016 年全球军火贸易规模继续上涨，达到了近二十年来的最高值。按英国《简氏防务周刊》母公司信息处理服务集团（IHS）发布的 2016 年度报告显示，2016 年全球军火贸易达 625 亿美元，比 2015 年增加了 43.2 亿美元，增幅为 7.4%，这是全球军火贸易连续增长的第八年。而按照斯德哥尔摩国际和平研究所（SIPRI）的武器转让统计口径，尽管存在小幅波动，但自 2000 年起，全球武器转让存在明显、稳定的上升趋势。相比 2007 - 2011 年，全球主要常规武器转让在 2012 - 2016 年增长了 8.4%（见图 9.1），这是自 1990 年冷战结束以来，每个五年时期主要常规武器转让的最高值。2016 年全球主要常规武器转让高达 310.8 亿美元，比 2015 年（284.5 亿美元）增长了 9.2%。

（二）产品结构

与军火贸易总量相比，军火贸易的产品结构则相对稳定，飞机、舰船、装甲车和导弹一直都是交易量较大的重要武器类型。但随着军事技术的发展和冲突及威胁性质的变化，对各类型武器的需求结构也在随之变

① 武器装备类型大体可分为三种：常规武器、中小型武器以及大规模杀伤性武器。考虑到数据的可获得性、准确性以及在武器贸易中的重要性，本章仅涉及常规武器贸易和转让。

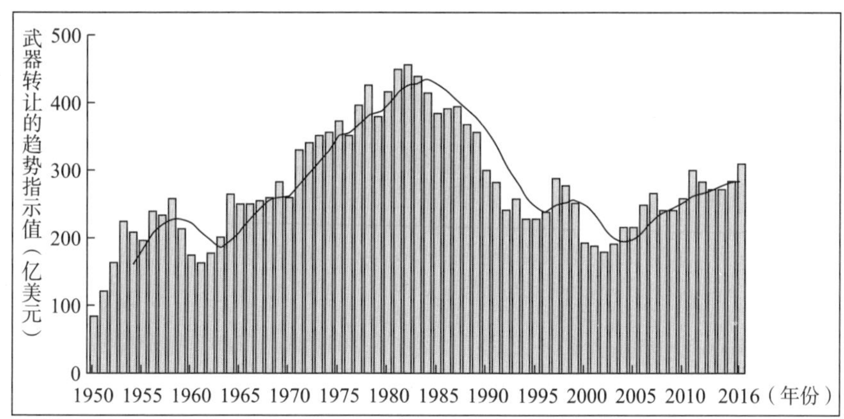

图 9.1　1950－2016 年 SIPRI 全球主要常规武器转让趋势

注：（1）柱状图显示了每一年主要常规武器转让的总数量。由于武器转让数据年度之间的波动比较大，图中给出了每五年的移动平均值（曲线上的每个点代表前 5 年的平均值），以得到一个更加平稳的趋势值。（2）SIPRI 趋势指示值是主要常规武器转让量的度量。

资料来源：SIPRI，"Trends in International Arms Transfers，2016"，*SIPRI*，2017。

化。图 9.2 给出了近十年来，飞机、防空系统、反潜战武器、装甲车、火炮、发动机、导弹、传感器、卫星、舰船和其他"主要常规武器"在全部军火转让总量中所占比例的变化趋势图。

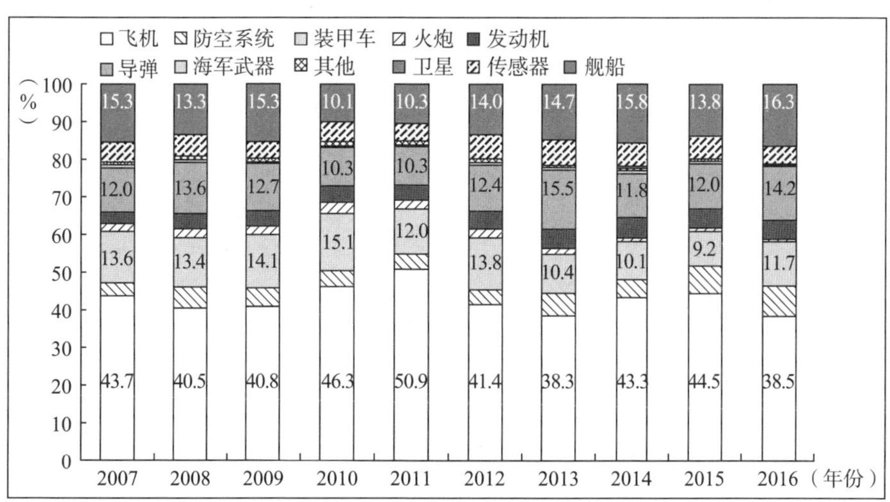

图 9.2　2007－2016 年全球主要常规武器转让类型结构

资料来源：根据"SIPRI Arms Transfer Database"相关数据计算得到。

军火贸易中，飞机的交易量一直最大，从 2007－2016 年平均值看，大约占到全球主要常规武器贸易总量的 43%；其次是舰船、装甲车和导弹，这三类武器的占比相差不多，各自平均占 2007－2016 年全球主要常规武器贸易总量的 11%～15%；传感器、防空系统和发动机平均占 2007－2016 年全球军火贸易总量的 5%；其余四类武器占比总计不到 4%（见图 9.3）。当然，各类型武器在全部主要常规武器贸易中所占比例存在着一定的变化趋势。如与 2007－2011 年相比，飞机转让量所占比例由之前的平均 44.4% 下降到 2012－2016 年的平均 41.2%，2016 年较 2015 年下降了近 6 个百分点，下滑得尤为明显。装甲车转让量占比在 2012－2016 年平均为 11.0%，虽然比 2007－2011 年（13.6%）下降了，但于 2016 年出现了上升趋势，占比较 2015 年增加了 2.5 个百分点。火炮在军火贸易中的重要性有所降低，而舰船、导弹和防空系统转让所占比例均有所上升。

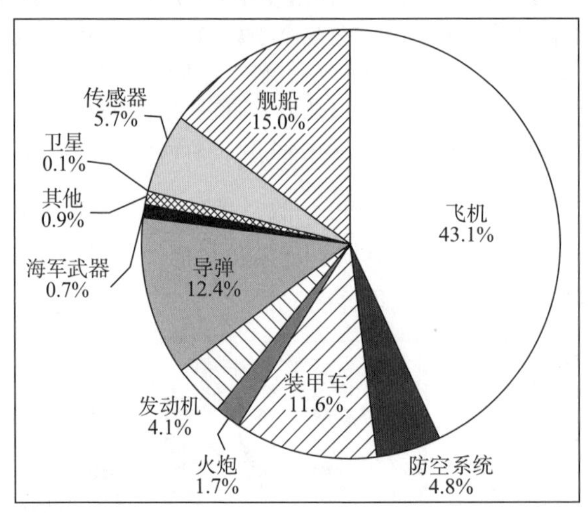

图 9.3　2007－2016年全球主要常规武器转让类型结构（平均值）

资料来源：根据“SIPRI Arms Transfer Database”相关数据计算得到。

二、武器出口

武器出口是军火贸易的重要方面，从全球情况看，发达国家和军事强国一直在武器出口方面扮演着重要角色。

（一）武器出口趋势

从国家层面看，全球主要常规武器出口非常集中。美国、俄罗斯（苏联）自 1950 年以来一直是两个最大的武器供应国，提供着全球一半以上的武器出口，出口量和市场份额远超出其他武器出口大国（见表 9.1）。

表 9.1　2012 - 2016 年全球前 25 大主要常规武器出口国及其主要接收国情况

2012 - 2016 年排名	2007 - 2011 年排名	出口国	占全球武器出口的比例		2012 - 2016 年武器出口趋势指示值（亿美元）	2016 年武器出口趋势指示值（亿美元）	主要接收国进口武器比例（2012 - 2016年）（%）		
			2012 - 2016 年	2007 - 2011 年			第一大	第二大	第三大
1	1	美国	33.2%	29.6%	471.7	98.9	沙特（13）	阿联酋（8.7）	土耳其（6.3）
2	2	俄罗斯	23.3%	24.2%	331.9	64.3	印度（38）	越南（11）	中国（11）
3	6	中国	6.2%	3.8%	87.7	21.2	巴基斯坦（35）	孟加拉国（18）	缅甸（10）
4	4	法国	6.0%	6.9%	85.6	22.3	埃及（19）	中国（11）	阿联酋（9.1）
5	3	德国	5.6%	9.4%	79.1	28.1	韩国（13）	希腊（12）	美国（9.7）
6	5	英国	4.6%	3.9%	65.9	13.9	沙特（48）	印度（11）	印尼（9）
7	7	西班牙	2.8%	2.9%	39.6	4.8	澳大利亚（27）	沙特（12）	土耳其（11）
8	8	意大利	2.7%	2.4%	38.2	8.0	土耳其（14）	阿联酋（11）	阿尔及利亚（8）
9	12	乌克兰	2.6%	1.9%	36.8	5.3	中国（28）	俄罗斯（17）	泰国（8.5）
10	10	以色列	2.3%	2.2%	32.3	12.6	印度（41）	阿塞拜疆（13）	美国（5.9）
11	9	荷兰	1.9%	2.3%	27.5	4.7	约旦（14）	摩洛哥（11）	美国（11）
12	11	瑞典	1.2%	2.0%	16.5	2.5	泰国（14）	阿联酋（13）	沙特（10）
13	15	韩国	1.0%	0.9%	14.3	5.3	伊拉克（30）	土耳其（27）	印尼（23）

续表

2012－2016年排名	2007－2011年排名	出口国	占全球武器出口的比例		2012－2016年武器出口趋势指示值（亿美元）	2016年武器出口趋势指示值（亿美元）	主要接收国进口武器比例（2012－2016年）（%）		
			2012－2016年	2007－2011年			第一大	第二大	第三大
14	13	瑞士	1.0%	1.2%	13.8	1.9	沙特（20）	中国（19）	美国（16）
15	14	加拿大	0.9%	1.0%	13.3	1.3	美国（20）	沙特（18）	利比亚（10）
16	21	土耳其	0.7%	0.3%	10.6	2.8	土库曼斯坦（29）	阿联酋（20）	沙特（20）
17	17	挪威	0.6%	0.5%	9.0	1.5	美国（29）	芬兰（27）	波兰（15）
18	20	白俄罗斯	0.4%	0.4%	6.3	0.8	中国（27）	越南（24）	苏丹（18）
19	16	南非	0.3%	0.5%	4.6	0.6	厄瓜多尔（16）	印度（13）	阿联酋（13）
20	22	澳大利亚	0.3%	0.3%	4.0	1.3	美国（52）	印尼（21）	阿曼（10）
21	25	芬兰	0.3%	0.2%	3.6	0.7	波兰（55）	瑞典（9.2）	沙特（6.1）
22	33	捷克	0.2%	0.1%	3.4	1.3	伊拉克（48）	越南（14）	尼日利亚（8.7）
23	23	巴西	0.2%	0.3%	2.6	1.1	印尼（40）	阿富汗（34）	安哥拉（9.9）
24	48	罗马尼亚	0.2%	0.0%	2.2		荷兰（100）	莫桑比克（<0.5）	
25	24	波兰	0.1%	0.3%	2.0	0.03	美国（66）	阿尔及利亚（9.8）	菲律宾（9.8）

资料来源：根据 SIPRI Arms Transfer Database 相关数据计算得到。

表中所列出的前25大武器出口国提供了全球近99%的主要常规武器出口。按照斯德哥尔摩国际和平研究所的数据，世界前五大武器出口国美国、俄罗斯、中国、法国和德国共占据了全球军火贸易总额的74.3%，相比2007-2011年前五大军火出口国所占份额提高了0.5个百分点。其中美国和俄罗斯两个国家就占到全球军火贸易总额的56.5%，较2007-2011年上升了2.7个百分点，远高于中国、法国、德国等国家（如图9.4所示）。

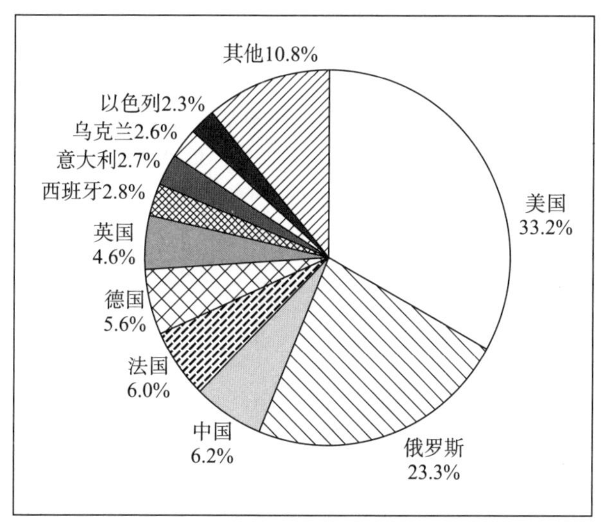

图9.4　2012-2016年10大主要常规武器出口国军火出口量占比情况

资料来源：SIPRI Fact Sheet, 2017, "Trends in International Arms Transfers, 2016"。

从各国在全球主要常规武器出口量的变化情况看，相比2007-2011年，2012-2016年前十大武器出口国除法国、德国出口量有所减少外，其他国家均有所增长（见图9.5）。

按照信息处理服务集团（IHS）2016年度的武器贸易报告数据，2016年美国提供了全球武器出口总额的38%，俄罗斯提供了10%，这两个武器出口大国大约占据了全球武器出口市场的一半。紧随其后的是英国、法国和德国三个传统的武器出口大国，它们各自提供了全球武器出口市场的7%。从两组数据的定义和差异似乎可以推出，相比俄罗斯和中国，美国、英国、法国、德国和以色列出口武器的平均值应更高一些（见图9.6）。

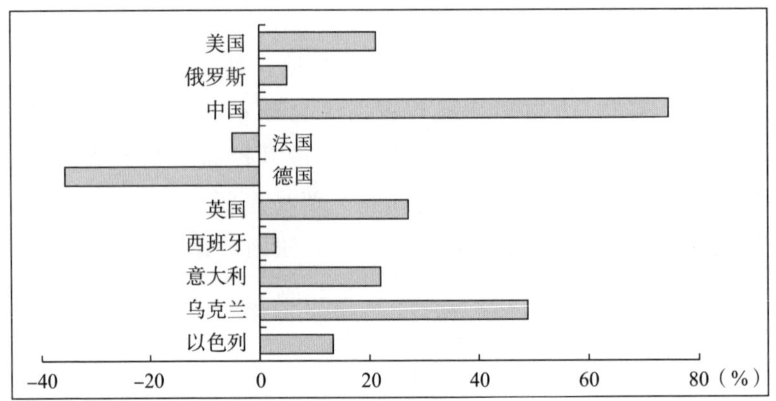

图 9.5　2012－2016 年 10 大主要常规武器出口国相比 2007－2011 年主要常规武器出口量变化百分比

资料来源：SIPRI Fact Sheet，2017，“Trends in International Arms Transfers，2016”。

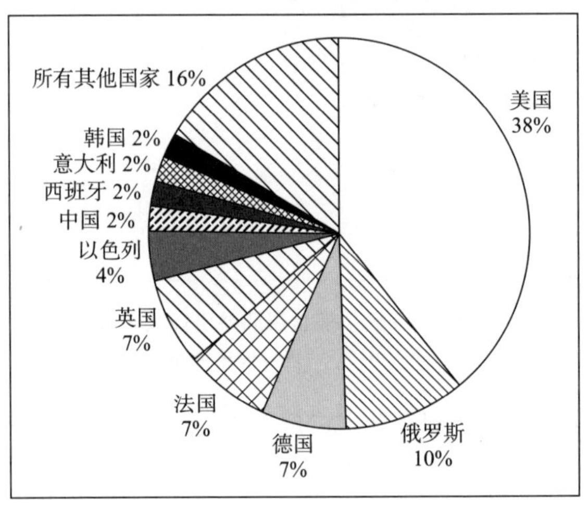

图 9.6　2016 年主要武器出口国的武器出口市场份额

资料来源：Jane's IHS Markit，2017，*Global Defence Trade：Analysis and Opportunities*。

（二）美国

美国自冷战结束后一直是全球最大的武器出口国。它一直将武器出口视为重要的外交政策与安全工具。按照斯德哥尔摩国际和平研究所的武器转让数据，2012－2016 年全球主要常规武器的出口贸易中，美国的武器出口量相比 2007－2011 年增加了 21%，约占全球武器出口总量的三分之一，稳居世界首位。美国主要常规武器的买家分布最广，2012 - 2016 年至少有 100 多个国家和地区进口了美国的武器，远远超过了其他武器出口国的接收国数量。从地区层面看，中东地区是美国主要常规武器出口的最大接收者，美国武器出口中近 47% 转让到了中东地区。从 2016 年实际交付武器的流向看（见图 9.7），中东国家（尤其是沙特阿拉伯和阿拉伯联合酋长国）是美国最大的武器进口地区，沙特阿拉伯进口的美国武器贸易额超过了 30 亿美元。美国的盟友，澳大利亚、韩国、日本、加拿大等国和我国台湾地区依然是美国武器的主要接收者。

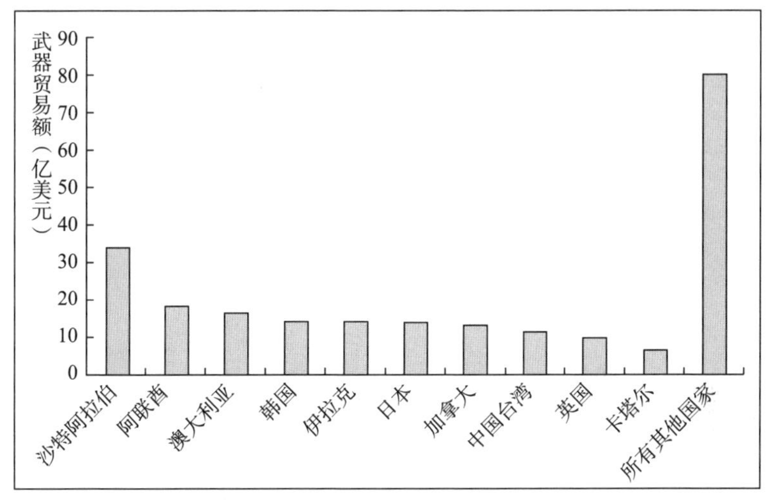

图 9.7　2016 年美国武器出口流向

资料来源：Jane's IHS Markit，2017，*Global Defence Trade*：*Analysis and Opportunities*。

从美国出口武器的类型看，2012 - 2016 年飞机仍是美国最重要的出口武器，其出口量占美国主要常规武器出口量的 53.7%，但这一比例在逐年下降，已从 2012 年的 62.4% 降到了 2016 年的 45.1%。美国出口的第二大类武器是导弹，2012 - 2016 年导弹出口占美国全部武器出口的 17.9%，2016 年为 21.7%。装甲车的出口情况近年来比较稳定，平均占美国全部武器出口的 10%，但 2016 年激增至 16.2%。防空系统出口量在美国武器出口总量所占比重虽然不是很大（2012 - 2016 年平均为 6.2%），但近五年来该比例不断增长，已从 2012 年的 2.6% 增加至 2016 年的 9.2%。2012 - 2016 年美国主要常规武器出口中各类武器出口占比见图 9.8。

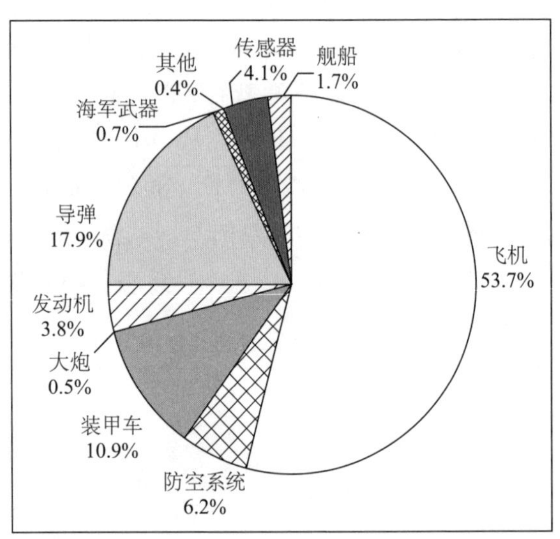

图 9.8　2012－2016 年美国主要常规武器出口中各类武器出口占比

资料来源：根据“Trends in International Arms Transfers, 2016”相关数据计算得到。

（三）俄罗斯

俄罗斯是主要的武器出口大国。按照斯德哥尔摩国际和平研究所的数据，俄罗斯的主要常规武器出口在 2012－2016 年比 2007－2011 年增长了 4.7%，占世界武器出口的 23.3%，比 2007－2011 年的 24.2% 略有下降。从年度数据看，尽管俄罗斯在 2016 年的武器出口量高于 2014 年、2015 年，但仍大大低于 2011 年、2012 年和 2013 年的该国武器出口量，大致也才恢复到了 2007－2010 年的平均水平。俄罗斯 2012－2016 年武器出口中有 68% 流向了亚洲和大洋洲，12% 流向了非洲，转让给中东地区和欧洲的比例分别为 8.1% 和 5.9%。

信息处理服务集团（IHS）的武器贸易报告认为 2016 年俄罗斯武器出口的最大客户是印度，该国从俄罗斯进口的武器总值约 12 亿美元，其次是中国和阿尔及利亚，分别进口了 9 亿多美元的俄罗斯武器装备。此外，越南、伊拉克、埃及、阿塞拜疆、安哥拉、孟加拉国和哈萨克斯坦也是俄罗斯武器的主要进口国，这些国家 2016 年进口的俄罗斯武器在 2 亿美元至 8 亿美元不等（见图 9.9）。

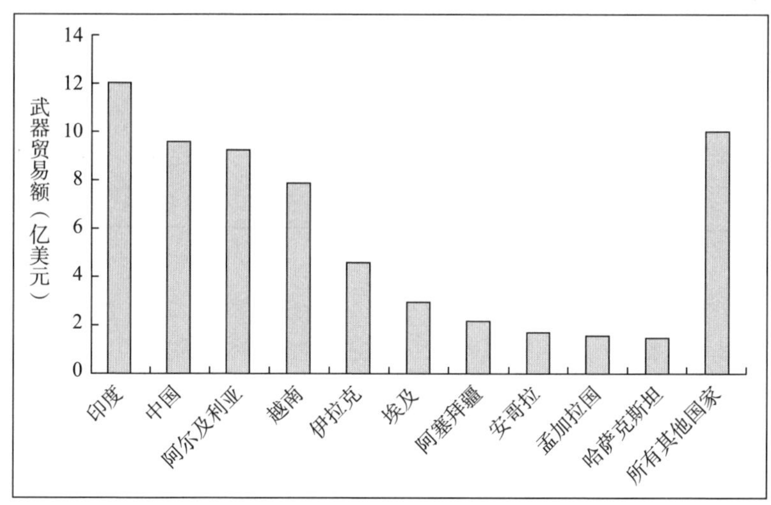

图 9.9　2016 年俄罗斯武器出口流向

资料来源：Jane's IHS Markit，2017，*Global Defence Trade*：*Analysis and Opportunities*。

在观察俄罗斯武器出口时，有一个现象值得关注，就是进口俄罗斯武器的这些国家也在积极寻求更多的武器来源，如印度、越南和埃及都正在积极寻求从美国和法国购买武器，阿塞拜疆从以色列进口了很多武器，这些在将来都会一定程度上影响到俄罗斯的武器出口。从出口武器类型看，俄罗斯也是世界武器市场中直升机和其他飞行器的主要供给方。斯德哥尔摩国际和平研究所统计，飞机出口占 2012 - 2016 年俄罗斯武器出口量的 41.1%，接下来依次是舰船（16%）、导弹（13.1%）、装甲车（10.8%）、防空系统（8.5%）、发动机（6.8%）和传感器（1.8%），其他类型武器出口量占比均不足 1%。

（四）西欧

西欧国家也是武器出口大户。法国、德国、英国、西班牙和意大利是西欧 2012 - 2016 年出口主要常规武器最多的国家，斯德哥尔摩国际和平研究所的数据显示，它们总共占据全球军火出口总额的 21.7%，其中法国和德国分别是世界第四大和第五大主要常规武器出口国。

相比 2007 - 2011 年，法国的武器出口在 2012 - 2016 年下降了 5 个百分点。但从年度数据看，法国主要常规武器出口量在 2012 - 2016 年是逐年增加的，2016 年的出口量较 2012 年增加了 115.5%。2012 - 2016 年法国武器出口到了全球81个国家，其中38%出口到了中东地区，29%流向了亚洲和大洋洲国家，11%流向了美洲，9.2%流向了非洲国家，12.8%由其他欧洲国家得到。在此期间，法国还签订了一系列主要常规武器的出口大单，包括向澳大利亚提供12艘潜艇，向马来西亚和埃及分别提供6艘和5艘护卫舰，以及分别向印度、埃及和卡塔尔出售36架、24架和24架战斗机。信息处理服务集团（IHS）的武器贸易报告显示了与斯德哥尔摩国际和平研究所统计类似的出口流向结构，即2016年埃及进口了最多的法国武器装备，其价值将近11亿美元，远远超过了位于第二位的沙特阿拉伯（不到4亿美元），而这两个国家和位于第五位的阿拉伯联合酋长国均是中东国家。此外，希腊、印度尼西亚、墨西哥、印度、智利和哈萨克斯坦也是2016年法国武器装备的主要进口国（见图9.10）。法国出口的武器类型主要是飞机、舰船、传感器和导弹。这四类武器在2012－2016年法国武器出口中所占比例分别为27.9%、27.9%、18.8%和13.4%。从各类型武器占比的变化情况看，2012－2016年飞机在法国武器出口中的占比下降，但降低得不多；导弹在武器出口中的占比则下降得较快，从2012年的29.5%减少到2016年的8.8%；舰船占比则快速上升，从2012年的2.4%增加到了2016的42.5%；传感器占比近五年来虽不断波动，但水平大致相当。此外，防空系统出口在法国武器出口中所占比例下降得较快，2012年为4.8%，到2016年却只有0.7%了。

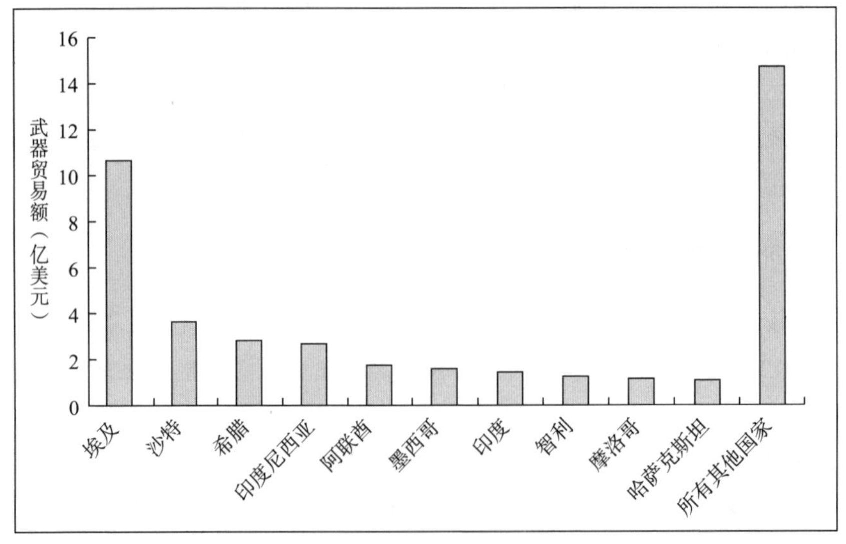

图9.10　2016年法国武器出口流向

资料来源：Jane's IHS Markit，2017，*Global Defence Trade：Analysis and Opportunities*。

同法国的情况类似，德国的主要常规武器出口在 2012 – 2016 年相比 2007 – 2011 年下降了 36% 。尽管自 2012 年开始，德国武器出口总量在不断增长，并在 2016 年达到近五年来的最高值，但也仅仅恢复到了德国在 2007 – 2011 年的平均水平。2012 – 2016 年德国为全球近 60 个国家提供了武器，主要接收者是其他欧洲国家，总计得到了德国武器出口的 28% ；其次是亚洲和大洋洲，接收了这段时间内德国武器出口的 24% ；中东地区接收了 23% ，美洲和非洲则排在之后，分别接收了 16% 和 8. 9% 。从出口的武器类型看，舰船是德国在 2012 – 2016 年出口最多的武器类型，占全部主要常规武器出口的 46. 5% ，占比从 2012 年的 8. 4% 快速增长到了 2016 年的 64. 3% 。飞机和装甲车的出口占德国 2012 – 2016 年武器出口总量的 14. 6% ，这段时期内，飞机出口占比在逐渐减少，从 2012 年的 27. 1% 降低到 2016 年的 8. 1% ；装甲车出口占比虽在波动，但总体趋势是降低的，2012 年为 26% ，到 2016 年时则降低到了 14. 1% 。发动机出口占德国 2012 – 2016 年武器出口总量的 10. 2% ，导弹出口占 8. 3% ，这两种类型武器出口占比在近五年间也是不断降低的。

英国、西班牙和意大利在 2012 – 2016 年的主要常规武器出口在全球分别排在第六、第七和第八位，出口量相比 2007 – 2011 年分别增长了 27% 、2. 9% 和 22% 。所有欧盟成员国在 2012 – 2016 年的主要常规武器出口占全球总量的 26% ，相比 2007 – 2011 年减少了 9. 8 个百分点。

三、武器进口

武器进口是军火贸易的另一个方面，相比武器出口，发展中国家则在武器进口中扮演了非常重要的角色。

（一）武器进口趋势

相比全球武器出口市场，主要常规武器进口国的武器进口集中度则要低得多。由于国家间武器进口量占比差距并不很大，因此武器进口量的国家排名并不稳定，经常出现较大变动。按照斯德哥尔摩国际和平研究所的武器转让数据，在主要常规武器进口方面，2012 – 2016 年全球共有 155 个国家进口了主要常规武器。前五大主要常规武器进口国分别是印度、沙特阿拉伯、阿拉伯联合酋长国、中国和阿尔及利亚，这五个国家的主要常规武器进口量占到全球军火进口总量的 33. 8% （见表 9. 2）。其中印度、阿尔

冷和平

表 9.2　2012－2016年全球前40大主要常规武器进口国（地区）及其主要供给国情况

2012－2016年排名	2007－2011年排名	进口国（地区）	占全球武器出口的比例		2012－2016年武器进口趋势指示值（亿美元）	2016年武器进口趋势指示值（亿美元）	主要供给国进口武器比例（2012－2016年）（%）		
			2012－2016年	2007－2011年			第一大	第二大	第三大
1	1	印度	12.8%	9.7%	182.4	25.5	俄罗斯（68）	美国（14）	以色列（7.2）
2	11	沙特阿拉伯	8.2%	2.9%	116.9	29.8	美国（52）	英国（27）	西班牙（4.2）
3	10	阿联酋	4.6%	3.1%	65.9	12.8	美国（62）	法国（12）	意大利（6.5）
4	2	中国	4.5%	5.5%	63.8	9.9	俄罗斯（57）	乌克兰（16）	法国（15）
5	5	阿尔及利亚	3.7%	3.9%	53.1	28.8	俄罗斯（60）	中国（15）	德国（12）
6	12	土耳其	3.3%	2.5%	47.2	4.4	美国（63）	意大利（12）	西班牙（9.3）
7	6	澳大利亚	3.3%	3.8%	46.4	10.6	美国（60）	西班牙（23）	法国（8.2）
8	20	伊拉克	3.2%	1.6%	46.0	17.3	美国（56）	俄罗斯（23）	朝鲜（9.3）
9	4	巴基斯坦	3.2%	4.8%	44.9	7.6	中国（68）	美国（16）	意大利（3.8）
10	29	越南	3.0%	1.1%	42.7	12.0	俄罗斯（88）	白俄罗斯（3.5）	乌克兰（2.8）
11	18	埃及	3.0%	1.9%	42.0	14.8	美国（40）	法国（40）	德国（6）
12	8	美国	2.5%	3.7%	35.9	5.1	德国（21）	英国（12）	法国（9.4）
13	3	韩国	2.5%	5.4%	35.9	13.3	美国（60）	德国（30）	以色列（5.2）
14	25	印度尼西亚	2.1%	1.3%	29.7	3.8	英国（20）	美国（15）	俄罗斯（14）
15	56	中国台湾	2.0%	0.3%	28.2	1.2	美国（99.8）	德国（0.1）	意大利（0.1）

续表

2012－2016年排名	2007－2011年排名	进口国（地区）	占全球武器出口的比例		2012－2016年武器进口趋势指示值（亿美元）	2016年武器进口趋势指示值（亿美元）	主要供给国进口武器比例（2012－2016年）（%）		
			2012－2016年	2007－2011年			第一大	第二大	第三大
16	7	新加坡	1.8%	3.8%	26.2	1.7	美国（74）	意大利（5.7）	瑞典（4.9）
17	14	委内瑞拉	1.6%	2.0%	22.2	0.4	俄罗斯（74）	中国（18）	乌克兰（2.8）
18	64	孟加拉国	1.5%	0.2%	21.3	4.4	中国（73）	俄罗斯（13）	美国（5.2）
19	23	以色列	1.4%	1.4%	20.6	6.1	美国（52）	德国（36）	意大利（12.4）
20	17	英国	1.4%	1.9%	19.4	2.6	美国（77）	法国（7.1）	以色列（6.6）
21	34	阿塞拜疆	1.4%	0.8%	19.3	2.6	俄罗斯（69）	以色列（22）	白俄罗斯（3.6）
22	43	卡塔尔	1.3%	0.4%	18.7	9.0	美国（68）	德国（18）	瑞士（6.3）
23	67	阿曼	1.3%	0.2%	18.6	3.9	美国（35）	英国（23）	法国（12）
24	24	摩洛哥	1.2%	1.4%	17.7	2.5	美国（44）	法国（34）	荷兰（18）
25	31	意大利	1.1%	1.0%	16.2	8.7	美国（64）	德国（19）	以色列（6.2）
26	16	日本	1.1%	1.9%	15.4	3.3	美国（90）	英国（5.3）	瑞典（2.6）
27	28	加拿大	1.0%	1.2%	13.9	2.6	美国（73）	荷兰（20）	瑞典（4）
28	9	希腊	1.0%	3.2%	13.7	3.2	德国（71）	美国（14）	法国（10）
29	46	科威特	0.9%	0.4%	13.5	1.9	美国（91）	俄罗斯（3.6）	奥地利（1.8）

冷和平

续表

2012－2016年排名	2007－2011年排名	进口国（地区）	占全球武器出口的比例		2012－2016年武器进口趋势指示值（亿美元）	2016年武器进口趋势指示值（亿美元）	主要供给国进口武器比例（2012－2016年）（%）		
			2012－2016年	2007－2011年			第一大	第二大	第三大
30	27	阿富汗	0.9%	1.2%	13.4	1.8	美国（59）	俄罗斯（27）	巴西（6.6）
31	37	缅甸	0.9%	0.8%	12.6	2.6	中国（70）	俄罗斯（19）	白俄罗斯（4.5）
32	51	泰国	0.9%	0.3%	12.5	3.2	乌克兰（25）	瑞典（19）	美国（14）
33	47	墨西哥	0.8%	0.3%	12.0	3.9	美国（56）	西班牙（11）	法国（11）
34	33	巴西	0.8%	0.9%	11.2	1.3	美国（25）	法国（18）	德国（15）
45	54	芬兰	0.8%	0.3%	10.8	2.0	美国（29）	挪威（23）	意大利（17）
46	65	哈萨克斯坦	0.7%	0.2%	9.8	2.3	俄罗斯（76）	西班牙（7.3）	乌克兰（6.9）
37	20	波兰	0.7%	1.5%	9.7	1.7	德国（24）	芬兰（20）	意大利（16）
38	36	荷兰	0.6%	0.8%	9.0	1.2	美国（37）	罗马尼亚（24）	意大利（17）
39	39	约旦	0.6%	0.7%	8.8	2.0	荷兰（44）	美国（29）	阿联酋（9.4）
40	60	土库曼斯坦	0.6%	0.2%	8.5	3.9	土耳其（36）	中国（27）	俄罗斯（20）

资料来源：根据“Trends in International Arms Transfers，2016”相关数据计算得到。

及利亚等也是 2007－2011 年前五大主要常规武器进口国。2012－2016 年印度进口的主要常规武器占世界军火进口总额的 12.8%，是最大的军火进口国。第二大武器进口国沙特阿拉伯占 8.2%，遥遥领先于排名其后的阿拉伯联合酋长国（4.6%）、阿尔及利亚（3.7%）。此外，土耳其（3.3%）、澳大利亚（3.3%）、伊拉克（3.2%）、巴基斯坦（3.2%）和越南（3%）也位居 2012－2016 年世界十大主要常规武器进口国之列。

从地区层面看，2012－2016 年主要常规武器进口最多的地区是亚洲和大洋洲，占全球武器进口的 43%，紧随其后的是中东地区（占 29%）、欧洲（占 11%）、美洲（占 8.6%）和非洲（占 8.1%）。非洲、亚洲和中东地区武器进口显著增加，美洲武器进口略有下降，而欧洲军火进口总量大幅下降。亚洲和大洋洲的主要常规武器进口总量占到全球的 46%，中东地区占 25%（见图 9.11）。

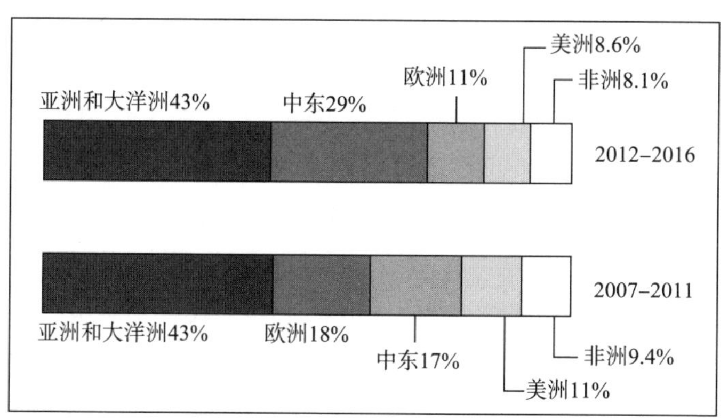

图 9.11　2007－2011 年和 2012－2016 年主要常规武器进口情况

资料来源：SIPRI Fact Sheet，2017，*Trends in International Arms Transfers*，2016。

（二）非洲

自 2007－2011 年到 2012－2016 年，非洲国家进口的主要常规武器总额降低了 6.6%。在 2012－2016 年非洲前三大武器进口国依次为阿尔及利亚、摩洛哥和尼日利亚，分别占非洲武器进口总量的 46%、15% 和 4.6%。俄罗斯是非洲国家主要常规武器进口的最大来源国，提供了这个地区主要常规武器进口的 35%，美国提供了 9.6%，法国提供了 6.9%。

阿尔及利亚是非洲最大的武器进口国，也是世界第五大武器进口国。阿尔及利亚在 2012－2016 年的主要常规武器进口较 2007－2011 年增加了

4.7%。俄罗斯提供给阿尔及利亚的主要常规武器占该国武器进口量的60%。阿尔及利亚的武器进口在2016年增加得非常多，仅2016年一年的武器进口量就占到了2012－2016年武器进口量总和的54%，其中包括从俄罗斯进口的180辆坦克，从中国和德国分别进口的2艘护卫舰。

撒哈拉以南非洲国家进口的主要常规武器占全部非洲国家进口量的35%。尼日利亚、苏丹和埃塞俄比亚是这一地区最大的三个武器进口国，分别占该地区武器进口的13%、12%和9.8%。大部分撒哈拉以南非洲国家虽然处于武装冲突中或濒临冲突，但它们只进口数量较少的武器装备。

（三）美洲

自2007－2011年到2012－2016年，美洲国家进口的主要常规武器减少了18%。美国是2012－2016年该地区最大的主要常规武器进口国。南美洲国家在这段时间内的主要常规武器进口占美洲国家武器进口量的46%，相比2007－2011年下降了30%。委内瑞拉是2012－2016年南美洲国家进口主要常规武器最多的国家，但在石油价格下跌的影响下，该国在2016年的武器进口急剧减少，2016年武器进口量仅占2012－2016年武器进口总量的1.7%。南美洲国家的武器进口中有34%来自俄罗斯，16%来自美国，8.1%来自法国。

美洲国家的武器进口大户中，哥伦比亚革命武装军队由于在与反抗势力的冲突中取得了优势，对武器进口的需求减少了，其主要常规武器进口从2007－2011年到2012－2016年降低了19%。墨西哥由于发生了与毒品有关的暴乱，2012－2016年武器进口相比2007－2011年增长了184%。美国依然是哥伦比亚和墨西哥最大的主要常规武器提供者，分别占这两个国家武器进口量的39%和56%。

（四）亚洲和大洋洲

自2007－2011年到2012－2016年，亚洲和大洋洲主要常规武器进口量增长了7.7%。2012－2016年全球43%的主要常规武器进口发生在亚洲和大洋洲，与2007－2011年这一比例相同。2012－2016年南亚国家武器进口占全部亚洲和大洋洲国家武器进口的43%，东北亚国家占24%，东南亚国家占22%，大洋洲占7.9%，中亚占3.3%。2012－2016年世界十大武器进口国中有一半国家来自亚洲和大洋洲，其中印度、澳大利亚、巴基斯坦、越南等扮演着主要角色。亚洲和大洋洲国家的主要常规武器进口主要来自俄罗斯、美国等国家。

近年来，南海相关国家的武器进口有较大增长。与 2007 – 2011 年相比，东南亚国家在 2012 – 2016 年进口的主要常规武器量增加了 6.2%，该地区进口的主要武器类型包括护卫舰、潜艇、支援舰、战斗机和反舰武器。越南的武器进口增长尤为明显，从 2007 – 2011 年排名第 29 位的主要常规武器进口国跃升到了 2012 – 2016 年的第 10 位武器进口国，武器进口量增加了 202%，是 2012 – 2016 年前十大武器进口国中进口量增加最为迅速的国家。① 印度尼西亚在这段时间的主要常规武器进口增长了 70%，新加坡的武器进口量却减少了 47%，这使该国从 2007 – 2011 年的第七大武器进口国，下降到 2012 – 2016 年主要常规武器进口量的第 16 名。

由于印度国防工业的生产和技术水平无法为本国提供具有竞争力的武器装备，印度又雄心勃勃，所以印度成了 2012 – 2016 年全球最大的主要常规武器进口国，其进口量占全球武器进口总量的 12.8%。相比 2007 – 2011 年，印度在 2012 – 2016 年的武器进口量增长了 43%，是巴基斯坦的四倍还多。2012 – 2016 年印度进口的主要常规武器主要来自俄罗斯（68%），其次是美国（14%）和以色列（7.2%）。美国是近些年来才成为印度主要常规武器供给商之一的，它在 2011 – 2015 年对印度出口的主要常规武器相比 2006 – 2010 年增加了 11%，虽然基于已有的武器采购合同，在可预见的未来俄罗斯仍会是印度最主要的武器提供国，但印度也在积极寻求从其他传统武器出口国，如法国、美国、韩国和西班牙等国进口更多武器。

大洋洲中，澳大利亚在 2012 – 2016 年主要常规武器进口占全球武器进口总量的 3.3%，与 2007 – 2011 年（3.8%）相比略有下降。2016 年澳大利亚订购了 12 艘潜艇，预计在未来几年还会大量采购战斗机和护卫舰。澳大利亚的主要常规武器进口主要来自美国、西班牙和法国，这三个国家在 2012 – 2016 年向澳大利亚出口的武器占澳大利亚同期武器进口量的 90% 以上。

---

① 2012 – 2016 年，越南主要常规武器进口中 88% 来自俄罗斯（包括 8 架战斗机、4 架快速攻击艇和 4 艘带有对地攻击导弹的潜艇），3.5% 来自白俄罗斯，2.8% 来自乌克兰。这些主要常规武器中有 49.8% 是舰船，29.7% 是飞机，11.2% 是导弹，而在 2016 年的武器进口中，舰船进口占比更是高达 61.5%，显示出越南要加强其在南中国海的军事能力。

冷和平

（五）欧洲

欧洲国家2012－2016年的武器进口占全球的11%，自2007－2011年到2012－2016年欧洲国家主要常规武器进口量减少了36%。欧洲国家中，英国2012－2016年的主要常规武器进口量相比2007－2011年减少了22%，但它仍是欧洲最大的武器进口国，进口了全球1.4%的主要常规武器，排名第20位。美国提供了欧洲常规武器进口的32%，其次是德国（14%）和俄罗斯（13%）。

欧洲武器进口深受俄罗斯的影响，近年来一些与俄罗斯接壤的欧洲国家开始了新的武器进口计划，以应对它们所认为的日益增长的来自俄罗斯的威胁。但从实际进口看，爱沙尼亚、拉脱维亚和立陶宛2012－2016年的主要常规武器进口却低于2007－2011年的水平。类似地，波兰虽然也开始了新的武器进口计划，但尚未交付，所以从数据上看2012－2016年的武器进口大大减少了，仅是2007－2011年的一半左右。

2016年由于阿塞拜疆和亚美尼亚两国在纳戈尔诺·卡拉巴赫地区再次爆发冲突，对两国武器进口也产生了影响。2012－2016年阿塞拜疆的主要常规武器进口比2007－2011年增加了75%，比亚美尼亚在同时期的武器进口高出了20倍。亚美尼亚的武器进口主要是为数不多的空对空导弹，而阿塞拜疆进口了多种类型武器，包括坦克、装甲车、反弹道导弹系统和战斗机，俄罗斯是这两个国家武器进口的主要提供者。

（六）中东

从2007－2011年到2012－2016年，中东国家进口的主要常规武器总量增加了86%。2012－2016年沙特阿拉伯的武器进口量占中东地区的28%，阿联酋占16%，土耳其占11%。美国是这期间中东地区最大的武器出口国，提供了该地区主要常规武器进口的53%，排名第二和第三的英国和法国分别提供了该地区武器进口量的8.9%和8%。中东地区进口的武器类型主要是能够显著提高其军事能力的先进武器系统，如机载和天基远程情报、监视和侦察系统。2012－2016年瑞典向沙特阿拉伯交付了2架预警机，2016年底卡塔尔和阿联酋签订了新的预警系统订单。

由于海湾地区的大部分阿拉伯国家参与了与也门和叙利亚的冲突，再加之与伊朗的紧张关系，导致2012－2016年该地区主要常规武器进口的大量增加。沙特阿拉伯是2012－2016年全球第二大主要常规武器进口国，占全球武器进口的8.2%。与2007－2011年相比，沙特阿拉伯在2012－2016年的主要常规武器进口量增长了212%。阿联酋自2001年以来就一直保持着武器进口的快速增长。相比2007－2011年，2012－2016年阿联酋主要常规武器进口量增长了63%，成了全球排名第三的武器进口国；而相比同期，卡塔尔在2012－2016年武器进口量增长了245%，科威特的武器进口在这段时期内增长了175%。而由于联合国武器禁运以及经济压力，伊朗的武器进口在2012－2016年仍然维持在较低水平，仅占中东地区武器进口总量的1.2%，值得一提的是俄罗斯在2016年向伊朗交付了4套防空系统，是伊朗自2007年以来首次进口的重要武器系统。其他海湾阿拉伯国家合作委员会（GCC）成员也主要通过从美国和欧洲购买武器，不断对军队进行现代化改造，自2007－2011年到2012－2016年，伊拉克的主要常规武器进口增长了123%。

土耳其是2012－2016年全球第六大主要常规武器进口国，武器进口量比2007－2011年增长了42%。进口的战斗机、直升机、坦克和大炮被部署到了与库尔德叛军以及打击“伊斯兰国”的斗争中。与之相反的是，叙利亚的阿萨德政权在2012－2016年的武器进口量并不大，应当主要是依靠2011年战争开始之前的主要常规武器储备进行战争。埃及在2012－2016年主要常规武器进口量有了大幅增长，相比2007－2011年增加了69%，其中2015年和2016年武器进口量增长得尤为显著。以色列的主要常规武器进口在近十年中都是比较稳定的。2012－2016年相比2007－2011年武器进口量增长了12%。以色列的武器进口中有一半以上来自于美国，2016年美国同意继续向以色列提供大规模军事援助，包括提供50架先进的F－35战斗机，并已在2016年内已交付了两架。

四、评估与展望

2016年是全球军火贸易规模连续增长的第八年，全球武器贸易额持续增长。武器增长源于全球局势持续紧张，一些国家武器需求增加，武器系统越来越复杂、昂贵，难以在一国国内开发生产，而不得不寻求武器进口等多种原因。相比军火贸易总量，军火贸易中的武器类型结构则相对稳定，飞机、舰船、装甲车和导弹是交易量最大的武器类型，舰船、导弹和防空系统交易量在军火贸易总量中的占比于2016年均有上升。

武器出口方面，全球主要常规武器出口相当集中。2012－2016年全球共有57个国家出口了主要常规武器。美国、俄罗斯、法国、德国等占据全球军火出口贸易的主要位置，美国、俄罗斯就提供了56.5%的武器出口。美国是世界上最大的武器出口国，其买家分布最广。

武器进口方面，主要常规武器进口国的集中度则要低得多。由于国家间武器进口量占比差距并不是特别大，因此武器进口量的国家排名并不稳定，经常出现较大变动。2012－2016年全球共有155个国家进口了主要常规武器。印度、沙特阿拉伯、阿拉伯联合酋长国、阿尔及利亚等是全球主要常规武器的主要进口国家。沙特阿拉伯是2016年武器进口最多的国家，也是武器进口增长最快的国家。越南、印度尼西亚、伊拉克和埃及等国近年来武器进口也有较大规模增长。

世界仍不太平，由于复杂的国际环境和一些地区的冲突乱象，预计全球武器贸易持续增长的势头在2017年和一个较长时期内仍将延续，但武器贸易格局似乎也正在悄然发生一些变化，近年来包括沙特、印度、越南、伊拉克、埃及等在内的许多国家和地区正在积极寻求武器进口来源的多元化，在武器成本不断攀升的情况下，仅少数国家能够成为武器出口市场的垄断者，更多国家试图通过武器出口寻求投资并降低成本，由此武器出口市场的竞争程度会越来越大。

10. 军控

余冬平*

摘　要：国际军备控制是国际政治、经济、防务领域的重要议题。全球核武器总量处于减少态势，核军控取得一定进展，但美国、俄罗斯等大国核武器仍高位运行，朝鲜、南亚等一些国家核困境愈加难解。尽管如此，国际社会在充满矛盾和分歧中，仍积极寻求各国利益的最大公约数，推动一系列国际军控倡议、活动、条约、决议的达成和深化发展。当前国际军控领域正在发生深刻变化，新旧问题不断交替出现，2017 年和未来一个较长的时期内国际军控可能面临更大挑战，朝鲜核问题、伊朗核问题也有可能进一步激化。

关键词：军控　裁军　核不扩散

军备控制是对武器及其相关设施、相关活动或相关人员进行的约束。国际军备控制涉及领域非常广泛，包括核政策、核裁军、核不扩散、外空

---

* 余冬平（1976－　），湖北当阳人，北京航空航天大学管理学博士毕业，现任中央财经大学国防经济与管理研究院副教授、硕士研究生导师，主要从事军民融合、国防采办、国防预算、国防金融研究。主持国家自然科学基金、教育部人文社会科学规划项目、北京市社会科学基金项目以及原总装备部、国家发展和改革委员会等部委项目的研究工作。出版《基于期权博弈的企业投融资决策互动行为研究》，担任《国防经济学》教材副主编、《政府在国防工业中的三重角色》译著审校。在《中国军事科学》《军事经济研究》《系统工程理论与实践》《控制与决策》《中国管理科学》《北京航空航天大学学报》《系统工程》等核心期刊和重要国际学术会议发表学术论文 30 余篇。

基金项目：教育部人文社会科学基金规划项目（15YJAZH103）；北京市人文社会科学基金一般项目（14JGB085）。

与反导、化学与生物安全及军控、网络安全，以及常规军备控制等。但由于核武器具有空前巨大的破坏力，并能造成不分国界的大范围持久危害，因此，核裁军和核不扩散被置于国际军备控制活动的首要地位而备受重视。本章也主要对核控制情况进行评估。

一、全球核力量

核武器的出现，是20世纪40年代前后科学技术的重大发展，但也给世界投下了“死亡”的阴影。中、美、俄、英、法五个联合国安理会常任理事国，是世界上公认的核武器大国。冷战刚结束，白俄罗斯、乌克兰、哈萨克斯坦、南非等一批国家都主动放弃现有核武器及核武器发展计划，成为无核国家。20世纪90年代核不扩散条约在全世界大多数国家都得到签署后，美国、俄罗斯、中国等大国放慢了核武器的发展脚步，并宣布暂停本国的所有核试验，但印度、巴基斯坦、伊朗、朝鲜等国一度积极发展核武器。全球独立智库瑞典斯德哥尔摩国际和平研究所（SIPRI）2016年1月发布的监测数据显示，目前全球有9个国家拥有核武器，分别是美国、俄罗斯、中国、法国、英国、印度、巴基斯坦、以色列和朝鲜，见图10.1（图示数量×10）。

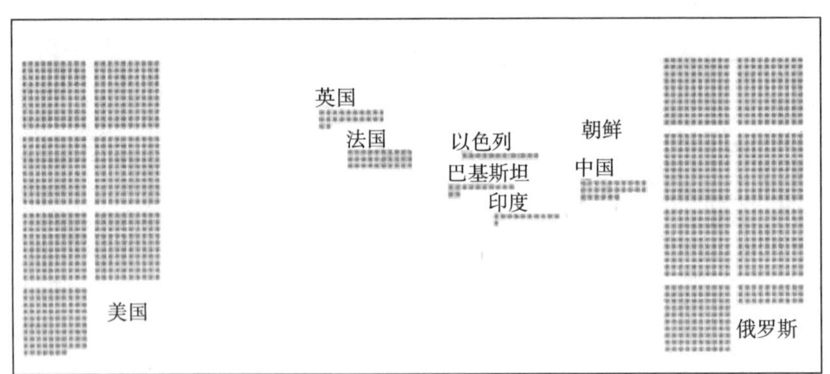

图10.1　2016年全球核武器估计

资料来源：shannonn. kile and hansm. kristensen，Trends in World Nuclear Forces 2016，*SIPRI Fact Sheet*，June 2016。

斯德哥尔摩和平研究所的报告以2016年1月为观察时间点，称全球共拥有15395枚核弹头。其中，俄罗斯以7290枚核弹头排在拥核国首位，美国以7000枚位列第二，两国总和占全球核弹头总数的93%。法国300枚、英国 215 枚，该报告估计南亚的两个主角印度和巴基斯坦的核弹头数量基本上一样，巴基斯坦可能略多于印度。该报告预估中国有 260 枚，以色列估计有 80 枚核武器，并估计朝鲜已经有 10 枚核武器。

从斯德哥尔摩的监测数据看，目前全球各国战略部署的核武器为 4120 枚，各拥核国核武器的试验、部署及分布情况可更细见表 10.1。

表 10.1　各国核武器发展、部署情况

国家	第一次核试验年	核弹头部署（枚）	其他核弹头（枚）	核弹头总计（枚）
美国	1945 年	1930	5070	7000
俄罗斯	1949 年	1790	5500	7290
英国	1952 年	120	95	215
法国	1960 年	280	20	300
中国	1964 年		260	260
印度	1974 年		100 - 120	100 - 120
巴基斯坦	1998 年		110 - 130	110 - 130
以色列			80	80
朝鲜	2006 年		10	10

资料来源：Shannonn. Kile and Hansm. Kristensen，Trends in World Nuclear Forces 2016，*SIPRI Fact Sheet*，June 2016。

由此看来，虽然国际社会做了很多努力，但全球核力量仍然处于一个非常恐怖的水平。

二、国际军控形势

国际军备控制是国际政治领域中的一项重要议题，它关系到世界和平与安全。当前，国际军控与裁军领域正在发生深刻变化，虽然国际军备控制取得了一定成效，但国际军控形势并不乐观。

（一）核武器总量处于减少态势，核军控取得一定进展

全球核武器的总量处于减少的趋势。全球核弹头在 20 世纪 80 年代中期达到高峰，一度达到非常恐怖的 7 万枚，之后全球核力量一直在下降（见图 10.2）。2016 年全球核弹头总数继续下降，核武器总量为 15395 枚，较

2015 年的 15850 枚减少了 455 枚。应当说，国际社会在核军控方面也做了很大努力，核军控取得了积极进展。

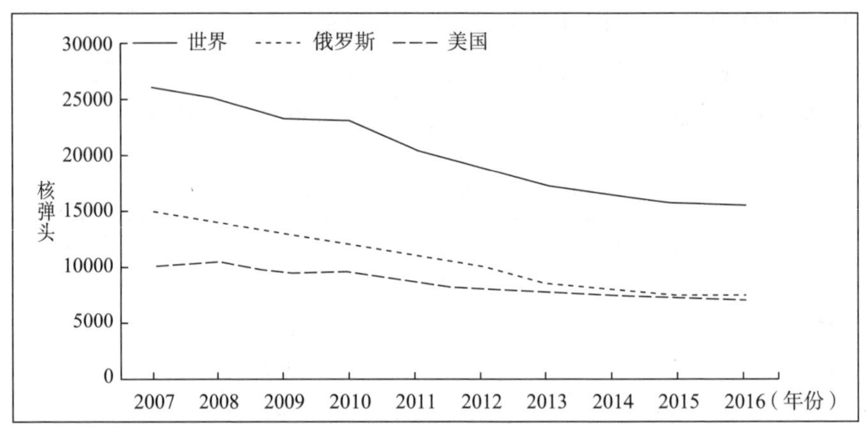

图 10.2　世界核武发展趋势

资料来源：Shannonn. Kile and Hansm. Kristensen，Trends in World Nuclear Forces 2016，*SIPRI Fact Sheet*，June 2016。

（二）大国核武器仍高位运行，核裁军有停滞迹象

核武器是大国重器，也是大国之间较量的重要筹码。美国、俄罗斯作为世界上核武器最多的两个国家，自 20 世纪 80 年代中期到 2016 年，两国核武器大约削减八成，从 7 万枚减到 1.53 万枚。尽管在核武器数量方面进行了大幅度削减，但两国的核力量仍处在一个非常高的水平，就震慑双方或第三方拥核国家不要发动核攻击而言，美俄的核武库也远超所需。纵向比较，美俄核裁军的速度逐渐放慢。就美国来说，老布什政府削减 9497 枚核弹头，占核武库的 41%；克林顿政府削减 3182 枚，占核武库的 23%；小布什政府则削减 5304 枚；而“无核世界”口号喊得最响亮的奥巴马政府仅削减 700 多枚，其核裁军成绩远不及冷战后历届前任总统。2016 年俄罗斯和美国虽然继续执行 2010 年《关于进一步裁减和限制进攻性战略武器的措施的条约》（新 START 条约），按照该条约，两国要将各自部署的战略核弹头限制在不超过 1550 枚，将各自部署的用于装载核武器的战略导弹和重型轰炸机的发射器限制在不超过 700 件。但普遍认为俄罗斯和美国在执行新 START 条约规定的强制削减方面并不尽如人意。

进入 21 世纪以来，美国着力打造攻防兼备型的终极核威慑。2016 年继续推进“三位一体”战略核力量的现代化工具，其中包括用“路基战略威

慑”（GBSD）系统替代现有的“民兵－Ⅲ”路基洲际弹道导弹，用“远程防区外巡航导弹”（LRSO）取代现有的空射巡航导弹，以“哥伦比亚”级战略核潜艇更换现有的“俄亥俄”级战略核潜艇，开发新一代的 B－21 战略轰炸机，以及对核弹头实施“3＋2”延寿项目（LEP）。2016 年 10 月美国国务院网站发布的《美国核武器现代化计划》称，美国核武器现代化计划的目的是维持战略稳定性和有效的核威慑。根据美国国会预算办公室的报告，2014 年至 2023 年美国核力量现代化的费用平均每年约 89 亿美元。俄罗斯则针锋相对，2016 年俄罗斯继续部署“布拉瓦”潜射弹道导弹，开工建造第 8 艘也是最后一艘“北风之神”级战略核潜艇，加速研发“萨尔玛特”（RE－28）洲际弹道导弹以及载有“雅尔斯”弹道导弹的“巴尔古津”导弹列车，并改良升级图－160 战略轰炸机。① 预计自 2011 年到 2020 年，俄罗斯将花费 700 亿美元用于战略核力量的现代化。如果这种僵局无法打破，冷战结束以来持续进行的核裁军可能逐渐走到尽头。

（三）核困境愈加难解，核裁军前景暗淡

相比核大国，一些国家则极力试图拥有核身份。2016 年一个比较好的信息是伊朗履行“联合全面行动计划”（JCPOA）承诺，该计划执行进展平稳。2016 年 1 月 16 日国际原子能机构宣布已证实伊朗履行了其在“联合全面行动计划”下的承诺，这标志着为解决伊朗问题而于 2015 年 7 月达成的“联合全面行动计划”从“议定日”“生效日”顺利过渡到了“执行日”。“联合全面行动计划”给伊朗核能力发展设置了一条底线，确保伊朗核计划彻底的民用性；规划了一条红线，制定各项措施限制伊朗的核能力，包括改造阿拉克重水反应堆、大幅减少部署的离心机数量、限制保留的低浓铀的数量和丰度等。“联合全面行动计划”自执行以来进展平稳，国际原子能机构总干事天野之弥于 2016 年 12 月 18 日在德黑兰与伊朗总统鲁哈尼会面时表示，伊朗遵守了“联合全面行动计划”的所有条款。尽管如此，“联合全面行动计划”的潜在问题在 2016 年逐步凸显并引起争议。特朗普作为总统候选人在 2016 年对“联合全面行动计划”多有指责，甚至表示要撕毁该协议、另起炉灶谈判一份新协议，“联合全面行动计划”执行前景并不乐观。

---

① 中国军控与裁军协会：《2017 国际军备控制与裁军》，世界知识出版社 2017 年，18－19 页。

2016 年朝鲜半岛的战略力量对抗则进一步升级，朝鲜去核化路途更为艰难。2016 年是朝鲜核扩散历史上具有里程碑意义的一年。2016 年 9 月 9 日朝鲜进行了第五次核试验，这是 2016 年进行的第二次、金正恩执政以来的第三次试验。此次核试验的威力高于前四次当量，大约在 1 万吨到 2 万吨之间。此次核试验具有重要意义，不仅因为它可能展现出朝中社声明中的各项具体能力，而且还在于此次核试验是朝鲜核计划和项目整体的一部分。朝鲜在十年内进行了五次核试验，每次试验都取得了相应成果，并逐步前进：从能引爆核弹到提高核爆威力，从使用武器级到可能使用武器级铀，从原理试验到工程试验，每一次都非常令国际社会震惊，朝鲜半岛的紧张局势也因此不断升级，进而导致整个东北亚地区安全态势更趋复杂。朝核问题不仅仅是地区安全问题，还是会影响到全球安全的重大国际问题，截至目前并没有有效的解决措施。

南亚印巴两国核困境则愈加难解。印巴之间的军备竞赛稳定性与危机稳定性都比较差。两国核军备竞赛不断加码，印巴在核材料方面都扬长避短，努力扩大生产能力，印度计划建设 6 座快堆，并兴建新的后处理厂，另外还要建设工业规模的离心浓缩工厂；巴基斯坦继续铀浓缩，同时扩建库沙布后处理厂，新建恰希玛核电站。两国之间危机频仍，发生核冲突风险较大。2016 年 9 月，印度的克什米尔地区的乌里军营遭遇袭击后，双方频繁交火。为压制巴基斯坦，印度试图在常规冲突中搞“冷启动”，以“闪电战”方式对巴实施报复性打击。为威慑印度，巴基斯坦依赖在边境部署战术核武器。为拉拢印度，美国逐步将防扩散原则弃置一边。2016 年 6 月，印度成功加入导弹及其技术控制制度，同时又积极谋求加入“核供应国集团”，逐步做实准核武器国家的地位，这一方面严重损害了国际防扩散机制的权威性和公信力，让其他核门槛国家觉得有机可乘，另一方面让印度得以借助外力，扩大裂变材料生产规模，从而引发南亚地区更为激烈的核军备竞赛。

日本玩起废核与禁核“两面”角色。耐人寻味的是，在联合国 2016 年 10 月 27 日要求启动《禁止核武器条约》谈判的决议案投票中，曾经遭受过核爆的日本却投了“反对票”，吊诡的是，就在同一天联合国大会第一委员会（裁军与国际安全委员会，简称“联大一委会”）也以多数赞成通过了由日本主导的废除核武器决议案。对日本投出反对票的举动，日本外相岸田文雄给出的解释是条约会助长拥核国家和无核国家之间的对立，让两方的分歧进一步加剧。这种“自相矛盾”的背后，或许也正说明了全球无核化的道路有多么艰难。

（四）“人道主义核裁军”勃然兴起，《禁止核武器条约》快速推进

无核国家对核裁军丧失动力不满日增，近年遂另辟蹊径，联合“国际废除核武器运动”等非政府组织，发起“人道主义核裁军”运动。“人道主义核裁军”运动起初并不引人注目，从2012年的“关于核武器人道主义影响”的联合声明只有16国附和，到2013年支持国达到80个，再到2013－2014年的160个，在国际上形成一股新的核军控浪潮。2014－2016年无核国家的诉求比“无核武器世界”更为激进，它们呼吁有核国家采取一些中间措施，减少核武器爆炸风险，包括降低核武器警戒水平，将核武器从部署状态转为储存状态，消除核武器在军事学说中的作用，快速削减各类核武器。同时，它们还通过联大快速推进。2016年10月27日，联大一委会以123票对38票通过奥地利、巴西、爱尔兰、墨西哥、尼日利亚和南非等国的提案，授权2017年3月27－31日、6月15日－7月7日在纽约召开两次谈判大会。联合国本次投票通过的这项要求启动《禁止核武器条约》谈判的决议案“来之不易”，投票结果决定“在2017年3月召开联合国大会谈判达成有法律约束力的文件来禁止使用核武器，最终实现完全的消除”。

“人道主义核裁军”的兴起反映出无核国家与核武器国家之间的矛盾在不断上升。无核国家团结在“人道主义核裁军”的大旗下，可能永久性地改变国际核扩散领域的议事生态，而核武器国家承受的核裁军压力也将进一步增大。但是，无核国家之间也存在分歧严重，例如躲在核保护伞下的美国的盟国澳大利亚和日本等，它们与其他无核国家立场不同，它们牵头的“核不扩散与裁军”倡议强调核安全保障和验证，以及降低核武器在军事战略中的地位，它们拒绝加入“人道主义承诺”及参与谈判。在这种情况下，该倡议即使促进禁止核武器的国际条约，也似难奏实效。

三、军控倡议、活动

核武器与核军控就似一对矛盾共同体，人类在充满矛盾和分歧中，推动了核力量的发展，但也不断寻求各国利益的最大公约数，为建立人类命运共同体而积极努力。2016年国际社会军控的主要倡议、活动有：

（1）2016年3月31日至4月1日来自52个国家的领导人，其中包括35位国家和政府首脑以及联合国、欧盟、国际原子能机构和国际刑警组织

冷和平

参加了在华盛顿举行的核安全峰会。这是2009年美国总统奥巴马发起的关于打击核恐怖主义威胁的一系列双年度首脑会议的第四次也是最后一次会议。在核安全峰会进程中，参与国和国际组织力图加强法律，监管相应的技术措施，以确保脆弱的核材料和其他放射性材料的安全，并防止其被恐怖组织非法拥有。该议程最初集中在努力消除、巩固和保护民用裂变材料。议程随后扩大到包括放射源，与核安保有关的核安全问题以及国际治理问题。这促使各国和国际组织做出广泛的自愿承诺，改进国家一级的核安全标准和做法，并通过多边机制加强世界各地的核安保。

表10.2　与核安全有关的国际公约、文书和倡议摘要

名称	签署或成立的年份	缔约方的数量	说明
《核材料实物保护公约》	1979	153[a]	要求各国在国际运输期间提供适当程度的核材料实物保护
防止大规模毁灭性武器和材料扩散的全球伙伴关系	2002	29[b]	资助和协调化学、生物放射性和核恐怖主义的风险防范活动
防扩散安全倡议	2003	107	协调各国为制止与扩散有关的大规模毁灭性武器及其运载系统和有关材料的贩运而采取的自愿行动
联合国安理会2004年第1540号决议	2004	193[c]	要求各国制定国内管制和条例，防止非法贩运核材料
“制止核恐怖主义行为国际公约”	2005	106	促进合作，防止拥有和使用放射性物质或装置以及使用或损坏核设施的恐怖主义行为
全球打击核恐怖主义倡议	2006	86	为防止、发现和应对核恐怖主义而开展多边核安全活动

注：（a）“实物保护公约”具有法律约束力。2005年通过的一项修正案要求缔约国为民用核材料和家用、储存和运输设施建立和保持适当的实物保护。该修正案于2016年5月生效，该协定后来更名为“核材料和核设施实物保护公约”。

（b）全球伙伴关系最初由八国集团（G8）国家建立：加拿大、法国、德国、意大利、日本、俄罗斯、英国和美国。

（c）该决议获得联合国安理会一致通过，对联合国所有会员国具有法律约束力。

资料来源：《联合国条约汇编》，https：//treaties. un. org；《核威胁倡议》，http：//www. nti. org。

（2）作为《全面禁止核试验条约》（简称“禁核试条约”）达成20周年纪念活动的一项重要内容，禁核试组织（CTBTO）在2016年6月13、14

日召开专门会议，69 个国家的外长和代表出席会议，在纪念条约达成 20 周年的同时共同探讨加快推进条约生效步伐的办法。

（3）2016 年 9 月 15 日，安理会五个常任理事国在华盛顿会议（P5 磋商）后就核裁军与防扩散问题发表联合声明。在声明中，围绕禁止核试验问题，五国重申了其在 2010 年《不扩散核武器条约》审议大会上做出的关于采取切实步骤推动禁核试条约尽早生效和普遍化的承诺，呼吁所有国家在条约生效前暂停核试验，并对朝鲜的核试验行为做出谴责。

（4）2016 年 9 月 23 日，安理会以 14 票支持、1 票弃权（埃及）通过第 2310（2016）号决议，这是安理会第一个专门支持《全面禁止核试验条约》的决议。该议案由美国在其他 42 个国家的支持下提出。

（5）2016 年 10 月，第 71 届联合国大会第一委员会以 123 票赞成的绝对多数通过决议，要求联合国于 2017 年正式启动《禁止核武器条约》（以下简称“禁核条约”）谈判。此次“禁核条约”运动的兴起，是近年来国际多边核裁军的全新动向，具有深刻而复杂的动因，也呈现出诸多不同于以往禁核运动的全新特点。

（6）2016 年 10 月 13 日奥地利、巴西、爱尔兰、墨西哥、尼日利亚、南非等 57 个国家在联大一委会上提交了一份题为“推进多边核裁军”的议案，建议联大谈判关于禁止核武器的法律文书。10 月 27 日，联大一委会通过投票表决通过此项议案并决定进一步向联合国大会提交。其中有 123 票支持、38 票反对、16 票弃权。美国、俄罗斯、法国、英国等国投了反对票，中国、巴基斯坦、印度投了弃权票，朝鲜投了赞成票。日本迫于美国的外交压力而投了反对票。12 月 23 日，联合国大会根据联大一委会提交的议案进行投票表决，以 113 票支持、35 票反对、13 票弃权通过了这项议案。

（7）裂变材料高级别专家筹备小组主席在纽约组织两次为期两天的不限成员名额的非正式协商会议，以便所有成员国参与讨论和分享意见。2017 年将举行第一次会议，审议 A/70/81 号文件所载政府专家组报告，2018 年第二次会议将由主席以个人名义提出一份裂变材料禁产条约的高级别专家筹备小组工作报告。2016 年 10 月 26 日，联大一委会以 177 票支持、1 票反对、10 票弃权通过此项议案。随后，12 月 23 日联大也表决通过该议案。

（8）2016 年，联合国第一委员会在 11 月 3 日至 11 月 2 日举行了会议，并通过了 71 项决议，24 项决议包括 26 项关于核武器的问题和 11 项其他裁军措施和国际安全（关于这些决议的选择，见表 10.3）。

表 10.3　有关联合国第一委员会和大会关于核武器、其他裁军措施和国际安全的决议

决议的标题	第一委员会文件	大会决议
在中东地区建立无核武器区	A/C. 1/71/L. 1	A/RES/71/29
中东的核扩散风险	A/C. 1/71/L. 2/Rev. 1	A/RES/71/83
禁止使用核武器公约	A/C. 1/71/L. 10	A/RES/71/75
减少核危险	A/C. 1/71/L. 11	A/RES/71/37
缔结关于保证不对无核武器国家使用或威胁使用核武器的有效国际安排	A/C. 1/71/L. 13	A/RES/71/30
蒙古的国际安全和无核武器地位	A/C. 1/71/L. 20	A/RES/71/43
核武器的人道主义后果	A/C. 1/71/L. 23	A/RES/71/46
关于禁止并消除核武器的人道主义保证	A/C. 1/71/L. 24	A/RES/71/47
再次下决心彻底消除核武器的联合行动	A/C. 1/71/L. 26	A/RES/71/49
全面禁止核试验条约	A/C. 1/71/L. 28	A/RES/71/86
无核武器的南半球和毗邻地区	A/C. 1/71/L. 31	A/RES/71/51
降低核武器的战备状态	A/C. 1/71/L. 33	A/RES/71/53
拉丁美洲和加勒比禁止核武器条约（特拉特洛尔科条约）	A/C. 1/71/L. 34	A/RES/71/27
建立一个无核武器世界：加速履行核裁军承诺	A/C. 1/71/L. 35	A/RES/71/54
推进多边核裁军谈判	A/C. 1/71/L. 41	A/RES/71/258
国际法院关于威胁或使用核武器合法性咨询意见的后续行动	A/C. 1/71/L. 42	A/RES/71/58
核裁军	A/C. 1/71/L. 47	A/RES/71/63
非洲无核武器区条约	A/C. 1/71/L. 49	A/RES/71/26
中亚无核武器区条约	A/C. 1/71/L. 53	A/RES/71/65
核裁军核查	A/C. 1/71/L. 57. Rev. 1	A/RES/71/67
2013 年核裁军问题大会高级别会议的后续行动	A/C. 1/71/L. 64	A/RES/71/71
禁止生产用于核武器或其他核爆炸装置裂变材料条约	A/C. 1/71/L. 65. Rev. 1	A/RES/71/259

资料来源：联合国，大会决议，第七十一届会议，https：//www.un.org/en/ga/71/resolutions.shtml；联合国大会，"决议草案的行动和在裁军和国际安全议程下的决议" A/C.1/71/CRP.3/Rev.3，2016 年 10 月 25 日，http：//www.un.org/en/ga/first/71/PDF/CRP_3_Rev_3.pdf；"达到关键意愿"，决议草案，表决结果和 2016 年第一委员会投票解释，http：//reachingcriticalwill.org/disarmament-fora/unga/2016/resolutions。

（9）2016 年 12 月 23 日，第 71 届联大通过一项题为“推进多边核裁军”的决议，“决定在 2017 年召开联合国大会，谈判一项关于禁止核武器以实现彻底消除核武器的法律文书；会议将于 2017 年 3 月 27 日至 31 日和 6 月 15 日至 7 月 7 日，分两次在纽约举行；联合国的所有成员国都可以参加；决议促请参加会议的国家尽最大努力尽快缔结一项具有法律约束力的禁止核武器并导致彻底消除核武器的文书”。

2016 年有关核军备控制、核裁军和核不扩散的大事件详细汇总于表 10.4。

表 10.4　2016 年核裁军与核军备控制大事件

时间	核裁军与核军备控制重大事件	关键词
1 月 16 日	国际原子能机构宣布，伊朗已经履行了限制核活动的要求，因此联合国、欧盟和美国将自动解除对伊朗与核有关的经济制裁	伊朗；核协议；联合国
2 月 22 日－2 月 26 日	开放式工作组（OEWG）在日内瓦举行会议，就有助于促进多边核裁军谈判的措施展开讨论	核裁军
3 月 2 日	联合国安理会对朝鲜今年 1 月进行的核试验做出回应，并对此实施了基于 2270 决议基础上新的制裁	联合国；朝鲜
3 月 31 日－4 月 1 日	在华盛顿举行了第四次也是最后一次核安全峰会	核安全
5 月 2 日－5 月 13 日	开放式工作组第二次会议在日内瓦召开	核裁军
5 月 8 日	2005 年对 1979 年《核材料实物保护公约》的修正案正式生效	核安全
7 月 18 日	英国议会以 472 票对 117 票通过了一项活动，该行动支持政府在“三叉戟”继承计划方面承诺	英国；核武器
8 月 19 日	在开放式工作组的最后一次会议上以 68 票赞成、22 票反对、13 票弃权通过了最后一份报告，这份报告建议在 2017 年召开一次就禁止核武器条约进行谈判的会议	核裁军
9 月 9 日	朝鲜进行了第五次核试验产生了 1 万吨的爆炸量，这是该国迄今为止的最高纪录	朝鲜；核武器
9 月 21 日	缅甸和斯威士兰是第 165 和 166 个批准《全面禁止核试验条约》的国家	缅甸；瑞士；全面禁止核试验条约

续表

时间	核裁军与核军备控制重大事件	关键词
9月23日	联合国安理会通过了第2310号决议，敦促所有尚未签署或未批准《全面禁止核试验条约》的国家不要拖延，特别是剩下八个附件里的两个国家	联合国；全面禁止核试验条约
9月24日	1996年9月24日《全面禁止核试验条约》签署20周年	全面禁止核试验条约
10月27日	尽管那些拥有核武器的国家及其盟友强烈反对，联合国成员国却以压倒性的票数开始就禁止核武器的条约进行谈判	联合国；核武器条约
11月11日	继2015年12月签署初步合作备忘录之后，日本最终敲定了与印度的核合作协议	日本；印度；核合作
11月15日－11月16日	应美国官员要求，由于如今美国越来越担心俄罗斯正准备将巡航导弹部署在合规争议的中心，自2003年以来首次召开由中程核力量条约提出的争端解决机制	中程核力量条约；俄罗斯；美国
12月5日－12月9日	国际原子能机构组织了第二次国际核安全会议。会议的重点为具体的法律、监管和技术措施，并审查在加强核安全方面取得的进展	国际原子能机构；核安全
12月23日	联合国大会以113票赞成、35票反对、13票弃权的表决通过了2017年关于禁止核武器条约谈判的第71/258号决议	联合国；核裁军
12月28日	巴基斯坦在恰希玛新建了一座中国支持的核电站	中国；巴基斯坦；核合作

资料来源：参见 Shannon N. Kile et al, *Nuclear disarmament, non-proliferation and armscontrol 2017*, SIPRI, Oxford, 2017。

四、评估与展望

军备控制是为了打破国际安全困境的产物，旨在推动参与国之间形成多边安全，达成总体上的稳定。除了谋求安全与稳定以外，军备控制还能减少参与国的防务成本、减少因战争带来的损失。因此，军备控制是国际政治、防务与经济领域中的重要议题。

2016年国际军控取得一定进展，全球核弹头的总量较2015年减少455枚，总体呈下降态势。在军控领域也出现一些亮点，如美俄不仅在关系恶化背景下新START条约履约表现总体平稳，而且还通过启动特别核查委员会工作机制来尝试解决中导履约分歧；联大不仅通过启动禁止核武器谈判决议来促使多边核裁军进程加速，而且通过决议成立高级别专家筹备组来进一步推进禁产议题；禁核试条约达成20周年之际国际社会通过人道主义影响呼吁条约尽早生效，“人道主义核裁军”勃然兴起。一些长期棘手的核问题得到一定程度的解决，如伊朗较好地履行了伊核协议，伊朗核问题有所降温。但也要看到，2016年国际军控领域没有出现新的突破性进展，仍面临不少的困难和问题，大国核武器仍高位运行，朝鲜、南亚等部分国家核困境愈加难解，核裁军前景黯淡。

当前国际军控领域正在发生深刻变化，国际核军控、核裁军与核不扩散发展进入了一个前景不明的转折期，新旧问题不断交替出现，未来发展充满各种不确定性因素。2017年多边和双边军备控制协议和进程正在面临挑战，同时削弱军备控制的趋势正在加强，国际社会恐难在核裁军协议方面取得大的进展，在执行和核查现有国际法律框架方面也会有新的挑战。鉴于核武器在国际安全领域中的特殊作用一时不会改变，核武器国家将倡议渐进、可核查的核裁军进程，而无核国家将继续以更加激进方式推动核裁军进程深化。美终极核威慑将有可能对国际军控产生重大影响。鉴于特朗普在竞选时曾宣誓保持美国核威慑地位、扩张核武库，2017年特朗普上任后，全球核军控可能面临更大挑战。朝鲜核问题、伊朗核问题有可能全面激化，未来国际军控形势不太乐观。

11. 难民

池志培*

摘　要：近年来世界正经历一场二战以来最大的由难民问题引发的人道主义危机，2016 年这场危机仍在继续，难民数量延续了近年来的迅猛上升态势，难民问题并不局限于中东，还包括北非、中非以及欧洲等地区。亚洲和非洲容留了最大量的难民，欧洲受到难民问题较大冲击。联合国难民署在难民问题上发挥了很大职能，但难民捐助资金却往往使联合国难民署捉襟见肘，限制其发挥作用。大规模的难民潮往往与大规模的国内冲突相关联，难民也对输出国、输入国的政治、经济与安全都带来较大影响。新的一年，中东北非乱局难以在短期内安定，难民危机的状况预计依然难以得到改善。

关键词：难民　联合国　冲突

---

* 池志培（1984－　），广东韶关人。2002－2009 年就读于北京大学哲学系，获哲学学士、硕士学位，同时辅修公共管理。2009 年 8 月至 2014 年 12 月就读于美国亚利桑那州立大学政治系，获政治科学博士学位。现为中央财经大学国防经济与管理研究院助理研究员，研究方向为国际关系理论、中美关系、技术与国家安全、对外投资的政治风险等。参与国家级、省部级纵向课题 4 项，主持有关课题 3 项。译著有“凤凰文库海外中国研究系列”《认知诸形式：反思人类精神的统一性和多样性》，参译《和平的无形之手—资本主义、战争机器与国际关系理论》《城堡、战争与炸弹：军事史的经济学解读》。在《美国研究》《国外社会科学前沿》《军事经济研究》*International Journal of Peace Economics and Peace Science* 以及重要国际会议上发表论文多篇。

基金项目：中央财经大学全球经济与可持续发展研究中心战略安全与国家动员能力建设专项。

近年来由阿拉伯世界的乱局引发的难民危机在2016年依然没有停息的迹象。2013年末全世界被迫离开家园的人数达到二战以来最高值的——4200多万人，此后每年的人数都创新高，2016年末据联合国难民署统计已达6700多万人，[①] 难民[②]问题正在成为越来越严峻的世界性危机。除却人道主义灾难以外，难民危机对全球政治、经济与战略环境都带来了深远的影响，在2016年一系列影响世界的事件中，难民问题的影响凸显。英国脱欧、美国特朗普当选新总统以及全球右翼极端势力以及民粹主义的兴起等都跟这场危机有着或直接或间接的联系。

一、世界难民概况

世界难民人数以及寻求难民身份的人数在2012年后快速上升（见图11.1），由于叙利亚等国的国内形势并没有明显改观，2016年的世界难民数量延续了近年来的迅猛上升态势。

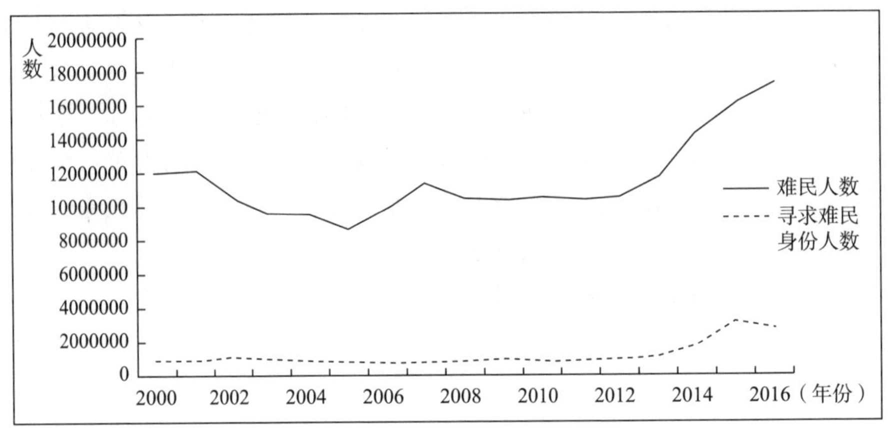

图11.1 世界难民人数（2000－2016）

资料来源：联合国难民署（UNHCR）。

① 如无特别说明，本文的数据均来自联合国难民署（UNHCR）的官方网站，http://popstats.unhcr.org/en/overview#_ga = 2.5234933.710837834.1501050390 - 910803784.1501050390。本章中的难民人数也不包括来自巴勒斯坦地区的难民。巴勒斯坦难民由另一个联合国机构（UNRWA）专门负责。

② 本章所提及的难民仅限于离开母国前往第三国避难的人，而这又包括了有正式难民身份（refugee）的、处于类难民状态（people in refugee-like situations）的以及正在寻求难民身份（asylum-seeker）的人，但不包括因国内战乱等因素被迫离开家园前往母国其他地区的人。

从世界范围来看，难民问题并不局限在中东，还包括北非、中非以及欧洲等地区。事实上，与人们从媒体报道中获得的印象不一样，在难民的地区分布上，亚洲和非洲容留了最大量的难民，而最受媒体关注的欧洲和北美在接纳难民上却远非最多。从单个国家来看，接纳难民人数最多的国家是土耳其（接纳了290万名难民），然后是巴基斯坦（140万）、黎巴嫩（100万），随后是伊朗、乌干达和埃塞俄比亚（分别为近98万、94万、80万）。2016年世界各大洲难民人数情况见表11.1。

表11.1　世界难民人数分地区统计（2016）

区域	正式难民	类难民状态	难民合计	受联合国难民署帮助的人数	寻求难民身份的人数
非洲	5478950	52743	5531693	5148488	537609
亚洲	8265465	343132	8608597	7671178	456116
欧洲	2268730	32103	2300833	49592	1147920
拉美与加勒比海地区	100887	221516	322403	34585	88056
北美洲	370291	–	370291	–	566584
大洋洲	49090	4581	53671	20	30223
总计	16533413	654075	17187488	12903863	2826508

资料来源：联合国难民署（UNHCR）。

在难民来源国上，近年来叙利亚一直是最大的难民输出国，2016年末共有552万名难民被迫流离他国；而后是阿富汗（250万人）和南苏丹（143万人），三国合计超过了世界难民人数的一半（55%），其他的主要难民来源国集中在非洲，前十大难民来源国总计占了世界难民总人数的近80%（见表11.2）。

难民输出国周边的国家一般是难民流入的主要国家，而由于这些国家往往也是贫穷国家，提供给难民的保护以及长期发展的空间都不大，所以有很多难民又通过各种途径转往了西方发达国家。在这一次的难民潮中，由于地缘上的接近以及交通上的相对便利，西欧国家成了难民转移的主要目的地，特别是来自伊拉克和叙利亚的难民。而由于西方发达国家在全球体系中的重要地位，这些难民的流入带来的显著影响更为直接地冲击了现有的国际体系。

表 11.2 世界主要难民来源国（2016）

国家	难民人数	寻求难民身份人数
叙利亚	5524377	184218
阿富汗	2501445	368957
南苏丹	1436719	5707
索马里	1012323	60454
苏丹	650640	46888
民主刚果	537473	82572
中非	490892	10603
缅甸	490289	55976
厄立特里亚	459430	64266
布隆迪	408085	24400

资料来源：联合国难民署（UNHCR）。

这一波难民入欧的路径主要有陆路和海路。陆路主要是通过土耳其进入巴尔干半岛国家，依次经过希腊、马其顿、塞尔维亚、克罗地亚、斯洛文尼亚、奥地利最终到达德国。从 2003 年开始这条巴尔干通道成了难民入欧的主要途径，2015 年中统计时在德国的近百万难民中，有 80% 从这条通道流入。① 不断增加的难民数量使得沿途的巴尔干、东欧国家不堪重负，于是在 2016 年 3 月关闭了这条通道。② 但是通道的关闭并不能阻挡绝望的难民，他们转向更为危险的道路，包括从保加利亚绕道或者从阿尔巴尼亚翻越大山。③ 海路进入欧洲的通道主要是通过地中海，是非洲难民入欧的主要

① Danilo Mandić, "Anatomy of a Refugee Wave: Forced Migration on the Balkan Route as Two Processes", *Europe Now*, Council for European Studies, January 5, 2017, http://www.europenowjournal.org/2017/01/04/anatomy-of-a-refugee-wave-forced-migration-on-the-balkan-route-as-two-processes/，最后访问日期：2017 年 8 月 5 日。

② 《多国切断"巴尔干通道"拒绝难民入境》，新华社，2016 年 03 月 11 日，http://news.xinhuanet.com/world/2016－03/11/c_128789667.htm，最后访问日期：2016 年 3 月 13 日。

③ 《"巴尔干通道"关闭欧盟官员忧新难民通道》，新华社，2016 年 03 月 12 日，http://news.xinhuanet.com/world/2016－03/12/c_128792858.htm，最后访问日期：2016 年 3 月 13 日。

途径。难民从北非的利比亚、埃及、阿尔及利亚等国穿过地中海到达意大利或者希腊，又或者从土耳其穿过爱琴海到达希腊或者意大利。相对于陆路而言，海路更为危险。但在巴尔干通道关闭以后，海路对难民变得更加重要。2016 年 3 月，欧盟与土耳其达成了难民问题的协议，由土耳其偷渡入境希腊的寻求难民庇护的人必须在希腊递交难民申请，否则面临遣返，而欧盟将为遣返提供资金。同时欧盟每从希腊遣返一名叙利亚人，就从土耳其接收一名叙利亚难民，意在鼓励难民们通过合法途径入欧，而不是冒险通过海路。这个协议实施以后，偷渡至希腊的寻求难民庇护者大幅减少，意大利则成了难民集中入境的国家。①

从移民的人口结构上来看，在 2016 年底，有数据可查的难民约为 1000 万人，大约是难民人数的 60% 左右，从年龄分布来看，低于 18 岁的占 51%，而 18－59 岁的有 45%，60 岁以上的仅为 4%，年龄结构非常偏向年轻。而在各个年龄段的性别分布比例总体平衡，女性比例略少于男性，但是也基本在 48%－50%。当然，不同国家或难民营之间的差异也比较大。

二、难民管理

难民作为一个跨国界的问题必然需要超国家机构以及难民所在国政府的合作。在目前的难民管理机制中，超国家机构主要是联合国难民署。② 难民署成立于 1950 年，总部设在瑞士日内瓦，它的目的是基于非政治和人道主义致力于为难民提供保护以及寻求解决方案。作为超国家官方机构，联合国难民署的作用主要表现在帮助保障难民的基本人权以及获得基本的生活保障，并负责协调联合国内部相关组织、各国政府以及非政府组织、个人等共同应对难民问题。目前，联合国难民署分非洲、亚太、欧洲、中东与北非 5 个地区局，在全球 130 个国家和地区开展活动，有 10941 名雇员，其中 87% 的工作人员在救助难民一线工作。应当说明的是，联合国难民署并没有超越国家的法律权力，而是通过与相关国家签订合作协议的方式进

---

① 《意大利成地中海路线唯一通道　7 月逾九成入欧难民登陆意大利》，《欧洲时报》，2016 年 8 月 6 日 http：//www.oushinet.com/europe/other/20160806/239672.html，最后访问日期：2016 年 8 月 10 日。

② 联合国难民署负责的事务并不限于本章讨论的难民范围，而是同时包括了在国内流离失所的民众以及处于类似难民境况但却没有难民法律身份的人。

入该国提供难民相关问题上的协助，因此，联合国难民署需要与各方协调来提供其服务。实际运行中，一国境内的难民营往往由难民署全权负责，由难民署提供安全保障、食品、药品等。

难民安置的方式主要有政府或联合国设立的正式的难民营、临时中心、自发的难民营、个人自理以及难民接待中心。安置在各种正式的难民营中（约400万人）的难民，仅占难民总数的24%。而个人自行安置的难民最多，有887万人，约占难民总数的一半。同时还有317万（约占18%）的难民未知获得了何种安置。

最为重要的资金问题上，联合国难民署是通过自愿捐助的方式来获得的。联合国难民署的预算两年一次，需要提交给难民署执行委员会审议，而通过之后难民署可以根据情况安排每年的年度预算。如果有额外的支出还可以通过附加预算。各国政府、组织与个人可以自行决定是否捐助与捐助的金额。由于近年来严重的难民危机，难民署的资金需求也在变大，但是所获得捐助金额并没有大幅增加，因此资金缺口一直很大（图11.2）。2016年，难民署的预算需求达到了75亿美元的规模，可用的资金仅为44亿美元，相应支出只有39亿多美元，联合国难民署承受着巨大的资金压力。

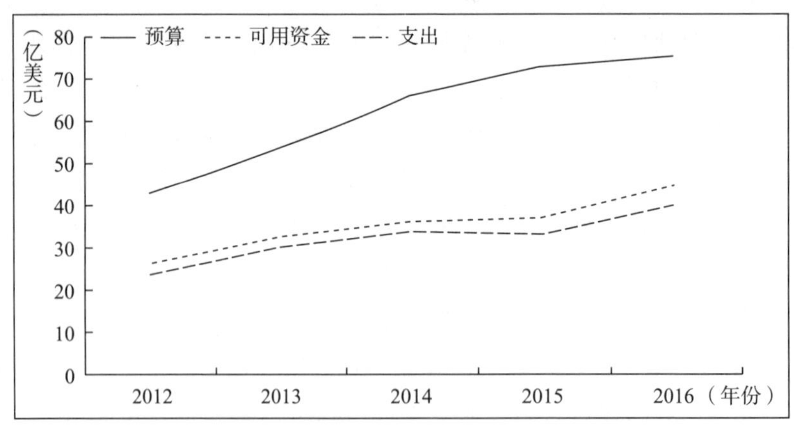

图11.2 联合国难民署的资金状况（2012－2016）

资料来源：联合国难民署（UNHCR）。

来自政府和私人捐助是联合国难民署的主要收入来源，在2016年这部分的收入大约有38亿美元。来自主权国家的捐助又是其中最为主要的部分，发达国家（经合组织国家）是主要的资金来源，美国提供了难民署约1/3的资金，欧洲国家提供了第二大的资金来源（见表11.3）。中国政府提供了280万美元的资助，但来自中国大陆的私人捐款只有2964美元。①

表11.3 前十大政府捐助国以及私人资助来源国（2016）*

政府	捐助额（单位：百万美元）	私人捐助来源国	捐助额（单位：美元）
美国	1514	西班牙	68785024
欧盟	363	荷兰	38369937
德国	360	美国	37907675
英国	222	日本	29345471
日本	165	韩国	24571637
瑞典	137	意大利	22818561
挪威	118	瑞典	21191149
加拿大	116	澳大利亚	20697450
丹麦	60	卡塔尔	20221990
荷兰	59	德国	17764635

注：*截至2017年1月27日。

资料来源：联合国难民署（UNHCR）。

对于一个逃离家园的人而言，能否获得难民的法律地位是其能否获得联合国难民署以及第三国提供的保护的关键。而这个关键的难民地位决定问题（Refugee Status Determination）一般由所在国决定，而当所在国不便或不愿决定的时候由联合国难民署决定。实际上很多国家都将这个决定权让渡给了联合国难民署，在2013年有50多个国家全权交由难民署负责。2012年以来的这次难民潮规模很大，而且相对集中，导致了联合国难民署无法及时处理很多的申请，进而导致了大量案卷堆积。2016年难民署与相关国家共处理了284万余人的难民申请，其中有近60万人的难民申请被拒绝。

① 这一方面是因为中国大众对这场人道危机了解不多，另一方面也是难民署的捐助方案的设计问题，通过银联或者支付宝支付的话，仅能选择750港元、3500港元、5400港元三个捐助数额，不利于小额捐款者。

不同国家的处理能力和速度也不尽相同，叙利亚难民最为集中的土耳其在2016年只处理了4.6万多份申请。与之相近，希腊也只处理了近4.4万多份申请，① 而德国则处理了76万多份申请。

一旦造成难民流离的原因得到了解决或出于其他原因，每年都有一定数量的难民自愿或被迫返回来源国。但相对于难民的总数而言，返回的只是相当小的一部分。而且有些难民返回并不是其来源国的状况有所改善，② 特别是很多寻求难民身份的人最后很可能被拒绝而被遣返。③ 2007－2016年世界难民返回人数见表11.4。

表11.4　难民返回人数（2007－2016）

年份	难民返回人数
2007年	730600
2008年	603800
2009年	251500
2010年	197700
2011年	531900
2012年	525900
2013年	414600
2014年	126900
2015年	201400
2016年	552200

资料来源：联合国难民署（UNHCR）。

---

① 这也意味着在欧洲－土耳其难民协议下，通过希腊进入欧洲的方式变得非常困难，因为希腊和土耳其处理申请的速度都非常慢，大量在希腊的难民只能被遣返。见第一节关于欧洲－土耳其协议的内容。

② "Syria war: Almost 500, 000 refugees return in 2017 – UN", BBC, June 30, 2017, http://www.bbc.com/news/world-middle-east-40460126，最后访问日期：2017年7月2日。

③ "Germany Aims to Deport Record Number of Rejected Asylum Seekers in 2017", *Fortune*, Feb 19, 2017, http://fortune.com/2017/02/19/germany-deports-asylum-seekers/，最后访问日期：2017年2月20日。

三、难民：成因与影响

难民形成的原因有多种多样，包括政治经济等多个方面。但是当代大规模的难民潮往往是跟大规模的国内冲突相关联的。不管冲突的起因是政治斗争、极端势力还是外国干涉，这些大规模的冲突或内战往往持续相当长的时间，因而使得大量平民被迫离开家园。世界主要难民来源国都是饱受国内大规模武装冲突之害的国家。叙利亚内战自 2012 年爆发抗议开始至 2016 年已持续 5 年，占人口多数的逊尼派和属于少数派但是作为统治阶层的什叶派之间的冲突作为主要的社会矛盾，慢慢引发了 2011 年的抗议活动并在政府的高压下迅速发展成了内战。各种国际势力随即参与进来，其中既包括了给叛军提供资金或者武器的美欧等列强以及逊尼派的海湾国家，也有支持的叙利亚政府军的俄罗斯以及什叶派的伊朗，而趁乱崛起的极端宗教势力——“伊斯兰国”则使得叙利亚国内局势更为复杂。国外干涉不仅使战争更为惨烈也使得战争的结束遥遥无期，多次的停火协议最终往往成为一纸空文。这场内战已经造成了数十万人死亡，而大量的平民在这些无休止的战乱中不得不离家出逃。近几年来难民潮的一个主要群体就是这些逃离家园的叙利亚平民，据统计大约有 500 万的叙利亚人逃到了国外。

在美国 2001 年入侵阿富汗推翻塔利班政权以后，阿富汗就陷入了无休无止的内战和恐怖袭击之中。失去统治地位的塔利班并没有消失，而是变成了武装割据势力与政府军及以美国为首的北约占领军作战，并时常发动恐怖袭击。长达十几年的战争并没有停止的迹象，而疲乏不堪的美军也逐渐减少对战争的承诺，意图全面退出。目前的阿富汗政府军虽然有大量的军事援助但并没有能力战胜塔利班，往往非但难以给国民提供安全保障，反而有时成为威胁的来源，阿富汗国内安全形势的持续不断恶化成了该国大规模难民出现的主要原因。类似的大规模冲突也发生在其他的主要难民国家中，苏丹和南苏丹的种族冲突、索马里的无政府状态以及极端主义武装等，都是这些国家平民流离失所的主要原因。同时，安全形势迟迟得不到改善也使得难民无法回到家园。

在 1951 年的《联合国难民公约》中，难民是指那些为了脱离政治迫害而逃离的人，而现在则成了主要为逃离冲突和暴力的人（表 11.5）。当前的难民危机更多的是政府能力的危机，政府无力维持国内秩序带来的危机。

表 11.5　主要难民来源国的难民成因

国家	难民成因
叙利亚	2012 年至今的政府军与叛军以及极端武装组织“伊斯兰国”之间的混战
阿富汗	2001 年美军入侵之后的一系列国内武装冲突
南苏丹	政府军与反叛武装苏丹人民解放运动之间的内战以及停战协议的失效
索马里	恐怖组织索马里青年党的恐怖武装活动、持续的内战以及国际干预
苏丹	达尔富尔以及南科尔多凡州和青尼罗河州的冲突
民主刚果	国内不稳定以及政治危机
中非	武装组织之间冲突、犯罪活动以及族群冲突
缅甸	内战以及宗教冲突
厄立特里亚	政府压迫、贫穷、边界冲突
布隆迪	总统抛弃宪法导致政变以及国内局势紧张，政府镇压以及反叛武装加强活动，新的内战可能爆发

资料来源：联合国难民署（UNHCR）及作者整理。

大量难民的涌入对接收国而言是个巨大的挑战，大量陌生人口的进入直接冲击了原有的政治经济格局，产生了短期和长期的不同影响。难民的政治影响尤其是短期的政治影响在 2016 年最大的地缘政治事件中有突出的体现。无论是在英国的脱欧公投还是在美国特朗普当选总统之中，反对接收难民以及反移民都是其中一个非常重要的议题，甚至可以说是这两次对当前世界秩序最大冲击事件发生的最重要原因之一。在其他西欧国家，难民的涌入也使得当地民粹主义以及右翼极端势力发展壮大，而秉持传统自由主义政策的执政党都面临着较大的压力。在 2016 年 9 月皮尤研究中心公布的对欧洲国家关于难民问题的调查中，绝大多数人都认为欧盟对于难民危机的处理不恰当。同时，近几十年来伊斯兰极端势力的恐怖主义活动也使得欧洲民众对这次主要由穆斯林人口组成的难民潮带来的安全隐患很担忧。此外，许多民众也很担心穆斯林难民对于当地主流文化的冲击，而对难民带来的多元化社会并不那么热衷。① 这些都与传统的欧洲执政党的中左

① Jacob Poushter, “European Opinions of the Refugee Crisis in 5 Charts”, Pew Research Center, September 16, 2016, http://www.pewresearch.org/fact-tank/2016/09/16/european-opinions-of-the-refugee-crisis-in-5-charts/，最后访问日期：2017 年 1 月 10 日。

翼意识形态有所冲突，也意味着这些国家的执政党将面临更大的凝聚国内共识继续执政的挑战，同时不得不经受不同程度的选举危机。

在相对缺乏社会管理能力的国家以及难民输出国的邻国，大量难民的涌入有带来极大社会不稳定的风险。难民输出国的邻国可能会被用于干涉输出国政治的基地，尤其是联合国难民署管理的难民营通常能得到一定的安全以及生活保障，武装分子或者异见分子可能会藏身其中。而一旦难民输入超过了所在国的承受能力，社会失序的危险大增，民众则可能会转向强人政治。土耳其的政变以及埃尔多安长期执政的合法化或多或少都反映了土耳其社会动荡的现实。对输出国而言，大量人口的流失也带来了政治上的巨大影响。与印象中难民贫穷困苦的形象不同，首先逃离家园的难民往往来自富裕或者中产阶层，因为他们往往有足够的资源、知识和能力来逃离战乱，① 并渐次将不那么富裕的阶层以及妇女儿童带出。这些阶层往往在政治上更为温和、更有可能达成妥协，而留下的则往往是在政治上更为极端、更不愿意妥协或是没有选择的人，这些人将更积极延续战争，使得战乱冲突的情况恶化。

在经济上难民也带来了广泛的影响，而从短期和长期来看影响并不相同。对难民接收国而言，短期来看难民将给社会福利和经济带来额外负担，在难民变成劳动力之前都将是纯粹的消费者，而中间等待的时间越长越容易带来不利的影响。而从难民到劳动力的过程又因各国的法律制度习俗，以及两个文化之间的差异程度等因素相关，当然，这种给社会资源带来的额外负担也与接收国接受国外的援助多少，以及是否受到各种国际组织以及非政府组织的协助等因素有关。如果这些因素都协调好，难民涌入带来的短期冲击是可以避免或者说是可以很大程度上减缓的。从长远来看，难民的人口结构偏年轻，对于许多年龄结构偏老的国家，尤其是发达国家而言，如果能够很好地将难民融入已有的社会结构，充分利用难民这一人力资源，对于该国长期的发展是有好处的。同时，难民往往比当地居民更有动力去工作，更愿意承担风险以及更有奋斗精神，很多难民及其后代都能

① Danilo Mandić, "Anatomy of a Refugee Wave: Forced Migration on the Balkan Route as Two Processes", *Europe Now*, Council for European Studies, January 5, 2017, http://www.europenowjournal.org/2017/01/04/anatomy-of-a-refugee-wave-forced-migration-on-the-balkan-route-as-two-processes/，最后访问日期：2017 年 8 月 5 日。

成为很有开创精神的人才,① 为难民接收国创造财富,② 尤其第二代移民往往在教育成就和事业上都有非常突出的成就。对发展中国家中的难民接收国而言，随难民而来的援助也可以增加当地的消费，增加当地的经济产出以及提供相当的就业。③

对于难民的流出国或者流出地区而言，大规模的人口流失会给经济带来巨大的影响，如果状况没有很快得到改善使得大部分人口可以快速返回，该地区或国家的经济将在相当长的时间内都不可能得到发展，或者说长久的衰落将不可避免。对难民输出国，难民的回流也可能使国内和平进程被打乱，回流的武装人员继续其活动，带来冲突的隐患。④ 难民可能带来的种种问题至少在短期内给接收国提出了重大的挑战，这也使得各国政府越来越倾向于逃避难民责任、拒绝难民入境。但是人类社会发展到今天，道德以及法律的进步又使得人类无法对同类的苦难视而不见，难民问题恐怕不能简单地通过修筑边境墙一堵了之，而是应该创造性地发挥制度创新以及发掘难民潜在的资源与能力，找寻更好的解决方案。

四、评估与展望

2016 年，世界难民危机并没有减弱的趋势，难民数量大量增加的态势并没有得到扭转，这场被联合国称为战后最大的人道危机仍在继续。造成难民危机的最主要根源依旧是层出不穷的国内冲突，但是在中东北非以及其他地区的冲突依然没有减少的迹象。大量增加的难民也使得联合国难民署不管在人员还是预算上都捉襟见肘，疲于应付。2016 年世界政坛上民粹主义风潮以及各种反难民的运动都凸显了难民问题处理所面临的困境，但就目前有限的经验研究也已表明，很多对于难民问题的认识或者对于难民

---

① “Alexander Betts：Refugees are ‘natural entrepreneurs’”，https：//www. rsc. ox. ac. uk/news/alexander-betts-refugees-are-natural-entrepreneurs，最后访问日期：2017 年 8 月 5 日。

② Economics，Chmura. Analytics 2012 “Economic Impact of Refugees in the Cleveland Area.” Report Prepared for Refugee Services Collaborative of Greater Cleveland.

③ Betts，Alexander，Louise Bloom，Josiah David Kaplan，and Naohiko Omata，*Refugee economies*：*Rethinking popular assumptions.* University of Oxford，Refugee Studies Centre，2014.

④ Lischer，Sarah Kenyon. “Civil war，genocide and political order in Rwanda：security implications of refugee return.” *Conflict*，*Security & Development 11*，no. 3（2011）：261 – 284.

的敌视并没有事实根据，对于这场人道危机，世界所做的还远远不够。

进入 2017 年，难民危机的状况预计依然难以得到改善，中东北非的乱局难以在短期内安定，叙利亚内战焦灼，沙特、伊朗等地区大国的介入预计会使也门的冲突更为残酷和长期化，利比亚、阿富汗的局势也没有大的改善可能，随着美军逐步减少对后者的介入，其国内局势预计将会进一步恶化，在这些造成难民危机的根源没有得到根本改善的情况下，难民问题在 2017 年依旧不容乐观。各国的投入在目前的情况看来难以有太大的增加，联合国难民署面临的窘境恐怕还将继续，而 2016 年的民粹浪潮也将使各国政府未来在协助处理难民危机上更为谨慎。

附　录

附表 2.1　2016年全球经济体 GDP、人均 GDP 及年中人口数

排名	经济体	GDP（十亿现价美元）	经济体	人均 GDP（现价美元）	经济体	总人口（万人）
1	美国	18624.48	卢森堡	100738.68	中国	137866.50
2	中国	11190.99	瑞士	79866.03	印度	132417.14
3	日本	4949.27	中国澳门特别行政区	74017.18	美国	32340.59
4	德国	3477.80	挪威	70890.04	印度尼西亚	26111.55
5	英国	2650.85	爱尔兰	64100.43	巴西	20765.29
6	法国	2465.13	冰岛	60529.93	巴基斯坦	19320.35
7	印度	2274.23	卡塔尔	59324.34	尼日利亚	18598.96
8	意大利	1859.38	美国	57588.54	孟加拉国	16295.16
9	巴西	1793.99	北美	56058.64	俄罗斯联邦	14434.24
10	加拿大	1535.77	新加坡	55243.13	墨西哥	12754.04
11	韩国	1414.80	丹麦	53578.76	日本	12699.45
12	俄罗斯联邦	1284.73	瑞典	51844.76	菲律宾	10332.02
13	西班牙	1237.26	澳大利亚	49896.68	埃塞俄比亚	10240.32
14	澳大利亚	1208.04	格陵兰	48159.53	阿拉伯埃及共和国	9568.87
15	墨西哥	1076.91	圣马力诺	47908.56	越南	9456.91
16	印度尼西亚	932.26	荷兰	45637.89	德国	8234.87
17	土耳其	863.72	奥地利	44731.01	伊朗伊斯兰共和国	8027.74
18	荷兰	777.23	中国香港特别行政区	43737.04	土耳其	7951.24

续表

排名	经济体	GDP（十亿现价美元）	经济体	人均 GDP（现价美元）	经济体	总人口（万人）
19	瑞士	668.75	芬兰	43433.03	刚果（金）	7873.62
20	沙特阿拉伯	644.94	加拿大	42348.95	泰国	6886.35
21	阿根廷	554.86	德国	42232.57	法国	6685.98
22	瑞典	514.46	比利时	41260.98	英国	6559.56
23	波兰	471.40	英国	40412.03	意大利	6062.75
24	比利时	467.55	新西兰	40331.96	南非	5601.55
25	伊朗伊斯兰共和国	418.98	日本	38972.34	坦桑尼亚	5557.22
26	泰国	411.76	阿拉伯联合酋长国	38517.80	缅甸	5288.52
27	尼日利亚	404.65	安道尔共和国	37231.82	韩国	5124.57
28	奥地利	390.80	以色列	37180.85	哥伦比亚	4865.34
29	挪威	371.08	法国	36870.22	肯尼亚	4846.16
30	阿拉伯联合酋长国	357.05	关岛	35562.57	西班牙	4648.41
31	阿拉伯埃及共和国	332.93	波多黎各	30833.37	乌克兰	4500.46
32	中国香港特别行政区	320.88	意大利	30668.98	阿根廷	4384.74
33	以色列	317.75	巴哈马	30260.31	乌干达	4148.80
34	新加坡	309.76	韩国	27608.25	阿尔及利亚	4060.61
35	丹麦	306.90	科威特	27368.29	苏丹	3957.88
36	菲律宾	304.89	文莱达鲁萨兰国	26939.42	波兰	3797.01
37	爱尔兰	304.82	西班牙	26616.76	伊拉克	3720.26
38	马来西亚	296.54	马耳他	24770.81	加拿大	3626.46
39	南非	295.76	塞浦路斯	23666.97	摩洛哥	3527.68
40	哥伦比亚	280.09	巴林	22560.58	阿富汗	3465.60

续表

排名	经济体	GDP（十亿现价美元）	经济体	人均 GDP（现价美元）	经济体	总人口（万人）
41	巴基斯坦	278.65	斯洛文尼亚	21650.21	沙特阿拉伯	3227.57
42	智利	250.04	沙特阿拉伯	19982.09	乌兹别克斯坦	3184.79
43	芬兰	238.68	葡萄牙	19871.72	秘鲁	3177.38
44	孟加拉国	221.42	捷克共和国	18483.72	委内瑞拉玻利瓦尔共和国	3156.82
45	越南	205.28	希腊	17881.53	马来西亚	3118.73
46	葡萄牙	205.18	爱沙尼亚	17736.80	尼泊尔	2898.28
47	捷克共和国	195.31	圣基茨和尼维斯	16596.83	莫桑比克	2882.95
48	希腊	192.69	斯洛伐克共和国	16529.54	安哥拉	2881.35
49	秘鲁	191.64	特立尼达和多巴哥	16352.11	加纳	2820.67
50	新西兰	189.29	巴巴多斯	15891.63	也门共和国	2758.42
51	罗马尼亚	187.81	乌拉圭	15298.35	朝鲜民主主义人民共和国	2536.86
52	伊拉克	171.49	阿曼	15102.38	马达加斯加	2489.46
53	阿尔及利亚	159.05	塞舌尔	15060.99	澳大利亚	2421.08
54	卡塔尔	152.45	立陶宛	14912.69	科特迪瓦	2369.59
55	哈萨克斯坦	137.28	安提瓜和巴布达	14462.18	喀麦隆	2343.92
56	匈牙利	125.82	巴拿马	14332.97	斯里兰卡	2120.30
57	科威特	110.91	帕劳	14077.10	尼日尔	2067.30
58	波多黎各	105.03	拉脱维亚	14070.42	罗马尼亚	1970.23
59	摩洛哥	103.61	智利	13960.89	布基纳法索	1864.64
60	厄瓜多尔	98.61	匈牙利	12820.09	阿拉伯叙利亚共和国	1843.05
61	苏丹	95.58	阿根廷	12654.35	马拉维	1809.16

续表

排名	经济体	GDP（十亿现价美元）	经济体	人均 GDP（现价美元）	经济体	总人口（万人）
62	安哥拉	95.34	波兰	12415.04	马里	1799.48
63	乌克兰	93.27	克罗地亚	12298.57	智利	1790.98
64	斯洛伐克共和国	89.77	美属萨摩亚	11834.75	哈萨克斯坦	1779.41
65	斯里兰卡	81.79	哥斯达黎加	11732.71	荷兰	1703.03
66	埃塞俄比亚	73.00	土耳其	10862.73	赞比亚	1659.14
67	多米尼加共和国	72.34	马尔代夫	9871.91	危地马拉	1658.25
68	肯尼亚	70.88	格林纳达	9841.76	厄瓜多尔	1638.51
69	危地马拉	68.66	毛里求斯	9681.62	津巴布韦	1615.04
70	乌兹别克斯坦	67.07	罗马尼亚	9532.17	柬埔寨	1576.24
71	阿曼	66.82	马来西亚	9508.24	塞内加尔	1541.16
72	缅甸	63.23	圣卢西亚	9364.82	乍得	1445.25
73	卢森堡	58.63	赤道几内亚	9217.89	索马里	1431.80
74	巴拿马	57.82	俄罗斯联邦	8759.04	几内亚	1239.59
75	哥斯达黎加	56.99	巴西	8639.37	南苏丹	1223.07
76	保加利亚	53.24	墨西哥	8443.69	卢旺达	1191.75
77	乌拉圭	52.69	黎巴嫩	8257.29	古巴	1147.60
78	克罗地亚	51.34	中国	8117.27	突尼斯	1140.32
79	黎巴嫩	49.60	多米尼克	7906.72	比利时	1133.14
80	白俄罗斯	47.72	瑙鲁	7821.30	玻利维亚	1088.79
81	坦桑尼亚	47.39	哈萨克斯坦	7714.84	贝宁	1087.23
82	中国澳门特别行政区	45.31	保加利亚	7469.45	海地	1084.73
83	斯洛文尼亚	44.71	加蓬	7078.68	希腊	1077.60
84	加纳	42.80	黑山	7028.94	多米尼加共和国	1064.88

续表

排名	经济体	GDP（十亿现价美元）	经济体	人均 GDP（现价美元）	经济体	总人口（万人）
85	立陶宛	42.77	圣文森特和格林纳丁斯	6982.26	捷克共和国	1056.63
86	突尼斯	42.06	博茨瓦纳	6954.17	布隆迪	1052.41
87	约旦	38.65	多米尼加共和国	6793.54	葡萄牙	1032.55
88	塞尔维亚	38.30	土库曼斯坦	6389.33	瑞典	992.31
89	阿塞拜疆	37.87	阿拉伯联盟国家	6151.18	匈牙利	981.40
90	科特迪瓦	36.37	秘鲁	6031.37	阿塞拜疆	975.78
91	土库曼斯坦	36.18	厄瓜多尔	6018.53	白俄罗斯	950.15
92	刚果（金）	34.99	泰国	5979.29	约旦	945.58
93	玻利维亚	33.94	苏里南	5871.44	阿拉伯联合酋长国	926.96
94	利比亚	32.26	哥伦比亚	5756.86	洪都拉斯	911.29
95	喀麦隆	32.22	塞尔维亚	5426.20	奥地利	873.67
96	巴林	32.15	南非	5280.02	塔吉克斯坦	873.50
97	拉脱维亚	27.57	伊朗伊斯兰共和国	5219.11	以色列	854.60
98	巴拉圭	27.42	斐济	5197.51	瑞士	837.33
99	乌干达	24.08	马其顿王国	5163.25	巴布亚新几内亚	808.50
100	萨尔瓦多	23.91	利比亚	5125.68	多哥	760.64
101	爱沙尼亚	23.34	白俄罗斯	5022.63	塞拉利昂	739.62
102	特立尼达和多巴哥	22.32	伯利兹	4960.18	中国香港特别行政区	733.66
103	洪都拉斯	21.64	牙买加	4878.58	保加利亚	712.78
104	尼泊尔	21.13	波斯尼亚和黑塞哥维那	4808.64	塞尔维亚	705.83
105	赞比亚	20.95	伊拉克	4609.60	老挝	675.84

续表

排名	经济体	GDP（十亿现价美元）	经济体	人均 GDP（现价美元）	经济体	总人口（万人）
106	冰岛	20.30	纳米比亚	4560.70	巴拉圭	672.53
107	塞浦路斯	20.15	圭亚那	4531.24	萨尔瓦多	634.47
108	柬埔寨	20.02	危地马拉	4140.74	利比亚	629.33
109	巴布亚新几内亚	19.90	阿尔巴尼亚	4131.87	尼加拉瓜	614.99
110	阿富汗	19.47	约旦	4087.94	吉尔吉斯斯坦	607.95
111	也门共和国	18.21	巴拉圭	4077.74	黎巴嫩	600.67
112	波斯尼亚和黑塞哥维那	16.91	萨摩亚	4030.01	丹麦	572.80
113	津巴布韦	16.62	阿尔及利亚	3916.88	土库曼斯坦	566.25
114	老挝	15.81	阿塞拜疆	3880.74	新加坡	560.73
115	博茨瓦纳	15.65	格鲁吉亚	3865.79	芬兰	549.53
116	塞内加尔	14.68	斯里兰卡	3857.40	斯洛伐克共和国	543.08
117	格鲁吉亚	14.38	萨尔瓦多	3768.84	挪威	523.45
118	牙买加	14.06	汤加	3748.64	刚果（布）	512.58
119	马里	14.03	科索沃	3697.55	哥斯达黎加	485.73
120	加蓬	14.01	蒙古	3694.08	爱尔兰	475.53
121	约旦河西岸和加沙	13.43	突尼斯	3688.65	新西兰	469.32
122	尼加拉瓜	13.18	马绍尔群岛	3665.21	利比里亚	461.38
123	毛里求斯	12.23	亚美尼亚	3605.74	中非共和国	459.46
124	阿尔巴尼亚	11.88	印度尼西亚	3570.28	约旦河西岸和加沙	455.16
125	巴哈马	11.84	阿拉伯埃及共和国	3479.28	阿曼	442.48
126	布基纳法索	11.45	安哥拉	3308.77	毛里塔尼亚	430.10
127	文莱达鲁萨兰国	11.40	图瓦卢	3295.72	克罗地亚	417.43

续表

排名	经济体	GDP（十亿现价美元）	经济体	人均GDP（现价美元）	经济体	总人口（万人）
128	纳米比亚	11.31	密克罗尼西亚联邦	3143.75	科威特	405.26
129	马耳他	11.28	玻利维亚	3117.33	巴拿马	403.41
130	赤道几内亚	11.26	佛得角	3037.53	格鲁吉亚	371.93
131	蒙古	11.18	菲律宾	2950.91	摩尔多瓦	355.20
132	莫桑比克	11.01	约旦河西岸和加沙	2949.69	波斯尼亚和黑塞哥维那	351.68
133	马其顿王国	10.75	瓦努阿图	2913.97	乌拉圭	344.40
134	亚美尼亚	10.55	摩洛哥	2892.78	波多黎各	340.65
135	马达加斯加	10.00	不丹	2773.55	蒙古	302.74
136	乍得	9.41	斯威士兰	2770.20	亚美尼亚	292.48
137	几内亚	9.28	巴布亚新几内亚	2461.95	牙买加	288.14
138	贝宁	8.57	苏丹	2415.04	阿尔巴尼亚	287.61
139	卢旺达	8.48	洪都拉斯	2375.10	立陶宛	286.82
140	海地	7.97	老挝	2338.69	卡塔尔	256.98
141	刚果（布）	7.83	乌克兰	2185.73	纳米比亚	247.97
142	尼日尔	7.61	尼日利亚	2175.67	博茨瓦纳	225.03
143	塔吉克斯坦	6.95	越南	2170.65	莱索托	220.38
144	吉尔吉斯斯坦	6.81	尼加拉瓜	2143.93	马其顿王国	208.12
145	摩尔多瓦	6.80	乌兹别克斯坦	2105.87	斯洛文尼亚	206.50
146	索马里	6.75	所罗门群岛	2056.49	冈比亚	203.85
147	科索沃	6.72	东帝汶	1987.12	加蓬	197.98
148	关岛	5.79	摩尔多瓦	1913.24	拉脱维亚	195.95
149	马拉维	5.43	吉布提	1872.23	科索沃	181.62
150	毛里塔尼亚	4.74	圣多美和普林西比	1771.99	几内亚比绍共和国	181.57

续表

排名	经济体	GDP（十亿现价美元）	经济体	人均 GDP（现价美元）	经济体	总人口（万人）
151	斐济	4.67	印度	1717.47	巴林	142.52
152	巴巴多斯	4.53	基里巴斯	1587.06	特立尼达和多巴哥	136.50
153	多哥	4.39	科特迪瓦	1535.07	斯威士兰	134.31
154	黑山	4.37	刚果（布）	1528.24	爱沙尼亚	131.58
155	马尔代夫	4.22	加纳	1517.50	东帝汶	126.87
156	斯威士兰	3.72	肯尼亚	1462.51	毛里求斯	126.35
157	塞拉利昂	3.56	巴基斯坦	1442.29	赤道几内亚	122.15
158	圭亚那	3.50	喀麦隆	1374.52	塞浦路斯	117.01
159	苏里南	3.28	孟加拉国	1358.78	吉布提	94.23
160	布隆迪	3.01	柬埔寨	1269.91	斐济	89.88
161	南苏丹	2.90	赞比亚	1262.99	不丹	79.78
162	安道尔共和国	2.88	缅甸	1195.52	科摩罗	79.56
163	格陵兰	2.71	吉尔吉斯斯坦	1120.67	圭亚那	77.33
164	东帝汶	2.52	毛里塔尼亚	1101.90	黑山	62.23
165	莱索托	2.29	莱索托	1039.70	中国澳门特别行政区	61.22
166	不丹	2.21	津巴布韦	1029.08	所罗门群岛	59.94
167	利比里亚	2.10	塞内加尔	952.77	卢森堡	58.20
168	伯利兹	1.82	坦桑尼亚	878.40	苏里南	55.84
169	吉布提	1.76	塔吉克斯坦	795.84	佛得角	53.96
170	中非共和国	1.76	贝宁	788.53	马耳他	45.54
171	圣卢西亚	1.67	马里	779.94	马尔代夫	42.78
172	佛得角	1.64	科摩罗	775.08	文莱达鲁萨兰国	42.32
173	圣马力诺	1.59	几内亚	748.30	巴哈马	39.12
174	安提瓜和巴布达	1.46	海地	734.80	伯利兹	36.70

冷和平

续表

排名	经济体	GDP（十亿现价美元）	经济体	人均GDP（现价美元）	经济体	总人口（万人）
175	塞舌尔	1.43	尼泊尔	729.12	冰岛	33.54
176	所罗门群岛	1.23	埃塞俄比亚	712.88	巴巴多斯	28.50
177	几内亚比绍共和国	1.18	卢旺达	711.20	法属波利尼西亚	28.02
178	格林纳达	1.06	也门共和国	660.28	新喀里多尼亚	27.66
179	冈比亚	0.96	乍得	651.24	瓦努阿图	27.04
180	圣基茨和尼维斯	0.91	几内亚比绍共和国	648.90	圣多美和普林西比	19.99
181	瓦努阿图	0.79	布基纳法索	613.99	萨摩亚	19.51
182	萨摩亚	0.79	乌干达	580.38	圣卢西亚	17.80
183	圣文森特和格林纳丁斯	0.77	多哥	576.96	关岛	16.29
184	美属萨摩亚	0.66	阿富汗	561.78	库拉索	15.97
185	科摩罗	0.62	塞拉利昂	480.79	基里巴斯	11.44
186	多米尼克	0.58	冈比亚	472.31	圣文森特和格林纳丁斯	10.96
187	汤加	0.40	索马里	471.62	美属维京群岛	10.75
188	圣多美和普林西比	0.35	利比里亚	455.37	格林纳达	10.73
189	密克罗尼西亚联邦	0.33	刚果（金）	444.41	汤加	10.71
190	帕劳	0.30	马达加斯加	401.74	密克罗尼西亚联邦	10.49
191	马绍尔群岛	0.19	中非共和国	382.07	阿鲁巴	10.48
192	基里巴斯	0.18	莫桑比克	382.07	安提瓜和巴布达	10.10
193	瑙鲁	0.10	尼日尔	367.96	塞舌尔	9.47
194	图瓦卢	0.04	马拉维	300.31	马恩岛	8.37

资料来源：根据世界银行数据整理。

附表 3.1　2016 年度国家武装冲突

地区/国家	对立原因	反政府组织	时间	估计死亡人数		
				低	中	高
欧洲						
阿塞拜疆	领土(纳戈尔诺－卡拉巴赫)(1991年)	纳戈尔诺－卡拉巴赫共和国	2014－2016	141	141	263
俄罗斯	领土（“伊斯兰国”）(2015)	“伊斯兰国”（IS）	2015－2016	64	66	82
乌克兰	领土（新俄罗斯）(2014)	顿涅茨克人民共和国（DPR）、卢甘斯克人民共和国（LPR）	2014－2016	246	255	285
中东						
埃及	领土（“伊斯兰国”）(2015)	“伊斯兰国”（IS）	2015－2016	268	268	272
伊拉克	政府（2004）	“伊斯兰国”（IS）	2004－2016	11280	11508	11925
约旦	领土（“伊斯兰国”）(2016 年)	“伊斯兰国”（IS）	2016	34	34	35
叙利亚	政府（2011）	叙利亚叛军	2011－2016	15664	27235	27235
叙利亚	领土（“伊斯兰国”）(2013)	“伊斯兰国”（IS）	2013－2016	7027	13205	13205
叙利亚	政府/领土（罗哈瓦德库尔德斯坦）(2016 年)	自卫队（叙利亚民主力量）	2016	158	158	159
土耳其	政府（2016）	库尔德斯坦自由之鹰（TAK）等	2016	399	402	402
土耳其	领土（“伊斯兰国”）(2015)	“伊斯兰国”（IS）	2015－2016	1153	1173	1190
土耳其	领土（库尔德斯坦）(1983 年)	库尔德工人党（库尔德斯坦工人党）	2015－2016	1070	1070	1080
也门	政府（2009）	哈迪部队	2009－2016	2534	2536	2582

续表

地区/国家	对立原因	反政府组织	时间	估计死亡人数		
				低	中	高
亚洲						
阿富汗	政府（1978）	塔利班	1978－2016	14408	15777	21669
阿富汗	领土（“伊斯兰国”）（2015年）	“伊斯兰国”（IS）	2015－2016	2100	2141	2544
孟加拉国	政府（2016）	孟加拉国圣战者大会党（JMB）	2016	39	39	39
印度	政府（1991）	印度共产党“毛派”	1996－2016	240	264	319
印度	领土（克什米尔）（1990）	克什米尔叛乱者	1990－2016	281	281	296
印度	领土（西东南亚）（2015年）	西东南亚的联合解放阵线（UNLFW）	2015－2016	44	44	66
印度、巴基斯坦	领土（克什米尔）（2014）		2014－2016	67	67	79
缅甸	领土（阿拉干）（2016年）	海雅（哈拉卡雅琴：阿拉干信仰运动）	2016	82	84	133
缅甸	领土（克钦）（2011）	克钦独立组织	2011－2016	31	32	47
巴基斯坦	政府（2007）	巴基斯坦塔利班运动	2007－2016	543	545	545
巴基斯坦	领土（俾路支）（2004）	俾路支解放军（BLA）、联合俾路支军队（UBA）	2011－2016	89	89	89
巴基斯坦	领土（“伊斯兰国”）（2016）	“伊斯兰国”（IS）	2016	68	68	68
菲律宾	政府（1969）	政协（菲律宾共产党）	1999－2016	92	92	101

续表

地区/国家	对立原因	反政府组织	时间	估计死亡人数		
				低	中	高
泰国	领土（帕塔尼）（2003年）	帕塔尼叛乱分子	2003－2016	49	49	50
菲律宾	领土（棉兰老岛）（1972）	阿布沙耶夫集团（ASG）、邦萨摩洛伊斯兰自由战士（BIFM）	1993－2016	295	322	337
非洲						
阿尔及利亚	政府（1991）	伊斯兰马格里布基地组织（AQIM）	1991－2016	82	86	91
喀麦隆	政府（2015）	致力于传播先知教导及圣战人民军	2015－2016	32	32	32
喀麦隆	领土（“伊斯兰国”）（2015）	“伊斯兰国”（IS）	2015－2016	189	189	206
刚果	政府（2016）	Ntsiloulous	2016	51	51	51
厄立特里亚、埃塞俄比亚	领土（共同边界）（2016年）		2016	25	25	200
埃塞俄比亚	领土（欧加登）（1993）	欧加登民族解放阵线	1998－2016	25	25	500
埃塞俄比亚	领土（奥罗米亚）（1977）	奥罗莫解放阵线	2015－2016	25	25	292
肯尼亚	领土（东北省和海岸）（2015年）	青年党（青年）	2015－2016	49	49	83
利比亚	领土（“伊斯兰国”）（2015）	“伊斯兰国”（IS）	2015－2016	1596	1678	2709
马里	政府（2009）	伊斯兰马格里布基地组织	2012－2016	96	96	111

续表

地区/国家	对立原因	反政府组织	时间	估计死亡人数		
				低	中	高
莫桑比克	政府（2013）	雷莫纳（莫桑比克全国抵抗运动）	2016	26	26	26
尼日尔	领土（“伊斯兰国”）（2015）	“伊斯兰国”（IS）	2015 - 2016	274	274	281
尼日利亚	政府（2009）	博科圣地（致力于传播先知教导及圣战人民军）	2011 - 2016	177	177	193
尼日利亚	领土（“伊斯兰国”）（2015）	“伊斯兰国”（IS）	2015 - 2016	2210	2213	2311
卢旺达	政府（2009）	卢旺达民主解放力量	2016	129	129	129
索马里	政府（2006）	青年党（青年）	2006 - 2016	1199	1925	3116
南苏丹	政府（2011）	苏丹人民解放军反对派	2011 - 2016	710	710	1130
苏丹	政府（1983）	苏丹解放阵线（苏丹革命阵线）	1983 - 2016	1308	1314	2326
卢旺达	政府（1980）	民主力量联盟（ADF）	2013 - 2016	132	132	133
美洲						
哥伦比亚	政府（1964）	民族解放军	1964 - 2016	30	30	30
美国	政府（2001）	基地组织	2001 - 2016	117	117	146
2016 年战争死亡总人数				66948	87266	98726

资料来源：UCDP /PRIO 武装冲突数据库、UCDP 二元组数据集，http：//ucdp.uu.se/downloads/；乌普萨拉冲突数据计划在线冲突百科全书，www.ucdp.uu.se。

附表 3.2　2016 年度非国家冲突

地区/国家	当事方（A）	当事方（B）	起始年份	估计死亡人数		
				低	中	高
中东						
叙利亚	自由沙姆人伊斯兰运动、自由叙利亚军（FSA）、征服阵线、伊斯兰军	“伊斯兰国”（IS）	2016	110	110	113
叙利亚	伊斯兰阵线	阿克萨战士	2016	40	40	43
叙利亚	自由沙姆人伊斯兰运动、征服阵线	叙利亚民主力量（SDF）	2016	44	44	84
叙利亚	自由沙姆人伊斯兰运动、征服阵线、南方阵线	“伊斯兰国”（IS）	2016	221	223	223
叙利亚	阿勒颇征服军	“伊斯兰国”（IS）	2015	84	84	84
叙利亚	阿勒颇征服军	叙利亚民主力量	2015	196	213	214
叙利亚	阿勒颇征服军、征服阵线	叙利亚民主力量	2015	74	74	74
叙利亚	自由叙利亚军、征服阵线、伊斯兰军、黎凡特阵线	叙利亚民主力量	2016	25	25	26
叙利亚	哈瓦尔基利斯指挥部	“伊斯兰国”	2016	556	560	570
叙利亚	哈瓦尔基利斯指挥部	叙利亚民主力量	2016	127	129	140
叙利亚、黎巴嫩	“伊斯兰国”（IS）	征服阵线	2014	124	124	152
叙利亚	“伊斯兰国”（IS）	新叙利亚军	2016	25	25	25
叙利亚	“伊斯兰国”（IS）	叙利亚民主力量	2015	2868	2870	2895
叙利亚	伊斯兰军、东部狮子军、艾哈迈德·阿卜杜拉烈士旅组织、拉赫曼军团	沙姆解放组织	2016	100	100	101
叙利亚	母马行动指挥室	“伊斯兰国”（IS）	2015	56	56	59

续表

地区/国家	当事方（A）	当事方（B）	起始年份	估计死亡人数		
				低	中	高
也门	阿拉伯半岛的基地组织（AQAP）	哈迪部队	2015	321	322	323
也门	“伊斯兰国”（IS）	哈迪部队	2015	404	404	412
亚洲						
阿富汗	“伊斯兰国”（IS）	塔利班	2015	167	181	201
阿富汗	塔利班	阿富汗伊斯兰酋长国高级委员会	2015	184	184	370
非洲						
中非共和国	反巴拉卡、中非复兴人民阵线	中非和平联盟（UPC）/Ali Darass Fulani 支持者	2016	29	29	29
中非共和国	中非复兴人民阵线	中非和平联盟（UPC）/Ali Darass Fulani 支持者	2016	124	124	124
刚果（金）	巴鲁巴	特瓦	2016	82	82	112
刚果（金）	胡图族	南德	2016	58	58	65
刚果（金）	人民自由和主权刚果联盟（APCLS）、卢旺达民主解放军（FDLR）	恩杜马刚果改革防御（NDC-Re'no-ve'）、捍卫无辜爱国者联盟（UPDI-Mazembe）	2016	73	73	73
埃塞俄比亚	阿努阿克人	努尔人	2002	28	28	64
埃塞俄比亚	穆尔勒	努尔人	2006	150	150	216
象牙海岸	富拉尼	库兰戈人、洛比人、马林克人	2016	33	33	33

续表

地区/国家	当事方（A）	当事方（B）	起始年份	估计死亡人数		
				低	中	高
肯尼亚	马拉奎特	波克特	2001	30	30	30
利比亚	班加西革命党舒拉委员会	众议院力量	2014	230	230	287
利比亚	德尔纳圣战者舒拉理事会	众议院力量	2016	29	29	29
利比亚	德尔纳圣战者舒拉理事会	“伊斯兰国”（IS）	2015	65	65	65
利比亚	众议院力量	“伊斯兰国”（IS）	2015	86	87	152
利比亚	苏丹解放阵线（苏丹革命阵线）	苏必利尔萨拉姆旅	2016	44	44	44
马里	班巴拉	富拉尼	2016	28	28	37
马里	阿扎维亚协调运动（CMA）	伊姆盖德　图阿格雷自卫组织及同盟（GATIA）	2016	50	51	104
尼日利亚	阿加图	富拉尼	2013	154	154	372
尼日利亚	阿克斯	Eyie	2011	52	52	53
尼日利亚	基督徒（尼日利亚）	穆斯林（尼日利亚）	1991	115	127	148
尼日利亚	富拉尼	Bwatiye	2016	58	58	63
尼日利亚	富拉尼	蒂夫	2011	210	210	289
尼日利亚	伊博	富拉尼	2016	58	58	58
尼日利亚	IS（“伊斯兰国”）	阎戈拉	2015	34	34	34
南苏丹	卢努埃尔	穆尔勒	2006	101	101	101
南苏丹	马班	乌督饭	2016	48	48	86
南苏丹	丁卡番亚尔	丁卡瓦阿特	2016	62	62	62
南苏丹	丁卡番亚尔、丁卡瑞克	丁卡瓦阿特	2016	86	86	86

续表

地区/国家	当事方（A）	当事方（B）	起始年份	估计死亡人数		
				低	中	高
苏丹	尔拉德·奥马伦战队	尔拉德·塞鲁尔（米塞里亚）	2016	43	43	43
苏丹	费拉塔	萨拉马特巴加拉	2015	45	45	45
苏丹	Ma'aliyah	里扎贾特巴加拉	2002	27	27	27
苏丹	马哈迪	里扎贾特阿巴拉	2016	26	26	26
苏丹	马萨利特	里扎贾特巴加拉	2016	39	39	39
乌干达	巴康荷族	班巴	2016	30	30	30
美洲						
墨西哥	贝尔特拉卡特尔	锡那罗亚卡特尔	2008	68	68	285
墨西哥	海湾卡特尔	洛斯塞塔斯	2010	42	42	49
墨西哥	哈利克斯卡特尔新一代	洛斯塞塔斯	2011	197	197	197
墨西哥	哈利克斯卡特尔新一代	锡那罗亚卡特尔	2015	145	145	145
墨西哥	华雷斯卡特尔	锡那罗亚卡特尔	2004	59	59	59
墨西哥	洛斯阿尔迪洛斯	洛斯罗约斯	2015	62	62	177
墨西哥	洛斯塞塔斯 – Ca'rtel del Noreste faction	洛斯塞塔斯 – 老泽塔斯派	2016	43	43	43
墨西哥	洛斯塞塔斯 – 豪尔赫·伊万·埃尔南德斯·坎图派	洛斯塞塔斯 – 胡安佩德罗·萨尔瓦多·萨尔迪瓦·法里亚斯派系	2016	48	48	48
2016年非国家冲突总死亡人数				8717	8773	10138

资料来源：UCDP /PRIO 武装冲突数据库、UCDP 二元组数据集，http：//ucdp. uu. se/downloads/；乌普萨拉冲突数据计划在线冲突百科全书，www. ucdp. uu. se。

附表 3.3　2016 年单边暴力

地区/国家	参与者	起始年份	估计死亡人数		
			低	中	高
中东					
伊拉克	伊拉克政府	1990	78	108	111
伊拉克、叙利亚、尼日利亚	“伊斯兰国”（IS）	2004	3494	3718	4041
叙利亚	叙利亚反叛分子	2012	29	29	30
土耳其	库尔德自由之鹰	2016	37	37	37
亚洲					
阿富汗、巴基斯坦	塔利班	1996	149	149	285
印度	印度共产党“毛派”	2005	93	93	104
巴基斯坦	巴基斯坦塔利班运动	2007	230	230	233
非洲					
布基纳法索、科特迪瓦、马里	伊斯兰马格里布基地组织	2004	39	39	45
中非共和国	回归、改造、复兴（3R）	2016	50	50	50
中非共和国	中非共和国重生人民阵线	2013	37	37	37
中非共和国	中非共和国爱国运动	2016	37	37	37
中非共和国	中非共和国爱国运动	2014	58	58	58
刚果（金）	民主力量联盟（ADF）	1997	174	174	191
刚果（金）	捍卫无辜爱国者联盟—马泽姆贝（UPDI-Mazembe）	2016	73	73	73
埃塞俄比亚	埃塞俄比亚政府	1989	266	266	272
尼日利亚	尼日利亚政府	1990	71	71	71
尼日利亚、喀麦隆	致力传播先知教导及圣战人民军	2010	193	193	210
索马里、肯尼亚	青年党	2008	99	109	123
南苏丹	南苏丹政府	2012	110	110	144
南苏丹	苏丹人民解放运动反对派	2013	41	41	41
苏丹	苏丹政府	1989	437	439	498
2016 年单边暴力死亡总人数			5795	6061	6691

资料来源：UCDP /PRIO 武装冲突数据库、UCDP 二元组数据集，http：//ucdp.uu.se/downloads/；乌普萨拉冲突数据计划在线冲突百科全书，www.ucdp.uu.se。

附表 5.1　1948 年至今的全部维持和平行动清单

特派团简称	特派团全称	开始时间	持续/结束时间
停战监督组织	联合国停战监督组织（中东）	1948 年 5 月	至今
印巴观察组	联合国印度和巴基斯坦观察组（印度/巴基斯坦）	1949 年 1 月	至今
紧急部队一	联合国第一期紧急部队（中东）	1956 年 11 月	1967 年 6 月
联黎观察组	联合国黎巴嫩观察组（黎巴嫩）	1958 年 6 月	1958 年 12 月
联刚行动	联合国刚果行动（刚果共和国）	1960 年 7 月	1964 年 6 月
安全部队	联合国驻西新几内亚（西新几内亚）	1962 年 10 月	1963 年 4 月
联也观察团	联合国也门观察团（也门）	1963 年 7 月	1964 年 9 月
联塞部队	联合国驻塞浦路斯维持和平部队（塞浦路斯）	1964 年 3 月	至今
驻多代表	秘书长特别代表驻多米尼加共和国特派团（多米尼加共和国）	1965 年 5 月	1966 年 10 月
印巴观察团	联合国印度/巴基斯坦观察团（印度/巴基斯坦）	1965 年 9 月	1966 年 3 月
紧急部队二	联合国第二期紧急部队（中东）	1973 年 10 月	1979 年 7 月
观察员部队	联合国脱离接触观察员部队（戈兰）	1974 年 6 月	至今
联黎部队	联合国驻黎巴嫩临时部队（黎巴嫩）	1978 年 3 月	至今
阿巴斡旋团	联合国阿富汗/巴基斯坦斡旋特派（阿富汗/巴基斯坦）	1988 年 5 月	1990 年 3 月
两伊观察团	联合国伊朗/伊拉克军事观察团（伊朗/伊拉克）	1988 年 8 月	1991 年 2 月
第一期联安核查团	第一期联合国安哥拉核查团（安哥拉）	1989 年 1 月	1991 年 6 月
过渡时期援助团	联合国过渡时期援助团（纳米比亚/安哥拉）	1989 年 4 月	1990 年 3 月
中美洲观察团	联合国中美洲观察团（中美洲）	1989 年 11 月	1992 年 1 月
伊科观察团	伊科观察团（伊拉克/科威特）	1991 年 4 月	2003 年 10 月
西撒特派团	联合国西撒哈拉全民投票特派团（西撒哈拉）	1991 年 4 月	至今

续表

特派团简称	特派团全称	开始时间	持续/结束时间
第二期联安核查团	第二期联安核查团（安哥拉）	1991 年 6 月	1995 年 2 月
联萨观察团	联合国萨尔瓦多观察团（萨尔瓦多）	1991 年 7 月	1995 年 4 月
联柬权力机构	过渡时期联合国权力机构（柬埔寨）	1991 年 10 月	1992 年 3 月
联保部队	联合国保护部队（南斯拉夫联盟共和国）	1992 年 2 月	1995 年 3 月
联柬先遣团	联柬先遣团（柬埔寨）	1992 年 3 月	1993 年 9 月
第一期联索行动	第一期联合国索马里行动（索马里）	1992 年 4 月	1993 年 3 月
联莫行动	联合国莫桑比克行动（莫桑比克）	1992 年 12 月	1994 年 12 月
第二期联索行动	第二期联合国索马里行动（索马里）	1993 年 3 月	1995 年 3 月
乌卢观察团	联合国乌干达－卢旺达观察团（卢旺达/乌干达）	1993 年 6 月	1994 年 9 月
联格观察团	联合国格鲁吉亚观察团（格鲁吉亚）	1993 年 8 月	2009 年 6 月 15 日
联利观察团	联合国利比里亚观察团（利比里亚）	1993 年 9 月	1997 年 9 月
联海特派团	联合国海地特派团（海地）	1993 年 9 月	1996 年 6 月
联卢援助团	联合国卢旺达援助团（卢旺达）	1993 年 10 月	1996 年 3 月
联奥观察组	联合国奥祖地带观察组（乍得共和国）	1994 年 5 月	1994 年 6 月
联塔观察团	联合国塔吉克斯坦观察团（塔吉克斯坦）	1994 年 12 月	2000 年 5 月
第三期联安核查团	第三期联合国安哥拉核查团（安哥拉）	1995 年 2 月	1997 年 6 月
联恢行动	联合国恢复信任行动（克罗地亚）	1995 年 3 月	1996 年 1 月
联预部队	联合国预防性部署部队（南斯拉夫的马其顿共和国）	1995 年 3 月	1999 年 2 月
波黑特派团	联合国波斯尼亚/黑塞哥维那特派团（波斯尼亚/黑塞哥维那）	1995 年 12 月	2002 年 12 月
东斯过渡当局	联合国东斯拉沃尼亚、巴拉尼亚和西锡尔米乌姆过渡行政当局（克罗地亚）	1996 年 1 月	1998 年 1 月

续表

特派团简称	特派团全称	开始时间	持续/结束时间
联普观察团	联合国普雷维拉卡观察团（普雷维拉卡半岛）	1996年1月	2002年12月
联海支助团	联合国海地支助团（海地）	1996年7月	1997年7月
联危核查团	联合国危地马拉核查团（危地马拉）	1997年1月	1997年5月
联安观察团	联合国安哥拉观察团（安哥拉）	1997年6月	1999年2月
联海过渡团	联合国海地过渡时期特派团（海地）	1997年8月	1997年11月
联海民警团	联合国海地民警特派团（海地）	1997年12月	2000年3月
警察支助组	联合国支助小组（克罗地亚）	1998年1月	1998年10月
中非特派团	联合国中非共和国特派团（中非共和国）	1998年4月	2000年2月
联塞观察团	联合国塞拉利昂观察团（塞拉利昂）	1998年7月	1999年10月
科索沃特派团	联合国科索沃临时行政当局特派团	1999年6月	至今
联塞特派团	联合国塞拉利昂特派团（塞拉利昂）	1999年10月	2005年12月
东帝汶过渡当局	联合国东帝汶过渡行政当局（东帝汶）	1999年10月	2002年5月
联刚特派团	联合国组织刚果民主共和国特派团（刚果民主共和国）	1999年11月	2010年6月
埃厄特派团	联合国埃塞俄比亚和厄立特里亚特派团（埃塞俄比亚/厄立特里亚）	2000年7月	2008年7月
东帝汶支助团	联合国东帝汶支助团（东帝汶）	2002年5月	2005年5月
联利特派团	联合国利比里亚特派团（利比里亚）	2003年9月	至今
联科行动	联合国科特迪瓦行动（科特迪瓦）	2004年4月	2017年6月30日
联海稳定团	联合国海地稳定特派团（海地）	2004年6月	至今
联布行动	联合国布隆迪行动（布隆迪）	2004年6月	2006年12月
联苏特派团	联合国苏丹特派团（苏丹）	2005年3月	2011年7月
东帝汶综合团	东帝汶综合特派团（东帝汶）	2006年8月	2012年12月
达尔富尔混合行动	非盟/联合国达尔富尔混合行动（苏丹）	2007年7月	至今
中乍特派团	联合国中非和乍得特派团（中非共和国和乍得）	2007年9月	2010年12月

续表

特派团简称	特派团全称	开始时间	持续/结束时间
联刚特派团	联合国刚果民主共和国特派团	1999 年 11 月	2010 年 6 月
联刚稳定团	联合国组织刚果民主共和国稳定特派团（刚果民主共和国）	2010 年 7 月	至今
联阿安全部队	联合国阿卜耶伊临时安全部队（苏丹）	2011 年 6 月	至今
南苏丹特派团	联合国南苏丹共和国特派团（南苏丹）	2011 年 7 月	至今
联叙监督团	联合国叙利亚监督团（叙利亚）	2012 年 4 月	2012 年 8 月
马里稳定团	联合国马里多层面综合稳定特派团（马里）	2013 年 4 月	至今
联中稳定团	联合国中非共和国多层面综合稳定团（中非共和国）	2014 年 4 月	至今

资料来源：联合国维持和平行动网站，http：//www. un. org/zh/peacekeeping/。

图书在版编目(CIP)数据

战略与经济评估 ：2017 ：冷和平 / 陈波，李桂君主编. -- 北京 ：社会科学文献出版社，2018.12
(战略与经济研究书系)
ISBN 978 - 7 - 5201 - 3956 - 4

Ⅰ.①战… Ⅱ.①陈… ②李… Ⅲ.①国际形势 - 研究报告 - 2017②国际经济 - 研究报告 - 2017 Ⅳ.①D50②F113

中国版本图书馆 CIP 数据核字(2018)第 265150 号

战略与经济研究书系
战略与经济评估：2017 冷和平

主　　编 / 陈　波　李桂君
执行主编 / 侯　娜　池志培

出 版 人 / 谢寿光
项目统筹 / 祝得彬
责任编辑 / 张　萍　李秉羲

出　　版 / 社会科学文献出版社 · 当代世界出版分社（010）59367004
地址：北京市北三环中路甲 29 号院华龙大厦　邮编：100029
网址：www.ssap.com.cn
发　　行 / 市场营销中心（010）59367081　59367083
印　　装 / 三河市尚艺印装有限公司

规　　格 / 开 本：787mm × 1092mm　1/16
印 张：15.75　字 数：266 千字
版　　次 / 2018 年 12 月第 1 版　2018 年 12 月第 1 次印刷
书　　号 / ISBN 978 - 7 - 5201 - 3956 - 4
定　　价 / 98.00 元

本书如有印装质量问题，请与读者服务中心（010 - 59367028）联系